Historia de Roma

Santiago Castellanos

Historia de Roma

De las aldeas del siglo VIII a. C.
al final del Imperio en el siglo V d. C.

Pinolia

Calle de Cervantes, 26
28014, Madrid

www.editorialpinolia.es
info@editorialpinolia.es

Colección: Divulgación histórica
Primera edición: septiembre de 2024
Primera reimpresión: septiembre de 2025

Depósito legal: M-18622-2024
ISBN: 978-84-19878-77-9

Diseño y maquetación: Sofía Soltero
Diseño cubierta: Óscar Álvarez
Impresión y encuadernación: Industria Gráfica Anzos, S. L. U.

Printed in Spain - Impreso en España

A mis hijos, Vega y Enrique

ÍNDICE

INTRODUCCIÓN: «UN IMPERIO SIN LÍMITES» PONGAMOS QUE HABLO... DE ROMA

La historia que los romanos escribieron sobre sí mismos comienza con tabletas. Imagino que usted utiliza con frecuencia el iPad, o cualquier otro tipo de tableta tecnológica, para leer las noticias, consultar el correo o sus redes sociales, o ver su serie favorita mientras viaja. Tableta o *tablet*, en inglés. Después de todo, es un utensilio muy romano, de ahí la palabra. Claro que hay dos milenios de diferencia en el tiempo... y en la electrónica. Y, sin embargo, los romanos tenían sus *tablets*, sus iPads.

Eran de madera, de cera, de superficies en las que se pudiera escribir, por lo general con un punzón apropiado. Se utilizaban para la vida cotidiana, pero también para los ambientes solemnes. Y uno de ellos, en los viejos tiempos de la República, era el de la anotación de los hechos notables que fueran sucediendo en el año. Los más importantes quedaban consignados en esas *tablets*, en esos iPads. Se llamaban tabletas o tablillas, sí: *tabulae*.

A las que me refiero ahora eran las *tabulae dealbatae*, tablillas o tabletas blanqueadas. El *pontifex maximus*, algo así como un jefe o supervisor de la *religio* oficial romana, se encargaba de ello: anotaba los prodigios, batallas, hechos más relevantes que ocurrían durante el año. Al conjunto de esas tabletas se le conocía como los *Annales Maximi*, porque informaban de los acontecimientos anuales, de *annus*, año, y eran los principales, puesto que era el *pontifex maximus* quien estaba al cargo de ellos. Fue, por descontado, una fuente de información crucial cuando comenzaron a escribirse las primeras historias densas por parte de manos romanas, en una fase intermedia o, mejor, ya avanzada de la República.

La base de aquella primera historia romana era, precisamente, lo que conocemos como «Analística». Se trataba de relatos y comentarios sobre la base de los distintos *Annales*, de las informaciones anuales que se habían ido recogiendo desde los tiempos remotos. De modo que sí, la historia romana comienza con tabletas.

Cuento todo esto porque quisiera lanzar un túnel del tiempo entre nuestro mundo, el de esas tabletas tecnológicas, y el de las tabletas romanas. Miremos a la historia de Roma desde el mundo de las tabletas y las plataformas digitales. Intentemos condensar lo esencial de una epopeya fascinante que comienza con unas cabañas y pasará por dominar el mundo.

Este libro está pensado, especialmente, para personas que no hayan estudiado casi nunca nada sobre la historia de Roma. Se trata de condensar en pocas páginas —espero que esa impresión tenga cuando concluya la lectura— una historia que dura la friolera de unos mil trescientos años. La de unas comunidades de aldea que decidieron poner su futuro en común y que, siglos después, implantarán su *imperium* desde la actual Inglaterra hasta Siria.

No se trata de un libro de vida cotidiana, ni de análisis social o cultural, sino más bien de una guía sencilla pero, al mismo tiempo, rigurosa con las fuentes y con el estado actual de los conocimientos científicos. Llevo un cuarto de siglo explicando historia de Roma a estudiantes universitarios, y este libro pretende llegar a un público diferente, absolutamente ajeno al mundo académico. De modo intencionado, he omitido cualquier aparato crítico y bibliográfico, notas a pie de página o a final de capítulo, que es el sistema habitual cuando escribo libros académicos. La ausencia de bibliografía y de aparato crítico es, de hecho, algo esencial en este libro. Porque pretendo que el lector que nunca haya leído prácticamente nada sobre Roma tome esta cuerda que pretendo lanzarle para que me siga en ese periplo maravilloso y apasionante. Por el contrario, sí expongo léxico original latino —siempre con la traducción— para que el lector se asome a algunos conceptos originales. Mantener ese léxico es como abrir una ventana hacia el pasado, e inspirar el aire del auténtico lenguaje político de los romanos.

Porque la cuerda que le tiendo para que me acompañe nos lleva hasta la noche de los tiempos. En nuestra manera de fechar, esa noche se sitúa en el siglo VIII antes de nuestra Era. Por razones de comodidad, de tradición, en este libro asumo fechas a. y d. C. (antes y después de Cristo), pero en los últimos tiempos ganan terreno (en español y en otras lenguas) fórmulas tales como en nuestra Era o de la Era común. Pues bien, hacia el siglo VIII a. C. se habría comenzado a formar lo que llamamos Roma. Esto tiene muchos problemas que veremos en el primer capítulo.

Ya desde el principio, la historia de los romanos comienza con violencia. Sus mitos locales, mezclados con los de los griegos, daban cuenta de un fratricidio: su supuesto fundador, Rómulo, había *pasaportado* a su propio hermano, Remo. Muchos siglos después del comienzo de Roma, Salustio, un tipo que había participado en política a la sombra de César, y que más tarde decidió retirarse, había puesto en boca de un gran enemigo de Roma, Mitrídates, rey del Ponto, que ya desde su propio origen, los romanos eran gentes de aluvión, unos apátridas, que lo habían robado todo a los demás, incluso las esposas.

No eran palabras huecas las de Mitrídates o, mejor dicho, las de propio Salustio: se trataba a una alusión a algunos de los mitos fundacionales romanos que veremos más adelante. Y *no se corta un pelo*: llama a Roma algo así como «la maldición/la plaga/el azote del mundo entero». Menciono aquí la reflexión crítica y amarga de un romano ilustrado como Salustio para aclarar que, entre la intelectualidad romana, existía cierta consciencia de la violencia y el imperialismo que terminó caracterizando su historia.

Porque Salustio tenía razón, al menos en el sentido según el cual Roma *sacudió* al mundo entero, al mundo que tenía a su alrededor. Después de todo, fue la primera potencia del mundo mediterráneo, europeo, norteafricano y próximo asiático durante siglos. Para cuando Salustio escribía, Roma era una ciudad de cientos de miles de habitantes, acaso ya en el millón de almas. O lo tendría muy poco después. Y el mundo romano, en su época de máxima extensión, rondaba los sesenta o setenta millones de habitantes, según los cálculos más fiables.

Roma nunca fue una democracia. Había asambleas, desde luego. Y se votaba. De hecho, en la República se decidían algunas leyes y la mayoría de los cargos en las asambleas. Lo veremos. Pero, incluso en la época republicana en la que esos comicios tenían más predicamento, los jefes de cada *gens*, de cada agrupación suprafamiliar de raigambre aristocrática, controlaban miles de esos votos.

El poder establecido, que terminó teniendo un formato imperial, supo controlar a las muchedumbres. Lo expresaría satíricamente Juvenal con la famosísima expresión según la cual el mismo pueblo que antiguamente confería el *imperium*, ya solamente estaba interesado, *anxius optat*, en recibir pan y juegos en el Circo, *panem et circenses*. Era, en fin, y según la misma sátira, «la chusma de Remo», *turba Remi*. El desprecio por la masa poblacional asoma de vez en cuando, como cuando Cicerón habla —y cito textualmente— del «populacho miserable y hambriento», además de otras lindezas como «la cloaca de la Urbe» o «la hez del pueblo». Es muy importante, diría que esencial, que el lector del siglo XXI saque de su mente cualquier apriorismo. No podemos juzgar a los romanos, ni a cualquier otra sociedad de la Antigüedad, con criterios actuales. Bastante tenemos con estudiarlos y con intentar comprender cómo unas cuantas aldeas de campesinos pasaron a dominar el mundo.

Cuando escribía Juvenal, ya en los días de los emperadores, la suciedad y el ruido era en ocasiones insoportable. En cuanto a la primera —se queja Juvenal— era difícil caminar por la calle sin que a uno le cayeran los recipientes con basura o excrementos desde las ventanas de los edificios de varias alturas. Tanto era así que daba rienda suelta a su vena satirizante al mencionar que era muy arriesgado asistir a una cena sin hacer testamento, *ad cenam si intestatus eas.*

Algunas de sus palabras satíricas están dirigidas al otro problema, el del ruido. Venía a decir algo así como que vivía *in a city that never sleeps*, la ciudad que nunca duerme, de la canción *New York, New York* compuesta para la peli que, con el mismo título, dirigió Scorsese. En la peli era Liza Minnelli quien cantaba la canción, poco después aún más inmortalizada por Sinatra. La sátira de Juvenal es, en el fondo, el eco de la vida cotidiana de una ciudad de calles abigarradas y almas hacinadas que era la capital del mundo. En fin, para poder dormir en Roma, observaba Juvenal, había que gastarse una «pasta», *magnis opibus dormitur in Vrbe.*

Sus símbolos del poder estaban igual de presentes al norte de Inglaterra que en Egipto o en la península ibérica. Uno de ellos era el águila, que remitía a Júpiter, el dios más importante de la *religio*, el sistema de creencias religiosas tradicional en Roma. No es casual que una potencia como Estados Unidos, cuyos padres fundadores bebían de la historia de Grecia, pero especialmente de la de Roma, asumieran buena parte de dichos símbolos. Por no citar nada más que algunos, cabe anotar el

Capitolio, el águila, la idea de un Senado, la influencia política romana en la Constitución estadounidense, o el clarísimo aspecto romano de la arquitectura de finales del siglo XVIII y el siglo XIX, cuando se estaba forjando la base ideológica de la nación. Después de todo, Thomas Jefferson, uno de los padres fundadores del sistema estadounidense, eligió el Panteón de Roma como modelo para su joya personal y predilecta, la Rotonda de la Universidad de Virginia.

Otro presidente de Estados Unidos, aunque en la ficción, Francis Underwood (Kevin Spacey en *House of Cards*) nos puede conducir, en nuestros días, a la otra cara de esa política. La ambición, la competitividad extrema entre los miembros de la élite dirigente, estuvieron en la base de la propia expansión de Roma como potencia. El manejo de la propaganda y de las llamadas *fake news* o noticias falsas con intención de manipular por parte de Francis y Claire Underwood es el hilo conductor de la serie. Es una sátira de una realidad muy cierta. Pero esto también lo conocían los romanos. Uno de sus grandes maestros de oratoria, nada menos que Quintiliano, escribía que merecía la pena recrearse en detalles cuando se contaba algo importante. Que lo que nosotros llamaríamos la «noticia» de una ciudad asaltada, por ejemplo, por sí misma no movía tanto los sentimientos como los detalles cruentos de la misma, que es lo que verdaderamente había que contar. Contarlo de una vez, en conjunto (*totum*) era menos eficaz —aclaraba— que contarlo todo pero detalle por detalle (*omnia*). Y que se conseguiría mucho más si se daba la impresión de que lo se contase fuera verdad. Incluso era lícito que se agregasen detalles ficticios, detalles falsos, *falso adfingere*. Es decir, *fake news*.

Cuando la República se lanzó a la conquista del mundo conocido, no lo hizo con un plan establecido, ni con una hoja de ruta determinada. Cada espacio, cada región, iba cayendo de su lado según las circunstancias. El resultado fue que, después de superar un *match ball*, ese momento crítico que supuso la guerra contra Aníbal, la República se expandió. Y lo hizo en ambos extremos del mundo mediterráneo: en Hispania y en Grecia, en el actual Marruecos y en Siria. Lo más sorprendente es que todo eso sucedía, más o menos… ¡al mismo tiempo! Es decir, Roma fue capaz de movilizar la fuerza humana suficiente como para tener presencia militar contundente en regiones tan alejadas y de modo simultáneo.

La expansión imperialista fomentó la corrupción. Los lamentos genéricos del propio Salustio achacaban la decadencia de la República, literalmente, «a los deseos de riqueza y de poder» multiplicados por las conquistas y al afán por corromperse. Cuando podemos descender a ciertos detalles, aunque sean exagerados con intención, como los proporcionados por las investigaciones de Cicerón sobre el gobierno de Verres en Sicilia, entre decenas de ejemplos, tenemos la impresión de que la corrupción fue inherente a la expansión de la República, como luego lo fue durante el Imperio. En un discurso pronunciado en el año 66 a. C. en favor de la concesión de poderes especiales a Pompeyo para una guerra precisamente contra el mismo Mitrídates, Cicerón argumentaba que los pueblos que Roma dominaba estaban muy descontentos y odiaban a los romanos por las tropelías que sus gobernadores y sus generales habían llevado a cabo en especial en los últimos años.

Roma conquistó. Es cierto. Pero también fue conquistada, como expresaría en unos versos el poeta Horacio, ya en los días de Augusto. Se refería al caso de Grecia. Roma había vencido, sí, pero también el mundo helénico había seducido o conquistado al «fiero vencedor», por usar sus palabras exactas. Ya desde el origen de Roma percibimos influencias griegas. Ha de tenerse en cuenta que los helenos mantuvieron colonias estables en Sicilia y en el sur de Italia al menos desde las primeras décadas del siglo VIII a. C. Y la arqueología ha confirmado que las conexiones comerciales fueron muy intensas, algo que reflejaría después la mítica y la leyenda, en sus múltiples variantes, para explicar el supuesto origen o fundación de la ciudad. Aunque el verso de Horacio nos lleva, sobre todo, al momento muy posterior de esa expansión romana, a finales de la República, en el que el pensamiento griego mediatizó buena parte del lenguaje político y filosófico romano. Para entonces, hacía bastante tiempo que la *nobilitas*, la élite que dirigía la República, competía abiertamente entre sí por el prestigio y los cargos. Así que, en eso, nuestro Francis Underwood es, en cierto modo, bastante romano.

«Están locos estos romanos», solía decir Obélix, el inseparable amigo de Astérix en los cómics, o en los tebeos, como decíamos los de mi generación. En realidad, la percepción de los indígenas (como los Astérix y Obélix de los tebeos) sobre la dominación romana apenas ha llegado hasta nosotros. El grueso informativo procede de los propios romanos. Porque, cuando los indígenas se manifiestan en nuestra documentación en la epigrafía, por ejemplo, suele ser para hacer ver que ya son romanos o que, al menos, viven en el sistema de Roma.

La clave del dominio romano residió precisamente en esa versatilidad: Roma fue capaz de lograr que las élites locales se implicasen en su mundo y reprodujeran las formas de vida romanas. Tácito, político e historiador en los días de los emperadores, deja caer que ahí, justamente, estaba *el punto*. Refiriéndose a los britanos, los de Britania, actual Gran Bretaña, anotaba que los oligarcas indígenas fueron asumiendo esas formas de vida romanas, los edificios, los baños, la indumentaria, la lengua. Y Tácito dice al respecto que, aunque se le llamase humanidad, *humanitas uocabatur* —en el sentido aquí de civilización—, en realidad era parte de su propia servidumbre, *cum pars seruitutis esset*, de la esclavitud de esos mundos locales con respecto a Roma

Todo esto es una simplificación y por supuesto, hay muchas excepciones. Pero la idea general que quiero trasladar ahora es que el IMPERIVM fue un sistema de dominio y que las mentalidades indígenas al respecto, en buena medida, se nos escapan. A veces tenemos que recurrir a romanos altamente críticos con su mundo, por más que estuvieran orgullosos de serlo. Ya he mencionado a Salustio y las palabras demoledoras que sobre los romanos puso en boca de uno de los peores enemigos de Roma. Tácito también fue crítico. Y también *hizo hablar* en sus obras a otro enemigo del Imperio, Calgaco. Era este uno de los líderes de los caledonios, al norte de Britania, y Tácito le hace hablar, como si fuera un ventrílocuo con su marioneta, con palabras muy ácidas sobre Roma. En un discurso que tiene mucho de creación del propio Tácito, llama a los romanos *raptores orbis*, «saqueadores del mundo»: a robar y a asesinar le llamaban *imperium*; y, a sembrar la desolación, paz.

En fin: escribió Virgilio en la *Eneida* que Júpiter les había prometido a los romanos «un imperio sin límites», *imperium sine fine*. Es la expresión que he elegido para titular esta presentación. ¡Qué mejor que un alegato del mismísimo Virgilio! ¡Nada menos que puesto en boca de Júpiter!

Este libro pretende ofrecer una guía cómoda y sencilla para comprobar hasta qué punto se cumplió esa supuesta profecía.

La icónica estatua de la Loba Capitolina (o Luperca) en los Museos Vaticanos, símbolo de la fundación de Roma según la leyenda de Rómulo y Remo. Algunas dataciones recientes sitúan su origen entre los siglos IX y X. Los gemelos son posteriores.

I
EL ORIGEN DE ROMA

Habrá leído usted en más de una ocasión que Roma se fundó el 21 de abril del año 753 a. C. Le sonará eso, y también el nombre de Rómulo como fundador, así como la imagen de la Loba Capitolina. Después de todo, son iconos de nuestra civilización occidental.

Lamento decepcionarle. En el estado actual de los conocimientos sobre las fuentes y la arqueología romana, ni la supuesta fundación por sí misma puede explicar el origen de Roma, ni la fecha es segura. En realidad, se trata de una datación inventada. En dicha invención tuvo un papel determinante un erudito muy posterior a los hechos. Tan posterior que escribía ocho siglos después de la presunta fecha que él mismo proponía para el origen de su ciudad. El tipo se llamaba Varrón. Como diría el agente 007, Bond, James Bond: Varrón, Marco Terencio Varrón. Y a la vista está que su hallazgo ha hecho furor. Hoy en día se maneja como la fecha simbólica de la supuesta fundación de Roma, y las redes sociales se inundan de felicitaciones de cumpleaños a Roma cada 21 de abril. Yo mismo participo en las mías (@biclarense), siempre y cuando se explique que se trata de una fecha simbólica.

La siguiente idea que quiero colocar es el desfase cronológico que tenemos. Si asumimos la datación tradicional del siglo VIII a. C. para el origen de Roma, década arriba, década abajo, tenemos el punto de inicio. Incluso si lo llevamos hacia el siglo VII, como quieren algunos especialistas en la Roma arcaica, también es un punto de referencia inicial. A partir de ahí, el punto de llegada del grueso de las noticias sistemáticas que han llegado hasta nosotros es muy posterior. Porque fue a finales de la República cuando se «formatearon» las informaciones codificadas de un modo sistemático (Tito Livio o Dionisio de Halicarnaso) sobre el origen de Roma. Así que el desfase es de casi ocho siglos y, como mínimo, de siete.

Suelo explicar esto en conferencias con una línea del tiempo imaginaria, que puede ser el escenario o, en clase de Facultad, la tarima. El punto más a la izquierda del público o de los alumnos (a mi derecha, puesto que hablo de cara a ellos) es ese siglo VIII, y el otro extremo es la época de Augusto. Esos siete u ocho siglos.

Pues bien, si hace el esfuerzo de imaginarme haciendo *el tonto* con esa línea del tiempo, piense que me voy moviendo de un lado al otro. Que es lo que hago en las charlas. Porque creo que ayuda a situar a quienes me escuchan, a los *audientes* que dirían los romanos, y ver que en ese túnel del tiempo hay algunos momentos de *flash*, de luz, en los que se escribieron cosas sobre su historia. Recuerde las primeras líneas con las que he empezado la presentación de este libro, la alusión a los iPad. Es decir, a los *Annales* de los tiempos remotos. Junto a la densa tradición oral de las familias poderosas que conservaban las *gestae maiorum*, las gestas de sus ancestros, aquellos documentos fueron la base empírica escrita, los datos, sobre los que construir las primeras historias romanas. Ciertamente, en su mayor parte se han perdido. Pero en ese túnel del tiempo se han conservado algunos fogonazos, como la luz de las estrellas que han explotado y que llegan mucho tiempo después hasta nosotros.

Son destellos que surgen aquí y allá, en el siglo IV, y sobre todo desde el siglo III a. C.: tal fragmento, tal referencia, tal relato, siempre conservado en compilaciones posteriores. En cierto modo, es como una serie de riachuelos que convergen en un río principal, que es la tradición que llegará hasta los días de Tito Livio, por ejemplo, que sistematizó y dio su formato personal a todos esos riachuelos, en este caso las fuentes que pudo consultar y que se han perdido para nosotros. Pero ese es ya el punto final al que me refería, en los últimos días de la República y los primerísimos del Imperio, siete u ocho siglos posterior al origen de Roma.

Y, en ese paseo en un estrado de conferencia o en la tarima del aula de la Facultad, me detengo repentinamente cuando sabemos que hay hitos de datos o de historias que se recogieron durante esa línea del tiempo. Es decir, cuando aparecen esos fogonazos, esos islotes de luz, de información, tan repentinos. Dicho con otras palabras: ni Tito Livio ni Dionisio, los del final de esa línea del tiempo, se inventaban nada. Las leyendas, los mitos, los datos sobre el origen de Roma habían circulado desde antiguo. Y algunos autores fueron recogiendo esos datos.

El material acumulado es lo que llamamos Analística. Se llama así porque se basa en los *Annales Maximi*, esos iPads que le decía antes en la presentación de este libro. Las tabletas en las que el *pontifex maximus* anotaba los acontecimientos más destacados de cada año. Aunque he de avisarle que algún historiador y filólogo muy solvente se ha planteado que quizás fuera al revés. Que acaso la Analística aumentara la importancia de esos *Annales* para darse el prestigio suficiente como para que sus datos fueran más creíbles. Sea como fuere, en esa línea del tiempo habrá autores que hasta nosotros han llegado solamente por fragmentos, pero que Livio o Dionisio sí pudieron consultar.

* * *

La idea según la cual Roma fue fundada no es cosa nuestra. No es que la hayamos inventado en nuestros días. No es que solamente Varrón le diera una fecha, sino que la tradición historiográfica romana la asentó firmemente. La monumental historia romana que escribió Tito Livio —más o menos contemporáneo de Varrón— en los últimos días de la República y primerísimos del Imperio de Augusto, se llamó, no por casualidad, *Ab Vrbe Condita*, es decir, «Desde la fundación de la Ciudad».

Claro que, cuando Varrón y Livio escribían, Roma era ya la dueña de casi todo el Mediterráneo y de su entorno norteafricano, europeo, y próximo asiático. Aún se conquistaron después algunas zonas más, pero para entonces el IMPERIVM ya era una realidad geopolítica. De hecho, Varrón murió en la época en la que Octavio fue proclamado *Augustus* por el Senado, y Livio aún sobrevivió algunos años más a ese momento.

Hoy se calcula que el mundo romano, en época imperial, englobaba a unos sesenta millones de personas. También para entonces estaba muy asentada la voluntad imperialista en la élite dirigente romana. Precisamente en la *Eneida*, que funcionó como una suerte de épica de *New Age* que suponía Augusto, se recuerda que el romano estaba destinado a dominar a los demás pueblos. Unas pocas décadas después, Plinio el Viejo, que murió en los días de la erupción del Vesubio (79) que se llevó por delante Pompeya y Herculano, anota en su *Historia Natural* que el destino de Roma no era otro que civilizar al mundo.

Así que semejante Imperio necesitaba un origen esplendoroso. Y ese fue el motivo por el que, tradiciones que venían de lejos, de muy lejos en el tiempo, terminaron siendo fechadas. Más aún, recibieron una versión poética de la mano de Virgilio. La *Eneida* es, ante todo, un canto a la grandeza del origen de Roma. Pero esos días, los de Varrón, los de Livio, o los de Virgilio, eran posteriores, muy posteriores, no solo al origen de

Roma, sino incluso a las ideas principales que corrían sobre dicho origen. Se limitaron, como diríamos nosotros de nuestros ordenadores y *smartphones*, a «formatearlas», a hacer *updates*, «actualizaciones».

Los romanos posteriores al origen asumieron que su ciudad había sido fundada por Rómulo. Circulaban dos grupos de leyendas al respecto, una de matriz local, latina, y otra vinculada al exterior, en concreto a la enorme influencia de los griegos. Ambas circularon con cierta prontitud, y hay algunas evidencias de que, al menos, eran conocidas y difundidas en la época de la República antigua, en torno a los siglos V y IV a. C. De hecho, la relación de Eneas con el origen de Roma ya es recogida en una versión griega, con matices, por Helánico de Lesbos, lo cual nos lleva al siglo V a. C. Así que la leyenda ya circulaba como mínimo en esa fecha o, más probablemente, con anterioridad. Y es el ejemplo principal, pero había varios relatos que vinculaban al mundo épico y mítico helénico con el origen de Roma y con el Lacio. Después de todo, era el trasunto mitológico de los contactos antiguos entre colonos y comerciantes griegos y el mundo local latino. No obstante, había numerosas variantes de los héroes míticos principales, y los detalles definitivos se fueron formando más tarde, ya muy avanzada la República.

La leyenda local, la de Rómulo, fue quedando adherida a los relatos sobre la relación del Lacio con la mitología y la cultura griega. De hecho, entroncaba con el gran mito de la Hélade: la guerra de Troya. Desde Schliemann, en el siglo XIX, se considera que la *Ilion* de los griegos, la Troya de los romanos, está en el yacimiento turco de Hisarlik. No es este el momento de discutir la historicidad de la guerra de Troya, que es la base de los poemas homéricos. Aunque déjeme decirle que, con las excavaciones de los últimos años, especialmente de los alemanes de la Universidad de Tubinga, la cosa parece bastante probable. No necesariamente con los detalles que proporciona la *Ilíada*, pero sí es factible ese conflicto entre aqueos/griegos y troyanos. De hecho, otras excavaciones, las de la antigua capital del Imperio hitita (también en la Turquía actual), arrojan apasionantes datos escritos en sus archivos. De ellos podría deducirse ese conflicto entre aqueos y *Wilusas* (en hitita), es decir, *Ilion*. Lo que los romanos llamarían Troya.

Sea como fuere, lo que nos interesa ahora, es que el mito contaba que el troyano Eneas, huyendo del escenario de la guerra, terminó arribando, tras varios periplos diversos, en el Lacio. Repito que hay numerosas variantes sobre todo esto, y que los linajes entre los héroes de filiación griega y su contacto con el mundo latino son más complicados y se abre un abanico de alternativas en el que no puedo entrar ahora. Me remito solamente a la versión más extendida y sucinta.

Así que, según la leyenda que terminó extendiéndose con más fuerza, Eneas fue recibido por el rey Latino, monarca de los Aborígenes. La palabra tiene una etimología clarísima, *Aborigines* en latín, esto es, «los que estaban allí desde siempre». El propio nombre del rey no deja de ser una personificación, una simplificación, como suele ser habitual en las mitologías del Mundo Antiguo. El mero hecho de que hubiera múltiples ramificaciones y variantes sobre la conexión entre la mítica griega y la latina ya es muy interesante. Los griegos estuvieron interesados en el Lacio porque tenían intereses comerciales muy cerca desde el siglo VIII, y de ahí la entrada del Lacio y multitud de versiones en los circuitos míticos helénicos.

En otros términos: los griegos estaban interesados en incluir al Lacio en sus rutas míticas. Pero también ocurría a la inversa. El papel de Eneas permitía a los romanos posteriores buscar un origen en lo más granado del mercado mitológico mediterráneo, lo que otorgaba grandeza a su propio origen. Por cierto, que una de las familias de la nobleza romana se haría descender de Eneas y, como este, de la mismísima Venus: la familia de los *Iulii*, los Julios, a la que pertenecerá un tal Cayo Julio César.

El problema que presentaba todo esto era la cronología. Más que un problema, era un *problemón*. Según los cronógrafos griegos, la supuesta guerra de Troya habría tenido lugar muy a comienzos del siglo XII a. C. En nuestra manera de fechar, claro. Griegos y romanos tenían sus propios sistemas de datación que no tienen nada que ver con el nuestro. Si el ciclo de Eneas se fechaba en ese horizonte, quedaba muy lejos el del (también supuesto) fundador de Roma, Rómulo. Recuérdese que los romanos posteriores situaban a Rómulo en lo que nosotros llamamos el siglo VIII a. C. Así que para unir los dos ciclos legendarios —el de la guerra de Troya y Eneas huyendo y llegando finalmente al Lacio, por un lado, y el local de Rómulo, por otro— implicaba un lapso cronológico tremendo. Había que rellenar, literalmente, varios siglos.

Y el problema se solucionó con una invención. Otra. Para salvar esa distancia en el tiempo, ambos ciclos quedaron unidos por la dinastía albana. ¿Qué es esto? Según la leyenda, o una de las variantes más extendidas, Eneas se había unido a Lavinia, hija de ese (también supuesto) Latino, rey de los Aborígenes, que en realidad personifica el mundo de las comunidades del Lacio. Y el propio Eneas habría fundado la ciudad de Lavinium; su hijo Ascanio habría hecho lo propio con otra ciudad, Alba Longa.

Sus descendientes gobernaron, en el ciclo mítico, esa nueva ciudad durante generaciones: así se cubría el socavón de varios siglos. Hasta llegar a Numitor, que fue destronado por su hermano Amulio. Este condenó a su sobrina, Rea Silvia, o Ilia en otras versiones, a ser vestal y, de ese modo, a no poder tener relaciones sexuales y tampoco descendencia. Pero Silvia apareció embarazada. Adujo que el fruto de su vientre era producto nada más y nada menos que del dios Marte. Y dio a la luz a gemelos: Rómulo y Remo.

Se contaba que Amulio había dado orden de asesinar a los bebés. Pero el sicario encargado de hacerlo los terminó depositando en un recipiente y en el río Tíber, hasta que el agua los terminó frenando en un punto de la orilla. Repito que hay múltiples variantes en el conjunto de la leyenda. Los gemelos fueron amamantados por Luperca, una loba, precisamente en el punto al que habían arribado a la orilla del río, concretamente a la altura de la Higuera Ruminal. Ese lugar fue venerado durante siglos.

Otras versiones, que intentaban racionalizar el mito, dejaban caer que no se trataba de una *lupa* en el sentido del animal, sino en el de una meretriz. Después de todo, *lupa* (de ahí, por ejemplo, «lupanar») significaba también eso, prostituta. La tradición se enriquecía con la mención al pastor Faústulo y a su esposa Acca Laurentia, que habrían criado a los pequeños después de recogerlos en aquel lugar donde la loba los había salvado, a la altura de la Higuera Ruminal. Alguna variante hacía de Laurentia la prostituta en cuestión. Una vez crecidos, el pastor les reveló su verdadero origen. Acudieron a Alba Longa, asesinaron a Amulio, y repusieron a Numitor.

La leyenda continuaba: decidieron fundar su propia ciudad en la zona en la que la loba les había salvado. Llegados a ese punto del curso del Tíber, Rómulo eligió el Palatino, y Remo el Aventino, dos de las colinas de lo que iba a ser Roma. Los detalles de la leyenda incluyen presagios y motivos religiosos, tan presentes en cualquier mitología fundacional del Mundo Antiguo. El punto culminante refería que Remo osó saltar la primera muralla que Rómulo había construido en el Palatino, y que este lo mató.

A partir de ahí, la leyenda coloca en Rómulo todas las características de un *oikistés*, un fundador de ciudades, en el magma de colonias propias del mundo griego fundadas desde el siglo VIII. Con su arado ha trazado el surco sagrado y ha construido la primera muralla. Entre otras cosas, la tradición le atribuía el nombramiento de un Consejo de ancianos. Toda vez que el Consejo remitía a la idea de *senex*, «anciano», de ahí nuestros conceptos «senil» o «senectud». Por eso se llamó *Senatus*, Senado. Y la leyenda le atribuyó la creación de otras primerísimas instituciones. Sobre todas ellas, la del propio *rex*, el rey.

Siendo él, claro, el primero de ellos.

* * *

Hasta aquí, en síntesis, el mito. La realidad arqueológica es diferente. Roma no surge por un chasquido de dedos de nadie. Ni siquiera de Rómulo. Fue el resultado de un proceso paulatino, que se remonta a las culturas previas que la arqueología ha detectado en Italia en general, y en Etruria y el Lacio en particular, desde el segundo milenio a. C. Como es bien sabido, la futura Roma estará precisamente en el Lacio, inmediatamente al sur de Etruria, zona en la que al menos desde el siglo VIII a. C comenzaba a descollar la cultura de los etruscos.

No voy a aburrirle con nombres de esas culturas de la Italia que terminaba la Prehistoria Reciente, en el Bronce final y en la Edad del Hierro. Me importa más la idea general. Cuando menciono «Italia», lo hago en un sentido geohistórico, no político. Italia nunca fue un Estado en el Mundo Antiguo. Habrá algún momento de la historia romana, en la llamada guerra de los Aliados, a comienzos del siglo I a. C., en el que algunas comunidades rebeldes a Roma se doten de algunas instituciones comunes. Incluso acuñarán moneda con la leyenda ITALIA. Pero, como digo, no existió nunca un Estado como el actual, producto, como se conoce bien, de la historia contemporánea.

En la época en la que se fue formando Roma, en el conjunto de Italia había numerosas lenguas diferentes. Ya el Bronce final, avanzado el II milenio antes de Cristo, había deparado un magma de culturas en las que ahora no podemos entrar. En el paso a la Edad del Hierro, a comienzos del primer milenio, algunas de esas culturas nos interesan más, como la cultura lacial. La arqueología actual ha profundizado bien en esta cultura del

Lacio. Comunidades con un registro funerario relativamente claro dan la impresión de un poblamiento estable y asentado que, poco a poco, irá dando forma a las primeras comunidades urbanas latinas.

Más al sur, desde el VIII, había establecidas colonias griegas, tanto en el extremo meridional de la bota itálica como en la isla de Sicilia. Es lo que en griego se conoce como *Mega Hellas*, la Magna Grecia. Algunas de las ciudades más grandes y poderosas, como Siracusa, en Sicilia, o Tarento, en la parte superior del tacón de la bota, pertenecen a ese mundo helénico. La propia crisis social en numerosas *poleis* (el plural de *polis*, las ciudades griegas), había provocado la salida de gentes a la búsqueda de mercados, rutas, establecimientos comerciales.

Se trata del fenómeno que llamamos la Gran Colonización griega, que dispersó decenas y decenas de nuevas ciudades griegas por todo el Mediterráneo y parte del mar Negro. Aquí, en lo que los griegos llamarán *Ibería*, Iberia —a lo que mucho después los romanos llamarían Hispania— cabe destacar, por ejemplo, el caso de *Emporion*. Con el tiempo, sería la ciudad romana de Ampurias, cuyo parque arqueológico puede usted visitar. Al tiempo, disfrutará de la belleza del lugar, de pueblos medievales muy próximos, y de las exquisiteces de la gastronomía del Ampurdán.

Esas ciudades griegas de la Magna Grecia, como digo, estaban situadas en el sur de Italia y en Sicilia. Más al norte, numerosas comunidades diferentes, decenas de lenguas, daban una imagen de mosaico sin unidad alguna. Los griegos, además, extendieron el uso de la escritura alfabética, que va a ser determinante para el surgimiento de la escritura latina.

Mucho tiempo antes de ese siglo VIII de la expansión griega —se ha propuesto que durante el segundo milenio— se fue difundiendo el sustrato indoeuropeo, procedente del norte y del este. Por si nunca ha escuchado esto de «indoeuropeo», hay que aclarar que llamamos así a un magma poblacional y lingüístico que se detecta al final de la Prehistoria Reciente desde la cuenca del Indo hasta Europa Occidental. De ahí esa etiqueta. Y de ella, en fechas indeterminadas, se habrían ido desgajando familias lingüísticas que le van a sonar mucho más. Entre otras, me refiero a lenguas germánicas, célticas, al griego... y, por supuesto, al latín.

Entrado el primer milenio a. C., parece ser que ese sustrato ya estaba plenamente implantado en Italia, conviviendo con otras lenguas ajenas. Acaso el etrusco fuera una de esas lenguas no indoeuropeas, aunque sobre esto existe un intenso debate entre los etruscólogos.

Lo cierto es que en Etruria, al norte del Lacio, las ciudades etruscas alcanzaron altísimas cotas de desarrollo, con una escritura muy desarrollada, tumbas principescas y aristocráticas para sus élites, y un lenguaje de poder icónico de primer nivel.

Con el tiempo, llegarían a rivalizar por las rutas del Mediterráneo Central con los propios griegos, y con una potencia del norte de África que iba a irles ganando la partida a ambos: Cartago.

* * *

La futura Roma se va a ir desarrollando en el Tíber, junto al vado natural y la Isla Tiberina. De hecho, ese paso era clave para la importancia de ese sector del río, tránsito desde la desembocadura hacia el interior del Lacio. La sal fue uno de los productos esenciales (por la que se iba a llamar la Vía Salaria) para que ese punto del valle fuera de tanto interés. Se controlaba desde las colinas cercanas a la Isla Tiberina, sí, en esas que está usted pensando: las colinas de la futura Roma.

La arqueología tiene detectados indicios fehacientes de habitación en las colinas ya antes, pero con más intensidad en el primer milenio a. C. Se trata de cabañas con materiales perecederos (adobe, madera, paja, juncos) que poco a poco, en torno al siglo VIII a. C. y después, parecen más duraderos, con estructuras en piedra. Aunque la extensión de estas últimas es más generalizada desde finales del siglo VII. Las zonas bajas, junto al río, surcadas por arroyos tributarios del Tíber, eran fácilmente inundables y tenían un aspecto pantanoso, cenagoso, lacustre.

No por casualidad las cabañas de aquellos ganaderos y agricultores se localizaban en las cotas altas protegidas de las colinas. Una de las decisiones fundamentales para comprender el origen de Roma iba a ser la decisión de aquellas comunidades pastoriles y agrícolas de desecar, más tarde, esas zonas inundadas.

Esto no es, desde luego, obra de un solo hombre, ni siquiera de un «super-Rómulo». Se trata más bien de la decisión conjunta, como en otros lugares del Mundo Antiguo, de agregar voluntades, de lo que los griegos llamaban un «sinecismo». De hecho, el origen de Atenas, aunque con otras claves, fue relativamente similar. Literalmente, esa palabra significa algo así como «juntar casas».

Y eso es lo que, poco a poco, pasó en Roma. No necesariamente consistió en una suma sin más, y quizás tampoco de una manera lineal, desde el Palatino, como pretende una parte de la tradición romana posterior. La crítica actual, aunque dividida, tiende a subrayar la posibilidad de un origen que asimilara las comunidades iniciales más dinámicas (como en el Palatino) con otras del entorno de las cotas altas más cercanas.

Lo realmente sustancial es que, de algún modo que se nos escapa, las comunidades de las colinas fueron tomando decisiones conjuntas. Una de ellas será, en alguna fase más avanzada, la desecación de las zonas inundadas. Se barajan varias fechas probables para esa desecación (se ha propuesto el siglo VII, otros lo llevan al VI): es probable, por tanto, que tuviera lugar tiempo después de la formación de la primerísima Roma.

De hecho, será el suelo de tierra que va a significar el simbolismo político de esa unión: el Foro. Sí, los futuros Foros de Roma estarán sobre esa zona desecada. Simboliza la idea de unión política, de *ciuitas* (de ahí ciudad), es decir, la comunidad de los *ciues* políticamente organizada.

Este es el origen de Roma: la formación de una *ciuitas* con vínculos políticos y religiosos comunes para sus *ciues*, para sus ciudadanos. Las fechas para los datos arqueológicos en la Roma arcaica son muy discutidas por los propios arqueólogos. Hay tendencias a fechar pronto (siglo VIII, en el que la propia tradición romana ubicaba el origen de Roma) las estructuras estables, como la primera muralla que según la tradición construyó, cómo no, Rómulo. Otras corrientes arqueológicas rebajan bastante esas fechas, hasta el VII o incluso el VI.

Poco a poco, la aparición de espacios públicos de poder, como la Regia, así como templos, o espacios abiertos para la reunión del *populus*, irían definiendo el mapa topográfico de la primera Roma.

De todos modos, elimine de su cabeza la idea de una Roma en mármol. Eso es muy posterior, habrá que esperar a finales de la República para empezar a encontrarla.

* * *

Más que hablar de «fundación», deberíamos tener en la cabeza la idea de «formación». Esto no supone negar la historicidad de Rómulo que, verdaderamente, no sabemos si existió o no. Lo realmente importante es no atribuir la formación de la *ciuitas* romana a un solo hombre, sino a un proceso histórico, gradual. Proceso que arranca desde comienzos del primer milenio a. C., con estructuras muy modestas en las colinas, que poco a poco irán tomando decisiones conjuntas, y que en los dos siglos siguientes irán cuajando en lo que conocemos como Roma.

Las pequeñas comunidades pastoriles y agrícolas de las colinas participaban, como el resto del Lacio, de lo que los arqueólogos llaman la Cultura Lacial. Entre otras cosas, se caracterizaba por la incineración: los muertos eran quemados y sus cenizas introducidas en urnas. Algunas de ellas han llegado hasta nuestros días. Es emocionante pensar que en ellas estaban las cenizas de generaciones antepasadas de los romanos posteriores. Aunque, como veremos, las primeras poblaciones romanas se vieron complementadas más tarde por gentes procedentes de otros lugares: como prisioneros de guerra, esclavos, emigrantes, comerciantes…

Es crucial, como he anotado antes, que eliminemos de nuestras cabezas la idea de una Roma grande, marmórea, imponente. Eso va a tardar siglos en aparecer. Roma es al inicio —si asumimos la cronología tradicional, desde el siglo VIII, pero sobre todo en los siglos VII y VI— una pequeña comunidad del Lacio. Pequeña —se impone aclarar esto— si la comparamos con las ciudades griegas del sur de Italia o de la propia Grecia, pero con una amplitud topográfica nada desdeñable en relación con otras comunidades de Italia Central.

Roma surgió en mitad de rutas comerciales entre etruscos y griegos, en contacto con pueblos diversos y grupos de lenguas muy diferentes (ecuos, volscos, sabinos, entre otros muchos), pero perteneciente al grupo lingüístico latino. Eso sí, con impronta de dos culturas muy superiores en tecnología y desarrollo como eran los etruscos y los griegos. Aportarán influencias que se mezclarán con elementos locales e irán mediatizando los primeros pasos romanos en la política, los bienes de prestigio, símbolos de poder, cerámica suntuaria, la religión, la escritura…

Sobre la base de su vínculo común en torno al vado, la Isla Tiberina y las colinas, esas pequeñas comunidades, en un esfuerzo colectivo, propio ya de una *ciuitas*, de una unión política, terminaron desecando las áreas bajas para formar el primer Foro. Las aguas que quedaban retenidas en el entorno del Tíber y en las partes bajas de las colinas irán dando paso al ombligo político de la ciudad, al lugar en el que el poder y los miembros de la nueva ciudad se van a mostrar. Un espacio modesto, de tierra apisonada, que permitirá albergar sus reuniones y sus primeros centros de poder institucional. La expresión política, modesta en lo material, pero enormemente simbólica y profunda, de lo que ya podemos llamar Roma.

Y, hasta donde podemos saber, esa primera Roma tenía gobernantes.

Eran reyes.

ASC

Servio Tulio, rey en el siglo VI a. C.
(grabado del artista Frans Huys, 1522-62).

II
HABLANDO DEL REY DE ROMA...

La formación de Roma fue el resultado de un largo proceso de aglomeración de poblamiento hasta entonces disperso por las colinas. La cristalización política de la agregación poblacional y de voluntades es la *ciuitas*. De ahí deriva nuestra palabra «ciudad». Más allá de la idea topográfica de ciudad, se trata de un vínculo político, en el que los *ciues*, «ciudadanos», tienen el sentimiento de pertenencia a una misma entidad política.

Así comenzó Roma.

«Desde el comienzo, Roma estuvo gobernada por reyes». Esta afirmación tan tajante será sostenida, más o menos con esas mismas palabras, nada menos que por Tácito, acaso el historiador más importante de la Roma altoimperial. De hecho, son las primeras palabras de sus *Annales*. Tácito escribía en los días de Trajano (emperador entre 98 y 117 d. C.), pero su conocimiento sobre el origen de Roma descansaba en la tradición y en la historiografía anterior a él: básicamente la Analística a la que me he referido antes y a grandes sistematizaciones como la de Tito Livio.

Si algo caracteriza a la Roma arcaica, la primera Roma anterior a la República, es el gobierno de los reyes, como dejó dicho de esa manera Tácito muchísimo tiempo después. Pero el *rex*, el rey, no era el único poder. Cabe decir que, en el estado actual de los conocimientos, parece haber pocas dudas sobre la existencia de una primera aristocracia. Esta estaba compuesta por las familias que tenían los mejores ganados y tierras, el acceso a materiales suntuarios proporcionados por el contacto con etruscos y griegos, y el dominio sobre personas.

Pero esa primera Roma en modo alguno estuvo aislada de su entorno: más bien todo lo contrario. Se ha detectado una cierta movilidad horizontal en el Lacio y en las regiones vecinas con esos grupos que alcanzaron preeminencia. Estos contactos con otras comunidades latinas e incluso de otras regiones, como la Sabina, queda registrada míticamente en la tradición romana. Así, se contaba que Rómulo había instalado el *asylum* en Roma, el derecho de asilo, para recibir a vagabundos, forajidos, emigrantes, fugitivos, que quisieran unirse a la nueva ciudad. O, por ejemplo, se incluyó el mito del rapto de las sabinas para dotar de mujeres a esa ciudad forjada sobre el asilo de maleantes. Todos estos relatos parecen estar dando un formato épico y mítico a una realidad de movilidad entre la primera Roma y sus vecinos, movilidad que estaría incluso en la base de su propia formación y de sus pasos iniciales como *ciuitas*.

Los segmentos más poderosos encabezan agrupaciones suprafamiliares, que son las *gentes*, el plural de *gens*. La *gens* es un vector clave en la sociedad romana, y lo será durante la mayor parte de su historia. Se trata precisamente de eso: agrupaciones suprafamiliares con sentimiento de pertenencia grupal sobre la base de antepasados comunes. No son grupos igualitarios. Dentro de cada uno de ellos, las familias más poderosas, con los mejores ganados y tierras, encabezan la *gens* y sus decisiones colectivas. Son las primeras aristocracias romanas.

Conforme vaya pasando el tiempo, se irán sumando nuevas *gentes*. Algunas de ellas proceden de fuera. El caso más llamativo es el de los *Claudii*, los Claudios. Hablaré bastante de ellos en este libro. Aunque había varias ramas, de ella procederá, por ejemplo, Livia Drusila, la esposa de Augusto y madre de Tiberio (fruto de un matrimonio anterior con un Claudio), lo que dio lugar a la dinastía Julio-Claudia: la primera dinastía de emperadores a la muerte de Augusto en el verano del año 14 d. C. Se cree que fue Atta Clauso, procedente de la región de la Sabina, vecina de Roma, el primero de los Claudios, que llegó a Roma con varios miles de dependientes, de sus clientelas, en torno a 504 a. C.

Con el tiempo, estas *gentes* irán manteniendo memoria familiar, conservarán recuerdo de sus gestas militares, de los cargos políticos de sus miembros, así como *imagines maiorum*, es decir, retratos de sus más destacados antepasados. Todo eso irá formando el caudal de prestigio que los descendientes presentarán como aval en la competitividad electoral en los días de la República. Esto es esencial en el ADN, digámoslo así, de la aristocracia romana. El recuerdo de las gestas precisaba documentos, relatos orales, retratos físicos sobre máscaras mortuorias, discursos funerarios, todo lo que pudiera conservar memoria familiar para competir con las otras familias.

La historia familiar era un arma política en la lucha por los puestos de relevancia en Roma. Y, sumando todas esas gestas y el eco de las mismas, se iba configurando un catálogo de *exempla*, de ejemplos en el sentido de gestas, que irán dando forma a la conciencia histórica de Roma, al menos de su clase dirigente.

* * *

Se discute mucho la cronología de los reyes romanos. Me refiero a discusiones entre excelentes especialistas, tanto historiadores como arqueólogos. Para empezar, no tenemos certezas absolutas sobre la propia datación del origen de la *ciuitas*. Algunos creen que no va más allá del siglo VII a. C. Otros, sin embargo, asumen la cronología tradicional del VIII, de manera que ya desde entonces se habían dado las condiciones que he mencionado hasta ahora para hablar de *ciuitas* y, por tanto, de Roma. Me siento más próximo a esta corriente, aunque desde luego no creo que debamos imaginar que ya desde el principio funcionasen todas las instituciones que la tradición achacó a Rómulo.

No acaban aquí las disensiones sobre la cronología de los reyes. Otra muy relevante es la que se cuestiona la relación entre la datación tradicional para el período monárquico con respecto al número de reyes.

Esto ya llamó la atención nada más y nada menos que de Isaac Newton. ¡Sí, del gran Newton! Puede usted cuestionar qué pinta aquí ahora hablar de Newton, y hace muy bien en preguntárselo.

En 1728, justo al año siguiente de su muerte, se publicó póstumamente un trabajo suyo que revisaba algunas cronologías del Mundo Antiguo. Y, en ese ensayo, Newton hacía constar sus dudas sobre la relación directa entre las dataciones y los reyes de Roma. Parece haber una cierta disparidad, en efecto. Según la cronología tradicional de la monarquía romana, hubo siete reyes para 244 años, entre 753 y 509 a. C.

Aunque esta extrañeza no solo inquietó a Newton, a quien le parecían demasiados años para ese número de reyes. A bastantes especialistas recientes en la Roma arcaica también les parecen pocos. Es muy posible, por no decir casi seguro, pues, que hubiera más reyes. También se ha barajado que la época monárquica durara menos tiempo, que empezase muy avanzado el siglo VII. A día de hoy, ninguna hipótesis es absolutamente contundente.

Según la versión canónica, los siete reyes de Roma fueron Rómulo, Numa Pompilio, Tulo Hostilio, Anco Marcio,

Tarquinio Prisco, Servio Tulio y Tarquinio el Soberbio. Pero, como intuía Newton y como sospechan numerosos especialistas actuales, no es nada improbable que hubiera más que no conocemos. Aparte de que, en ocasiones, hay una suerte de reinados conjuntos. Es el caso del sabino Tito Tacio, a quien la tradición asocia a un gobierno conjunto con Rómulo una vez que se produjese una cierta simbiosis entre romanos y sabinos.

En la tradición canónica romana, Rómulo pasa, como se ha visto, por ser el fundador de Roma y su primer rey, mientras que Tarquinio el Soberbio por ser el último: su expulsión en 509 habría dado paso al inicio de la República.

Aquella Roma arcaica, de época monárquica, era una comunidad con casas modestas, de tapial, de barro, de cañas, de juncos, algunas estructuras de piedra. La tradición posterior, que se fue elaborando una vez asentada la República, magnificó la importancia de Roma desde el principio. Claro que para comprobar esa exageración dependemos, como casi siempre para estas primeras partes del libro, de Tito Livio. Si se leen con atención los textos que del historiador de Padua han llegado hasta nosotros, que por cierto son bastantes menos que los que redactó, uno tiene la impresión de que Roma ya era una potencia desde el principio.

Nada más lejos de la realidad. Hemos de pensar, más bien, que los conflictos y las guerras en los siglos VIII a VI eran mucho más modestos, enfrentamientos locales y regionales en el Lacio y en regiones vecinas, que movilizaban muy pocos efectivos. Todo comparado, claro, con las grandes guerras que ya sí van a empezar a caracterizar a la República en tiempos relativamente tempranos, desde finales del siglo V e inicios del IV. De hecho, se ha calculado que las batallas de esa primera fase, la monárquica, se libraron en su gran mayoría en un área en torno a unos veinte kilómetros (en nuestras medidas actuales) alrededor de Roma. Ruego retenga esta idea, porque dentro de algunas páginas tendré que comenzar a mencionar batallas que ya tendrán lugar a cientos de kilómetros de la ciudad.

Algo parecido a esa magnificación en cuanto a las guerras ocurrió con respecto a las instituciones. La tradición romana, la Analística, la que llegó hasta Tito Livio tantos siglos después, otorgó a cada rey una serie de labores. En otros términos, cada monarca encarnaba líneas diferentes del desarrollo romano inicial.

De ese modo, se le atribuyó a Rómulo la propia fundación física de la ciudad, pero también las primeras instituciones. Era el caso del recinto de Roma, la muralla, la realeza, el Senado, o la estructura del pueblo en tres tribus (Ramnes, Tities y Luceres) y treinta curias.

La realeza romana no debe ser entendida al estilo que en griego se entenderá como despótico, referido al mundo oriental. El término *rex* procede, como el conjunto de la lengua latina, del gran magma indoeuropeo, está emparentado con el *raj-* del mundo hindú o el *rix* del centroeuropeo.

Hay que tener en cuenta que la clave del poder social en Roma desde el inicio de su formación radica en la aristocracia emergente, los jefes de las *gentes*, que disfrutan del control de ganados y de tierras, pero que también se han enriquecido con el comercio con griegos y etruscos. Participan así de ese despegue económico que la arqueología reconoce tenuemente en la Roma arcaica y con claridad en otros lugares del Lacio y, por supuesto, en Etruria.

Los reyes serán, en cierto modo, una expresión cimera de ese poder, pero no un despotismo. De hecho, a la muerte del rey, según la tradición, había un *interregnum*, y los *auspicia* (la dimensión religiosa tan inherente a la política desde el origen de Roma) pasaban, precisamente, a los *patres*, a los jefes de esa primera nobleza, al germen del Senado. Y se iban rotando durante días asumiendo esa figura de *interrex*.

Es una simbiosis entre aristocracia y realeza, un símbolo religioso y político de la naturaleza misma del origen de la realeza romana. Cuando entre ellos había un acuerdo para designar al futuro *rex*, este era presentado al *populus* reunido en curias, la asamblea que se llamará *comitia curiata*. Lo reconocían como rey porque le entregaban el *imperium*, el poder supremo de comandar. Tiene por tanto el concepto *imperium* un sentido militar. Este ritual político prístino, andando el tiempo, llegará a ser una auténtica reliquia política mantenida en tiempos muy posteriores de la historia de Roma.

La religión, siempre presente en las liturgias públicas y en el origen de Roma, queda de manifiesto con el papel del augur. Este sacerdote se encargaba de tutelar la *auspicatio* (interpretar los auspicios) y la *inauguratio*: de ahí la palabra «inauguración», a la que tan aficionados son políticos que, me temo, desconocen su origen. Suponía contar con el visto bueno, la luz verde diríamos hoy, de los dioses a través de la interpretación de signos divinos, en particular el vuelo de las aves. Una vez que el augur procesaba ambos rituales, se consideraba que el reinado, efectivamente, estaba —y elijo la palabra intencionadamente—, inaugurado.

El rey es el jefe de la religión romana, y los sacerdotes están a su sombra, incluso el *pontifex maximus*, que en el futuro iba a tener una posición prioritaria. Estaba al frente de los *pontifices*, pontífices, cuya etimología viene de la idea de «los que tienden, los que construyen los puentes».

La mano del rey interviene en la organización del calendario, de los días fastos y nefastos. Esto quería decir los que eran propicios —y los que no— para la actividad pública. La tradición ya atribuye a Rómulo un primer calendario, reformado por Numa Pompilio. Pero la historiografía actual discute sobremanera hasta qué punto esto es así, en una disquisición que he preferido eludir aquí por su minuciosidad. Pero ya en la Roma arcaica, y esta es la idea general que me gustaría que quedara clara, se funcionaba con calendario, que fue adaptándose poco a poco en la historia romana desde las fases lunares a las solares, siendo el cénit de todas esas reformas la de Julio César, con el célebre calendario juliano, en las postrimerías de la República.

Me va a permitir el lector una anécdota. Se refiere a *otro* calendario juliano. Tuvo lugar aquí, en España, a comienzos de los setenta del siglo XX, en los últimos años de la dictadura de Franco. El ministro de Educación, Julio Rodríguez, con una intensa trayectoria científica y universitaria, quiso adaptar el año académico al calendario anual, comenzando las clases en enero y acabando en diciembre. Aquello terminó como el Rosario de la Aurora. Porque la decisión salió en el BOE en septiembre de 1973, y los alumnos empezaron el Curso en enero del 74, así que no tuvieron clase... ¡ni en el verano del 73 ni en aquel otoño y comienzos de invierno! ¡Seis meses de vacaciones!

De todos modos, el asunto se finiquitó con celeridad porque Julio Rodríguez cesó en diciembre del 73 o los primeros días del 74. Por eso se le conoció en ambientes universitarios como «Julito el Breve» y, a su experimento académico, como el «Calendario Juliano», en clara alusión a su nombre y al auténtico Calendario Juliano de otro Julio... Julio César.

* * *

Ya he explicado antes el origen etimológico del Senado. Esos primeros ancianos son, en la tradición, los cien *patres* (padres) iniciales. Por eso, sus descendientes, o los que se arrogaban el hecho de serlo, fueron conocidos como *patricii*, patricios. Atención a esto porque el patriciado iba a ser el culmen de la nobleza romana, pero pronto iba a entrar en conflicto con sectores poderosos entre los plebeyos, de la *plebs* (el resto del *populus*), que demandaban mayor participación política.

La muralla «romulea» ha dado mucho que hablar a los arqueólogos. Algunos de ellos creen haberla descubierto en el Palatino, datándola en el mismísimo siglo VIII en el que, según la tradición, gobernó Rómulo. Otros niegan estas dataciones y la posibilidad de que ese muro suponga la muralla inicial, y se han detectado otros restos que se llevan a períodos posteriores de la Roma arcaica.

En cuanto a la división del pueblo, esto es aún más complejo. La división en curias remite a organizaciones similares en otras culturas mediterráneas. Es la división del *populus romanus* en esas treinta unidades. Fuera cierto o no, lo relevante es que se tenga ya presente que este tipo de divisiones va a ser algo muy típico de la organización social y política romana. Incluso en la misma monarquía, irán apareciendo otras divisiones del *populus romanus*, es decir, de los ciudadanos varones con derecho a formar parte de dicho *populus*.

Esas divisiones tienen dos características. Primera, van a ser simultáneas, funcionarán a la vez en los siglos siguientes. Segunda, tendrán trasunto institucional: convocado según cada una de esas divisiones o esquemas, el *populus* forma asambleas que votan para distintos objetivos. Iremos mencionándolas poco a poco, porque son varias. Las que ahora nos pueden interesar, las dos más antiguas, eran los *comitia curiata*, es decir, la reunión en asamblea del *populus* organizado en curias, y los *comitia calata*. Los primeros reconocían al rey, como ya he dicho, y retendrían la facultad de entregar *imperium*, poder militar sobre las legiones, en la época de la República.

El número 30 para las curias sería probablemente un punto de llegada, puesto que se suele pensar que serían al principio muy pocas que, con la progresiva consolidación de Roma desde su origen y durante el período monárquico, irían aumentando al englobar a comunidades de las colinas y poblados más periféricos. En el origen, las curias tenían un papel clave en la organización de la participación del pueblo a la milicia. Los segundos derivan del verbo *calare*, llamar (como en el inglés *call*).

En las primeras asambleas romanas, la opinión del pueblo se hacía escuchar a voces, a sonidos fuertes, esto es, con ruido, *fragor*. De ahí se deriva la palabra *suffragium* para el concepto de la opinión popular expresada en asamblea. Naturalmente, es el origen de nuestro concepto de sufragio entendido como voto.

La tradición atribuye también a Roma el conocido episodio del rapto de las sabinas, al que me he referido antes. Ante la ausencia de mujeres, el primer rey habría urdido una trama para secuestrar a damas de la vecina comarca de la Sabina. Una vez que los hermanos de estas acudieron a salvarlas, y estando ya ellas unidas a romanos, se llegó a un acuerdo. De ese modo, hubo una integración de la sociedad sabina en la primera Roma.

Como ya he dicho, lo más probable es que el mito sea la expresión simbólica de la movilidad social entre comarcas que la arqueología detecta en el Lacio y su entorno, con la multiplicación de los contactos comerciales y el florecimiento de aristocracias desde el siglo VIII.

La Analística romana y las versiones más o menos canónicas se esforzaron por atribuir a cada uno de los reyes una serie de logros. Por poner solamente unos ejemplos, cabe mencionar algunos de ellos. A Numa Pompilio se le adjudicaban cuestiones religiosas, calendario y sacerdocios. A Tulo Hostilio, como su propio nombre delata, se le asociaba con la continuidad de estrategias militaristas de Rómulo: enfrentamientos con vecinos y destrucción de Alba Longa. En ese episodio se menciona el juramento de los Horacios, combate singular entre tríadas de hermanos, que en la cultura occidental asociamos el célebre cuadro del gran Jacques-Louis David.

La obra fue contratada en 1784, en los años previos a la Revolución francesa. Al parecer, se trataba de un encargo regio.

Concretamente, de Luis XVI, el mismo que iba a ser guillotinado por los revolucionarios nueve años después (con el voto a favor del propio David). El monarca deseaba proyectar una alegoría de la lealtad al Estado sobre la base de un ejemplo de la Roma más primigenia. El cuadro es uno de los mejores exponentes del Neoclasicismo. Claro que el propio David iba a pintar unos años después, ya en 1799, el rapto de las sabinas. Se trata de una alusión al episodio mencionado más arriba, centrado sobre todo en la intervención de las mujeres sabinas para evitar el enfrentamiento entre los sabinos y sus nuevos esposos romanos.

A Anco Marcio se le atribuían más guerras con los vecinos y la fundación de Ostia, espacio portuario marítimo para Roma. El caso de Tarquinio Prisco es más denso. Sobre su propio origen se especulaba con que fuera hijo de Demarato, un exiliado político de las tiranías de Grecia. El futuro rey Tarquinio procedía de la ciudad etrusca de Tarquinia y había finalmente recalado en Roma. La tradición lo fecha entre finales del siglo VII y comienzos del VI. Se le asocia con importantes obras en la Roma arcaica, como el primer templo (o acaso el inicio de las obras) de Júpiter Óptimo Máximo en el Capitolio, la definitiva desecación del foro, la Regia, la Curia para el Senado, o el aumento del Senado al número que iba a ser canónico durante siglos, unos trescientos.

También sobre Servio Tulio hay una mezcla de informaciones. Sobre su origen circulaban varias tradiciones. Una de ellas decía que era un esclavo en el entorno regio, que fue promocionado por Tanaquil, la esposa de Tarquinio Prisco. De ahí procedería su nombre, de *seruus*, esclavo. Otra tradición lo remitía a Etruria. Esta tradición contó con un adepto que le va a sonar a usted inmediatamente. Merece la pena detenernos brevemente en esto.

Ese adepto, y quien insistió sobre el origen etrusco del rey Servio Tulio, que habría gobernado en el siglo VI, es nada más y nada menos que… ¡el emperador Claudio! Sí, el emperador (41-54 d. C.) al que hizo mundialmente famoso Robert Graves en la ficción literaria y la televisión británica a partir de la serie encarnada por el grandísimo Derek Jacobi. Claudio vivió más de medio milenio después de Servio Tulio, si asumimos la historicidad de este. En su juventud había sido ya muy aficionado a la historia, y resultó determinante su conexión con el historiador Tito Livio, que fue maestro del muchacho. Sabemos que escribió una historia romana y otra historia etrusca. Había tenido acceso a los archivos y a documentos históricos romanos: era todo un erudito en la historia más remota de Roma.

Pues bien, en un discurso pronunciado en el año 48 d. C. por Claudio en defensa de la promoción al Senado de galorromanos, echó mano de un argumento precisamente histórico. Claudio quería mostrar a los senadores que incluso alguien muy importante en la historia de Roma, uno de sus reyes más relevantes, tenía un origen extranjero. De ese modo —esperaba— los senadores comprenderían bien su deseo de incorporar a esos galorromanos al cuerpo cívico romano y a la promoción política plena.

El personaje en cuestión era, precisamente, Servio Tulio. En su discurso, el emperador venía a decir que el mismísimo personaje conocido por los romanos como el rey Servio Tulio se llamaba, en realidad, Mastarna, y era etrusco, siendo uno de los compañeros de armas de Celio Vibenna. Había tradiciones etruscas, pero también romanas, que mencionaban que Celio y su hermano Aulo Vibenna habían ocupado Roma durante algún tiempo. Claudio dice que Mastarna tomó restos de las tropas de Celio y que con ellas ocupó la colina a la que dio el nombre de su antiguo jefe de filas: Celio.

Si espectacular es esta referencia de Claudio, no lo es menos que en la ciudad etrusca de Vulci apareció una tumba que parece refrendar lo dicho por Claudio. La tumba, fechable en siglo IV a. C., por tanto a medio camino en el túnel del tiempo entre Servio Tulio-Mastarna y el emperador Claudio, se llama François en honor a su descubridor.

En las pinturas de la cámara funeraria aparecen varios combates singulares, algo propio del mundo iconográfico de la Antigüedad, y los nombres de los combatientes identificados con rótulos en etrusco. Pues bien, uno de esos personajes es... ¡Macstarna! La grafía así escrita en nuestras letras occidentales, como lo acabo de hacer yo ahora (Macstarna), intenta reproducir los signos etruscos, claro, equivalen al Mastarna mencionado por Claudio. También hay otros que se identifican con los hermanos Vibenna e incluso con la familia de los Tarquinios, del entorno de los reyes romanos anterior y posterior al propio Servio Tulio-Macstarna/Mastarna.

Todo esto parece dar la razón a Claudio.

Sea como fuere, Servio Tulio recibió un intenso tratamiento por la tradición romana. Se le atribuirán cuestiones muy importantes. Por ejemplo, la reforma del sistema de tres tribus, que pasarán a cuatro nuevas: Palatina, Esquilina, Suburana y Colina. Algunas fuentes afirman que añadió más tribus rústicas, esto es, de fuera de la ciudad. Sabemos que en tiempos posteriores estas tribus rústicas eran 31, que se sumaban a las 4 urbanas.

Sin embargo, hay una nebulosa en torno a las que funcionaban realmente en la fase final de la monarquía. No se sabe con absoluta certeza cuántas eran, salvo las urbanas que, efectivamente, eran cuatro. Ni siquiera existe acuerdo en si puede ser atribuido a Servio Tulio la creación de las rústicas, que algunos especialistas consideran ya de época republicana. Mucho tiempo después, el total de las tribus romanas iba a quedar fijado en 35. Da la impresión de que la reforma atribuida a Servio Tulio pudo ser un comienzo de un proceso que culminaría ya en la fase inicial de la República.

La idea general que quiero que quede clara sobre este asunto de las tribus es la siguiente: la reforma, fuera de la mano de

Servio Tulio en el siglo VI, como quiere la tradición, o un proceso más gradual, supuso el triunfo de lo territorial en la escena institucional. Es decir, la *ciuitas*, Roma, en su plasmación física, topográfica, territorial, articulaba esas tribus en las que debían ser inscritos los *ciues*, los ciudadanos (solamente ellos, no el resto de la población). Es, en cierto modo, la imposición del modelo de la *ciuitas* sobre lazos tribales anteriores.

En ese sentido ha de entenderse también la imposición, en el marco institucional que estaba formándose en la Roma de finales del período monárquico, de otro factor: el económico.

Me refiero a otra gran reforma que la tradición atribuye a Servio Tulio: la creación de los *comitia centuriata*. Se le adjudicó a este rey un nuevo reparto de los ciudadanos. No excluía el reparto por curias y su cristalización institucional, los *comitia curiata* que, como ya he dicho, reconocían al rey y su *imperium*, y harían lo propio con los magistrados con *imperium* en la República. Se trata de un modelo simultáneo, no excluyente del otro. Lo que ocurre es que iba a estar destinado, con el tiempo, a ser más relevante. Es el reparto del *populus romanus* en centurias.

Nuestras fuentes, como Dionisio de Halicarnaso y sobre todo Tito Livio, siguen siendo últimas partes de un aluvión que recoge la tradición romana de siglos. Se trata, una vez más, de una imagen fija que, en realidad, responde a procesos paulatinos. Según esa imagen, Servio Tulio habría dividido al conjunto de la ciudadanía romana en centurias según su riqueza.

Las centurias se aglutinaron en cinco clases, de arriba abajo en riqueza. Además, se incluían centurias de jinetes y de grupos auxiliares. El número de centurias de cada clase daba como resultado que las clases más ricas sumaban más centurias. Y como esta fue la base de la nueva asamblea de los *comitia centuriata*, en la que se votaba por centurias y no por individuo, el lector imaginará bien si piensa que el voto de las clases ricas vencía sistemáticamente al tener más centurias que las demás.

Además, para entonces, el siglo VI, parece que la milicia de inspiración helénica, la hoplítica, se había extendido en la Italia central. Se trata de las falanges hoplitas, que superan los combates singulares propios del mundo de tradición homérica y de la Época Oscura. Los combatientes no son solo ya los aristócratas, sino los propietarios en general, que acuden con el armamento que pueden según sus circunstancias. En el caso de Roma, es el origen de la legión romana. Y suele pensarse que la reforma centuriada o fue un resultado o formó parte de semejante transformación militar.

La crítica científica ha destacado con acierto que todo esto no debe ser sobrevalorado. No son pocos los especialistas en Roma arcaica que piensan que la tradición, una vez más, redujo a nombres propios (Servio Tulio, en este caso) y a imágenes fijas una serie de cambios que venían de atrás, por un lado, y que continuarían evolucionando, por otro. Además, en el relato de nuestras fuentes existe lo que los historiadores académicos llamamos «presentismos». Es decir, introducen en su versión algunos elementos que son de su época o, en todo caso, posteriores al contenido de lo que están contando.

Lo importante, en todo caso, es esta simbiosis entre cuerpo cívico y milicia, que está en el germen de la legión romana. Aún no debe pensarse en las legiones numerosas que irán apareciendo poco a poco en la Roma de la República. Pero esta milicia de la *ciuitas* arcaica, en su fase final, en el tramo último de la monarquía, ya iba formando el concepto de legión sobre la base del reclutamiento cívico. Y las centurias de los comicios centuriados parecen haber estado en la base de dicha organización.

De hecho, quienes asisten, es decir, los *adsidui/assidui* (de ahí nuestro concepto «asiduos»), son los propietarios que pueden asistir tanto a los comicios centuriados como, en sus edades jóvenes, a esa milicia cívica, a ese embrión de la legión. Cada uno, según su riqueza, en sus unidades y con el armamento que pudiera aportar. Roma tiene ya en esos momentos un ejército de propietarios que pronto va a comenzar a individualizarla como un agente relevante en el *nomen Latinum*, en el contexto del Lacio.

El trasunto social es evidente. Los más poderosos configuraban no solo los votos decisivos por centurias, sino también el grueso más relevante de la milicia cívica. Es la *classis*. De ahí surgirá la palabra «clase» que se usará en la jerga occidental para la idea de clase social, aunque con otras connotaciones. Y, por debajo, la *infra classem*.

Esta división por la riqueza y su cristalización a nivel institucional (las centurias) y militar (el germen de la legión) es una de las claves de bóveda que marcarán la futura evolución de Roma.

Por abajo quedan los *proletarii*. Sí, es el origen de nuestro concepto de proletariado. Pero para comprender el término romano, debe sacar el actual de su cabeza. El nuestro deriva de la Revolución Industrial del siglo XIX, aunque se basa en la palabra de origen romano.

En la Roma arcaica, y en otras fases posteriores de la historia de Roma, el *proletarius* es, simplemente, el que solo tiene, como indica la palabra, su prole. De ahí, *proletarius*, *proletarii* en plural. No tiene nada: un taller de artesanía, una dispensa de carne, una vaca. No tiene nada, solo su progenie, su familia… su prole. Aunque la crítica actual sostiene que, en no pocos casos, la cuestión no era tan tajante y que era posible que hubiera *proletarii* con tenues medios de vida. Atención a esto porque será un cuerpo social clave para entender los cambios en la República tardía. Pero de eso nos ocuparemos dentro de unas cuantas páginas.

* * *

El último rey de Roma, Tarquinio el Soberbio, recibe en la historiografía romana muchos de los clichés de los tratados helénicos sobre la tiranía. El mismo concepto *Superbus* que le da nombre, soberbio, está emparentado con la *hybris* griega, que es una característica habitual en los tiranos. Aunque también se le atribuye la conclusión del templo de Júpiter Óptimo Máximo en el Capitolio, en un contexto de expansión comercial inicial en el que también se le asocia con el primer tratado con Cartago.

De todos modos, la tradición romana lo terminó vinculando con varios crímenes, probablemente en la conformación de un contraste con lo que vino después, la República, que fue la época en la que esa tradición terminaría poniéndose por escrito definitivamente. Entre ellos, el de la violación de Lucrecia por el hijo del rey, Sexto Tarquinio.

Este tipo de episodios, como sucede con el rapto de las sabinas o con el juramento de los Horacios, puede ser simplemente el eco de trazas míticas que explicaban, con relatos sencillos, cambios de ciclo y de procesos de muy hondo calado. Como la movilidad horizontal constatada por la arqueología, o como la toma de decisiones aristocrática para capitalizar las instituciones de la *ciuitas*.

La expulsión del último rey de Roma está envuelta, pues, en la violencia por parte de la familia regia. La tradición terminó presentando a un tirano, de tal manera que el concepto *rex* fue algo nefasto en el resto de la historia romana, salvo algún resquicio en sacerdocio religioso. La mera especulación sobre la posibilidad de que alguien quisiera ser rey iba a ser motivo de crítica e, incluso, de eliminación física. Veremos lo que ocurrió, al respecto, en el caso de César.

La tradición romana posterior forjó una imagen fija de lo que había ocurrido en la primera etapa de su historia. Se acumularon *exempla*, ejemplos, de buen y mal comportamiento, tanto para la etapa monárquica como para la República. Para los tiempos más remotos, como de los que nos hemos ocupado, la nebulosa del tiempo envolvía su veracidad.

Después de todo, incluso el mismísimo Tito Livio, que recoge toda esa tradición en su magna obra historiográfica, dudaba de lo que estaba contando. Nada menos que en el prefacio expresa sus dudas sobre la intervención del dios Marte en el embarazo de Rea Silvia, producto del cual nacieron Rómulo y Remo. No niega tajantemente la intervención divina. Pero sí deja caer sus dudas personales cuando desliza que la muchacha, bien por creer de veras que el dios la había fecundado, bien por disimular su mancha moral por tener relaciones sexuales siendo una Vestal, achacó su embarazo a Marte.

Sea como fuere, la imagen construida durante siglos terminó siendo canónica para la élite romana cuando esta se fue posicionando al frente de aquella maquinaria de guerra y de conquistas que terminó siendo.

En dicha imagen sobre su origen más antiguo, aparecían siete reyes, cada uno de los cuales asumía unas funciones específicas en la progresiva formación de Roma.

Hoy en día no podemos saber a ciencia cierta ni siquiera si Rómulo o algunos de los demás reyes existieron o no. Y mucho menos podemos afirmar que llevasen a cabo todas las tareas que se les adjudicaron tiempo después. Lo cierto es que, a finales del siglo VI, la *ciuitas* existía y sus instituciones se estaban formando.

En ese proceso, la aristocracia dirigente, que controlaba los recursos económicos, decidió eliminar la realeza y funcionar con instituciones carentes de la misma.

La fecha tradicional para el suceso de la expulsión del último rey se ubica en lo que nosotros llamamos el año 509 a. C.

Empezaba otra etapa en la historia de Roma: la República. Una fase que duró medio milenio.

III
LA REPÚBLICA INICIAL: ENTRE LA SECESIÓN Y LAS PRIMERAS EXPANSIONES

Tácito, en una frase que ya he citado unas páginas atrás, lo tenía claro: *urbem Romam a principio reges habuere*. «La ciudad de Roma, en sus inicios, tuvo reyes». Y continuaba su frase: *libertatem et consulatum L. Brutus instituit*, «Lucio Bruto trajo la libertad y el consulado».

Con esas escuetas palabras escritas en los días de los emperadores, condensaba lo que la historiografía romana había venido codificando durante siglos. Que la realeza había derivado en tiranía, algo muy presente en el pensamiento político griego del que la élite romana había sido parcialmente deudora, y que la República significaba la libertad. Porque, para la élite romana, *libertas* se opone a *regnum*: en la perspectiva de la aristocracia romana, nada había tan opuesto a la *libertas* como la realeza.

Hay que aclarar lo que un personaje como Tácito, y otros como él, entendían por *libertas*. No se trataba exactamente del concepto que de «libertad» que tenemos nosotros hoy en Occidente. Nuestra palabra, en los idiomas occidentales, deriva precisamente de esa *libertas*. Pero nuestro concepto ha pasado por siglos de evolución, con aportes recientes de la Ilustración y de las revoluciones de época contemporánea. Puede sorprender que utilice la palabra «recientes». Pero, para la perspectiva del tiempo y de la historia de Occidente que tiene un profesor de historia de Roma como yo, la Ilustración del XVIII o las revoluciones de los siglos XVIII y XIX son fenómenos recientes.

Después de todo, no es casualidad que George Washington evocara un pensamiento de inspiración romana en la época de la Revolución norteamericana y la creación de los Estados Unidos de América. Lo hizo en su discurso inaugural como primer presidente, pronunciado en el *Federal Hall* (no el actual que visitamos hoy, que es memorial, sino en el original anterior), dentro del área de Wall Street, en la ciudad de Nueva York, en 1789. Dijo algo así como que «la preservación del fuego sagrado de la libertad y el destino del modelo de gobierno republicano se consideran justamente [...]».

En general, la influencia del pensamiento griego y romano en los Padres Fundadores de los Estados Unidos de América es enormemente profunda y no puedo entrar en eso ahora. Baste mencionar otro ejemplo más de una lista extensísima que podríamos alargar: el Capitolio como núcleo de la institución política, sobre la base del concepto y la palabra romana. La arquitectura del poder político en la génesis de los Estados Unidos bebía de la tradición romana. Como dijo John Tyler, que también fue presidente de Estados Unidos, el mismísimo Thomas Jefferson «era un romano en sus puntos de vista sobre la arquitectura».

Para los romanos como Tácito, es decir, para la élite aristocrática romana, la *libertas* es el gobierno de ellos, de los poderosos, de la *nobilitas*. El entendimiento entre las más altas magistraturas y el Senado es la clave de lo que, desde esa perspectiva, se considera buen funcionamiento del poder. De ese modo, la existencia de reyes es una agresión a esa *libertas*.

Como también lo sería un formato dictatorial fuera de la dictadura como mecanismo extraordinario contemplado por el sistema, del que ya hablaremos. Así que *libertas* no significaba lo mismo para un romano senador y potentado que para nosotros. A pesar de que la palabra sea la misma.

* * *

La Roma que salía del gobierno de los reyes y entraba en la República no era aún, ni de lejos, la ciudad enorme y marmórea que el cine ha inmortalizado. Pero tampoco era ya un grupo de cabañas. Ya iba teniendo un aspecto urbano en línea con otras ciudades de Italia central, y era la más extensa del Lacio. Algunos cálculos recientes barajan una cifra de unos veinte o treinta mil habitantes para la comunidad de finales de la monarquía y comienzos de la fase republicana, entre finales del siglo VI y comienzos del V a. C.

Esto está lejos, por supuesto, de algunos datos de las fuentes, que mencionaban ochenta mil ciudadanos —lo que supone unos doscientos mil habitantes— para esa misma época. Esto último hubiera supuesto que Roma tendría en esa fase tan antigua similar número de habitantes que las grandes *poleis* griegas en la época del máximo apogeo de estas: Esparta y sobre todo Atenas en el siglo V e inicios del IV a. C. Pero, aunque la arqueología actual matice con prudencia semejantes cifras, y apunte a esos veinte o treinta mil habitantes hacia finales del siglo VI, Roma era ya la ciudad más extensa y poblada del Lacio.

Se suele pensar en un paso directo de la realeza al consulado, como resume Tácito en su frase icónica. Pero la crítica actual no tiene nada claro que esto fuera así. Quiero decir que no sabemos a ciencia cierta si efectivamente el *rex* fue sustituido ya desde el principio por dos cónsules, o si el consulado fue introducido más adelante, funcionando al frente del sistema otro tipo de magistraturas supremas.

También hay problema con la fecha. Se suele asumir la fecha de 509, pero no existe la certeza absoluta de que el paso de la realeza al sistema republicano fuera en ese momento exacto. La tradición señalaba que a la violación de Lucrecia por el hijo del rey siguió la deposición de este por parte de L. Junio Bruto y Tarquinio Colatino. El primero de ellos fue ancestro del futuro Bruto que formó parte del complot contra César. De hecho, la propaganda de los cesaricidas explotó convenientemente la idea de que Bruto, como su ancestro, traía a Roma de nuevo la *libertas*.

La misma tradición que informa de la deposición del rey por esos dos nobles, anota que el segundo de ellos tuvo que irse como consecuencia de la expulsión general de cualquier Tarquinio, siendo sustituido por Valero Publícola. También hay problemas sobre si el etrusco Porsenna logró controlar Roma por esta época, así como si, efectivamente, fue entonces, en 509, cuando comenzó la lista de los *Fasti Consulares*: los listados con los dos cónsules de cada año. Ya explicaré un poco más adelante en qué consistía el consulado y por qué era tan crucial en la República.

* * *

Los dos vectores esenciales en la República inicial son los conflictos entre patricios y plebeyos y las guerras contra los vecinos en Italia central. Voy a intentar ir explicando con calma ambos temas. Como siempre en este libro, haré una mínima selección que en ningún caso es exhaustiva, más bien al contrario.

Ya he insistido más atrás en que Italia estaba muy cuarteada en distintos grupos lingüísticos, étnicos, culturales. Roma pertenecía al ámbito latino y su lengua era el latín. Las fuentes suelen hablar de una especie de liga a la que Roma pertenecería. No, no era la Liga de Fútbol Profesional del Señor Tebas. Qué hubieran pensado los romanos, a propósito, de la rivalidad espantosa entre los dos grandes equipos actuales de la ciudad, uno con camiseta encarnada y otro celeste… Claro que los romanos posteriores a esta época inicial de su historia eran muy, pero que muy, muy aficionados al circo, a las carreras de carros de caballos. En torno a los aurigas, los conductores de los mismos, se movilizaban pasiones a favor y en contra, y además cristalizadas en colores: los rojos, los verdes, los azules… A Plinio el Joven, el sobrino del Plinio muerto en los días de la erupción del Vesubio, semejante afición por *el fútbol*, digo, por el circo, le parecía una aberración. Lamento confesar que, en esto, me sitúo muy lejos, lejísimos, de Plinio.

No, era otra liga. Las fuentes mencionan el concepto *nomen*, en latín, o *koinon*, en griego. En la historiografía usamos el concepto Liga Latina, una especie de asociación de ciudades del Lacio. Aunque sobre esto, como sobre casi todo en estas fases tempranas de la historia romana, se discute mucho y no tenemos excesivas certezas. La Liga tenía sobre todo vínculos religiosos, con santuarios comunes. Se suele mencionar siempre, por ejemplo, un templo a Júpiter Laciar en los Montes Albanos. Y había festivales y rituales comunes.

Para los comienzos de la fase republicana se anotó en la Analística la victoria frente a los latinos en el Lago Régilo, en nuestro 499/496. Y, para unos pocos años después, es mencionado un *foedus* (tratado, de ahí *foederatio*, federación), el *foedus Cassianum*, por Espurio Casio. El texto original estuvo mucho tiempo expuesto en los aledaños del Foro. Más de cuatrocientos años más tarde, el mismísimo Marco Tulio Cicerón anotará que estaba expuesto allí: literalmente, «tras los Rostra», que era uno de los lugares habituales para la oratoria en público. Da el detalle de que el texto estaba grabado en una columna de bronce; aunque, leyendo con atención sus palabras en el discurso a favor de Balbo, da la impresión de que ya no se encontraba allí. Al parecer, los términos del tratado daban la apariencia de una cierta igualdad entre Roma y el resto de las ciudades del Lacio. Pero la tradición romana se encargó de subrayar que esto era una mera formalidad, por no decir una falacia, y que, en la práctica, eran ellos, los romanos, los que controlaban el cotarro latino en fecha tan antigua. No obstante, la historiografía crítica ha señalado que por entonces Roma no tenía aún ninguna hegemonía en el Lacio.

Para ese mismo siglo v la Analística se centraba en las guerras de Roma y aliados latinos contra los pueblos como ecuos y volscos. En ese contexto se incluirán algunos *exempla*, como los de Coriolano y Cincinato, que representan el mal y el buen comportamiento que la historiografía romana quiso ensalzar.

Coriolano es anotado como el retrato del traidor. El tipo que ha tenido altos cargos y que ha sido muy querido en Roma, pero que al acusar a la plebe de no trabajar lo suficiente para tener acceso al cereal, se exilia y decide apoyar a los volscos y ayudarles para enfrentarse a Roma. Según el relato tradicional, que está especialmente desarrollado en Dionisio de Halicarnaso, en mitad del asedio al que estaba dispuesto a someter a Roma, una embajada liderada por su propia madre y por su esposa logró convencerle para desistir de semejante empresa. El diálogo entre Veturia, su madre, y el traidor, está repleto de construcciones literarias. Se recrea en el contraste entre la tristeza y la ira de la madre, por un lado, y los efectos de sus palabras en el hijo, por otro. No es de extrañar que dos completos desconocidos, un tal Shakespeare y un tal Beethoven, le dedicaran al asunto, respectivamente, una de sus últimas (y menos conocidas) tragedias y una obertura.

En cuanto a Cincinato, la tradición lo encumbró como modelo de integridad. Se contaba que había recibido la noticia de que había sido propuesto para la dictadura mientras trabajaba las tierras con su arado. Y, lograda la victoria contra los ecuos, enemigos (como los volscos del episodio de Coriolano), depuso su cargo y regresó al arado. Aún se recurrió a él en alguna otra ocasión. En la cultura popular romana, y más tarde en el mundo occidental, ha pasado a ser expresión cimera de esa integridad y la renuncia al poder en la celsitud del mismo. Por ese motivo los ambientes políticos en torno a George Washington explotaron semejante vena comparando al primer presidente de los Estados Unidos con Cincinato, en cuanto que aquel se había ido a su granja al igual que el personaje romano. El nombre de Cincinnati, en Ohio, también tiene que ver el personaje antiguo, aunque es cuestión de sociedades militares del nuevo país en el siglo XVIII.

Como ya he dicho, hay mucho de construcción literaria, de exageración y de proyección de valores a evitar y otros a imitar en la imagen que la Analística creó. Que, a la postre, fue la base de la historia que llegó a Tito Livio y, por él, a nosotros. También en el siglo V destaca la guerra contra la ciudad etrusca de Veyes, que iba a concluir a comienzos del siglo IV y que tendrá, como vamos a ver unos párrafos más abajo, repercusiones muy importantes en Roma.

* * *

La tensión entre realeza y aristocracia se había resuelto a favor de esta última. De ese modo, los grupos que controlaban los mejores recursos estaban al frente de la incipiente República. Entre ellos, los *patricii*, los patricios. Eran los descendientes, o se arrogaban el hecho de serlo, de los cien primeros *patres* que habían formado el Senado según la tradición, y coparon las más altas magistraturas.

Frente a ellos, la gran mayoría del *populus* formaba la *plebs*, la plebe. Puede confundirnos el hecho de pensar que plebeyo pueda equivaler a pobre. Pero, en realidad, los plebeyos eran la gran mayoría de la población. Se trataba por tanto de un magma heterogéneo, en el que había pobres de solemnidad... y ricos. Efectivamente, entre los plebeyos había personajes con potentes fortunas que se habían enriquecido con el intenso comercio en Italia central en las postrimerías del período arcaico. Y, entre medias, un amplio abanico de situaciones.

Dentro de los plebeyos, los grupos más influyentes se organizaron para exigir demandas políticas al patriciado, que se negó en redondo. Esto sucedió en los ultimísimos años del siglo VI y los primerísimos del V, siempre y cuando asumamos la datación tradicional.

Lo que se iba a resolver en el conflicto era, sobre todo, el acceso plebeyo a los máximos resortes del poder político y, finalmente, el reconocimiento legal de las decisiones asamblearias. Pero, en paralelo a todo eso, los poderosos, fueran patricios o plebeyos, ya habían capitalizado los principales recursos desde la época arcaica. Lo que quiero decir es que la Roma de finales de la monarquía y principios de la República ya era una ciudad oligárquica: por eso fueron expulsados los reyes. Porque había una oligarquía que se sintió fuerte como para eso. Estos poderosos, que tienen las mejores tierras, los mejores rebaños, que están detrás del comercio que se ha acelerado, tienen además sus propias milicias o clientelas armadas.

Un buen ejemplo es la famosa inscripción del *Lapis Satricanus*. Se trata de un texto epigráfico en un latín aún muy arcaico, de esta época, finales del siglo VI o acaso ya muy a comienzos del V. Se trata de una dedicatoria al dios Marte, *Mamartei*. Y lo que resulta apasionante es que la dedicatoria ha corrido a cargo de los *suodales*, es decir, en latín más clásico, los *sodales*, de un tal *Popliosio Valesiosio*: en latín posterior, los *sodales* de Publio Valerio. Algunos han especulado con la posibilidad de que se trate nada más y nada menos que de Valerio Pubícola, uno de los grandes protagonistas del paso a la República. No lo sabemos. Lo que parece claro es que era un líder de ese momento, que disponía de esos *sodales*, esto es, sus clientes, su milicia, que daban a estos poderosos un revestimiento armado. Ejemplos similares los tenemos en menciones de las fuentes literarias: los aproximadamente cinco mil que acompañaron al sabino Atta o Ato Clauso (el inicio de la *gens Claudia*) más o menos por esa época, a finales del siglo VI, hacia Roma, o en los que movilizaban los Fabios ya a comienzos del siglo V.

* * *

Voy a asumir la cronología tradicional para los hitos del conflicto patricio-plebeyo, así como para los principales conflictos y guerras de la República más remota. En el año 494 (todas las fechas hasta que se indique lo contrario van a ser a. C.) hubo un movimiento que algunos han calificado de revolucionario. Una secesión. De hecho, los textos romanos hablarán de *secessio*, que es precisamente eso. Los plebeyos se retiraron al Aventino, una de las colinas de Roma. El Aventino estaba (y está) justo enfrente del Capitolio, al otro lado del foro, que para entonces hacía tiempo que se había desecado y funcionaba como espacio político central de Roma. Los patricios habían logrado controlar los sacerdocios y las instituciones, de modo que el templo a Júpiter Óptimo Máximo en el Capitolio era algo así como un trasunto de esa capitalización patricia del poder en los primerísimos años de la República.

Así que los plebeyos buscaron un monte alternativo, la colina del Aventino. En ella se identificaron con un culto también alternativo, la tríada de Ceres, Líber y Líbera, que suponía el antídoto frente a la tríada capitolina formada por Júpiter, Juno y Minerva.

Además, se dotaron de una asamblea propia, de nuevo para intensificar el contraste, este caso frente a los comicios (especialmente los centuriados) que estaban copados por los grupos más poderosos. A esa nueva asamblea se la conocería como *concilium* (*concilia*, en plural) *plebis*, la asamblea de la plebe. Y, finalmente, también crearon una nueva magistratura, en la idea, de nuevo, de formar un bloqueo o alternativa frente al control patricio de las instituciones. Se trata del tribunado de la plebe.

Más adelante hemos de prestar atención tanto a los *concilia plebis* como a los tribunos de plebe porque van a ser determinantes para entender los juegos de sombras y los conflictos en la crisis de la República. Livio utilizará una expresión preciosa para expresar semejante fragmentación: *duas ciuitates ex una factas*. De una ciudad surgieron dos.

En todo caso, a partir de aquel momento arrancó una larga línea temporal de negociaciones, que fueron cristalizando en leyes. Esto es muy importante. Hasta entonces, los conflictos internos en Roma se dirimían con resoluciones basadas en lo consuetudinario, no en la ley escrita. Esta, en el mundo occidental, había irrumpido algo antes con fuerza en las *poleis* griegas: el *nomos*, lo que los romanos van a llamar *lex*, que es de donde viene nuestra palabra «ley».

El mundo griego había manejado escritura muchísimo antes, en el Bronce final. Me refiero a la época micénica, la de las grandes fortalezas que fueron desapareciendo en torno a 1200. Aquella escritura fue semisilábica, no alfabética, de manera que cada signo implicaba, aproximadamente, nuestro concepto de sílaba. La arqueología la bautizó como Lineal B. Y gracias al descubrimiento de un joven arquitecto, Michael Ventris, se supo, para maravilla del mundo, que era una escritura usada por una lengua ya griega. Dicho con otras palabras, el descubrimiento demostró que los micénicos, los personajes que épicamente aparecen en la *Ilíada* como aqueos, eran verdaderamente ya griegos. Ventris estaba muy dotado para las lenguas muertas. Tenía un don especial que había puesto al servicio del Reino Unido en la guerra contra los nazis. Se había alistado en la RAF a la que aportaba sus conocimientos de cartografía, y además ayudaba a descifrar mensajes secretos de los ejércitos de Hitler. Pasada la guerra, en 1952, en una célebre intervención en la radio de la BBC, anunció al mundo que el Lineal B era una escritura para una lengua griega arcaica, pero griega al fin y al cabo.

Pero esa escritura helénica desapareció con las fortalezas, y el mundo griego no volvió a escribir hasta siglos después, muy a finales de la Época Oscura, que por eso se ha llamado de ese modo. Eso nos lleva a los últimos años del siglo IX o los primeros del VIII. Los primeros hallazgos conservados son ya de ese siglo VIII. Esa escritura griega nueva, por influencia de los fenicios, será ya alfabética, a la postre, el origen de la latina y de la nuestra. Fue a partir de entonces, entrando en la época arcaica, cuando las *poleis* comenzaron a publicar leyes escritas. Y eso influyó enormemente en Roma.

En la República inicial, las leyes escritas fueron una solución para el conflicto patricio-plebeyo. Lo fueron en el sentido de que la expresión escrita dejaba fuera la libre interpretación por parte patricia: la ley, en cuanto texto expuesto públicamente, podía ser vista por cualquiera. De ese modo, la historia de dicho conflicto, que duró dos siglos, desde comienzos del siglo V hasta los inicios del III, es la de la relación entre esas luchas y las diferentes soluciones concretadas en *leges*, el plural de *lex*.

No voy a aburrir con las numerosísimas leyes que jalonan el conflicto. Solo mencionaré algunos hitos especialmente relevantes. Como por ejemplo las famosas XII Tablas. Son el resultado de una comisión nombrada al efecto de elaborar leyes. Se trató de una comisión de diez individuos. Se ha interpretado que el patriciado accedió a ello como una manera de transigir sin arriesgarse a una revolución total, algo que probablemente también explique las negociaciones en los dos siglos siguientes.

Se contaba que enviaron una embajada a Atenas hacia el año 454 para estudiar las leyes escritas de los atenienses, en particular las de Solón, un siglo y medio anteriores. Para cuando se produjo esa supuesta comitiva romana a Atenas, esta era ya una potencia y tenía instaurado el sistema que se había dado en llamar *demokratía*, «democracia», con *isonomía*, «igualdad ante la ley», e *isegoría*, «igualdad en el ágora», es decir, libertad de palabra. Si esa expedición se produjo realmente, cabe imaginar la impresión que Atenas debió de causar en los embajadores romanos, cuya ciudad todavía estaba lejísimos de la *Champions League* en la que jugaba Atenas. Y eso que aún no había comenzado el programa de obras públicas emprendido por Pericles, aunque ya mandaba mucho en la ciudad por entonces.

La comisión, compuesta exclusivamente por patricios y presidida por Apio Claudio (de la *gens* Claudia, la misma que según la tradición había entrado en Roma con el sabino Atta Clauso, el primer Claudio) se puso a trabajar y redactó leyes. Tenía, además, poder consular: en ese período la magistratura ordinaria suprema no funcionaba. Eso ocurrió en 451. Se publicaron diez tablas de leyes. Pero ¿no decía que eran doce? Sí, las dos últimas fueron editadas con posterioridad, en 450. Llegaron de la mano de otra comisión, en la que esta vez sí había plebeyos.

Según la tradición, las tensiones internas en la comisión y su comportamiento tiránico eran comparables a lo que se contaba sobre el último rey. De hecho, se introducirá un relato similar al de la violación de Lucrecia, en este caso en el intento de violación de Virginia por Apio Claudio. La versión que transmiten las fuentes, como casi siempre de época tardorrepublicana o altoimperial, es que el padre de la joven decidió asesinarla para que no terminase cayendo en las garras de Apio Claudio. Un sector de la crítica científica sospecha que, detrás de este relato, puede que esté la mano del político e historiador Fabio Píctor (finales del siglo III a. C.), miembro de la *gens* Fabia y enemigo de la *gens* Claudia a la que, por descontado, pertenecía Apio Claudio. Después, se habría reinstaurado el consulado, que fue obtenido por Valerio y Horacio (449), que en sus leyes intentaron medidas en favor de los plebeyos.

Las XII Tablas originales se han perdido, pero fueron copiadas y se han podido reconstruir en gran medida, no al completo, pero sí numerosos fragmentos como para hacernos una idea. Se trata de leyes que tienen mucho que ver con la vida cotidiana y con el refuerzo de la propiedad privada.

Algunos de los castigos contemplados en las XII Tablas hoy nos producen pavor. Se permite, por ejemplo, el *ius uitae necisque*, es decir, derecho sobre la vida y la muerte, para el *pater familias* con respecto a su progenie: es decir, el padre de familia podía asesinar a quien quisiera en su grupo familiar si lo consideraba oportuno. Son numerosos y variopintos los casos recogidos en dichas leyes. La impresión general es de una comunidad agraria que resuelve contundentemente sus conflictos, o es lo que podemos reconstruir en los fragmentos transmitidos en un latín aún bastante arcaico. La imagen de conjunto es que la comunidad romana, a mediados del siglo V, distaba aún de la sofisticación jurídica que le iba a caracterizar tiempo después. Pero lo importante es que la ley escrita se había abierto camino en los procesos para la resolución de conflictos. No creo que haga falta insistir en lo trascendental que iba a ser esto para la civilización occidental posterior y actual.

* * *

Entre las claves del conflicto entre patricios y plebeyos, destacaban algunos puntos. Uno ya ha sido mencionado antes: la demanda de los plebeyos para acceder a las magistraturas más importantes, en particular el consulado, que los patricios habían capitalizado. El acaparamiento de tierras públicas, *ager publicus*, aumentadas poco a poco por las victorias sobre los vecinos inmediatos, era otro. El asunto de la esclavitud por deudas, otro. Las deudas adquiridas ante los poderosos obligaban al deudor, en virtud de su vínculo absoluto con aquellos (el *nexum*, nexo) a entrar en una esclavitud. No se trataba aún de la esclavitud masiva de época clásica, que llegará en oleadas de decenas de miles tras cada conquista importante en la República tardía, sino más reducida dentro de la propia sociedad local.

Las XII Tablas son uno de los primeros hitos legales en la historia de Roma. En sí mismas, son la expresión escrita de un avance en la propia configuración de la *ciuitas* ya en su fase republicana. La *lex* expuesta públicamente como referencia de las normas a cumplir. De hecho, las Tablas estuvieron expuestas en el Foro durante siglos.

En 445 Canuleyo habría logrado derogar la prohibición de matrimonios mixtos entre patricios y plebeyos. Esta medida tiene mucho calado, puesto que la simbiosis familiar entre patricios y los grupos más ricos y poderosos entre los plebeyos iba a ir configurando, como veremos, la élite dirigente que llevaría a Roma a convertirse en una potencia imperialista. De momento, a mediados del siglo v, aunque descollaba claramente en el Lacio, Roma aún era una ciudad relativamente menor en el concierto itálico. Pero esa apertura a los matrimonios mixtos fue una suerte de banderazo de salida para la paulatina y gradual creación de una nueva clase dirigente.

De inmediato, y ante la demanda plebeya de acceso al consulado, que ya se había barajado antes pero que no terminaba de sistematizarse, hubo una solución un tanto extraña amparada por el Senado. En lugar del consulado, el poder ordinario supremo de la República recayó en tribunos militares con poder consular.

Como digo, son muchos los hitos en los que podríamos detenernos en esta larga historia del conflicto patricio-plebeyo. Por ir acabando, debemos destacar alguno más. Es el caso de las leyes Licinio-Sextias, que se publicaron en 367, aunque se habían empezado a negociar en 376. He de advertir que este tipo de leyes se conocen por el nombre del magistrado que propuso o las sacó adelante. En el caso que nos ocupa, son dos tipos, Licinio y Sextio. Antes de explicarlas, debemos ponerlas en contexto porque si no, no podremos comprender ni su origen ni su alcance.

Para cuando se negociaron y finalmente se editaron, Roma hacía unos años que había incorporado su mayor conquista territorial hasta entonces, la ciudad etrusca de Veyes. La guerra venía desde el siglo anterior. La tradición atribuyó la victoria final (396) al dictador Camilo. La conquista de esta importante plaza etrusca supuso la anexión de un extenso territorio que, por conquista, pasaba a ser *ager publicus.* Se tiende a pensar que, con semejante incorporación, Roma multiplicó por dos su propia extensión.

La cuestión era que entonces, como en conquistas menores anteriores, los patricios habían acaparado los mejores y más amplias tierras de ese *ager publicus*. Esta fue, por lo tanto, una de las exigencias más candentes por parte de los plebeyos, sobre todo de su élite dirigente, así como la recurrente cuestión de la entrada en el consulado.

Luego, en 390, se había logrado repeler una amenaza extrema. Tropas de celtas o galos habían invadido Roma. Cuando digo «galos» es posible que enseguida pensemos en Astérix y Obélix, prototipo del galo en nuestro imaginario occidental. Pero no. En este caso no son grupos irredentos ante las conquistas de César en lo que hoy es Francia, como los personajes de Goscinny y Uderzo. En 390 faltaban más de tres siglos para esas campañas de César.

Estos galos procedían del norte de lo que hoy es Italia, aunque no en la antigüedad romana. Buena parte de las regiones del norte de la actual Italia quedaban fuera de esta como idea geográfica, y los romanos las llamaban, en conjunto, Galia Cispalpina. Quiere decir «del lado de acá de los Alpes», mientras que Galia Transalpina eran los territorios que se extendían más allá de los Alpes.

La cuestión es que, tras algunas victorias militares, los galos entraron en Roma y sometieron a la ciudad a saqueos. Se articuló la defensa en la colina del Capitolio. Tras muchas vicisitudes, la cosa pudo ser solucionada. Se levantó el asedio al Capitolio, se decía que con el pago de un rescate. Se cuenta que el caudillo galo, Brenno, proclamó la expresión *Vae victis!*, «¡Ay de los vencidos!», mientras procedía a pesar el rescate en oro. Los romanos se quejaron del fraude en el cálculo, y el jefe galo habría pronunciado la frase mientras arrojaba su espada a la balanza. La tradición achacó la victoria final al mismo Camilo que había triunfado sobre Veyes. Hay relatos sobre cómo desde el Capitolio se le habían enviado mensajes en su exilio. Porque Camilo se había marchado de Roma después de una acusación de malversación en el reparto de los beneficios de la conquista de Veyes.

Al final, el episodio del saqueo de los galos se pudo solventar. Como en tantísimos otros episodios de la República más antigua, las fuentes son contradictorias y hay un cierto tufillo de reconstrucción posterior. Pero lo cierto es que permaneció en la mentalidad colectiva de los romanos el miedo a la invasión extranjera. Y se tuvo por orgullo romano que nadie pudiera jamás saquear de nuevo la ciudad. Cosa que no sucedió hasta ochocientos (¡ochocientos!) años después, con el saqueo por parte de los godos de Alarico en el verano del año 410 d. C.

En este contexto de ampliación romana, tras la conquista de Veyes, creo que ahora se entienden mejor las duras negociaciones que tardaron casi una década en cuajar, hasta que en 367 se emitieron las leyes Licinio-Sextias, *leges Liciniae Sextiae*, que acabo de mencionar hace unos párrafos. En ellas quedaban reconocidas legalmente buena parte de las demandas plebeyas. Tanto las limitaciones a la depredación patricia del *ager publicus*, como al consulado, así como medidas para intentar frenar la abolición de la esclavitud por deudas, un tema recurrente desde época arcaica. En este último sentido, se deducían los intereses del capital debido, es decir, se daban ciertas facilidades para evitar que las deudas siguieran siendo motivo de esclavitud entre romanos. Sin duda, se trató de un hito determinante en el conflicto patricio-plebeyo.

* * *

En el panorama militar, esos años supusieron el crecimiento de la expansión romana en Italia central. La segunda mitad de aquel siglo IV se caracteriza por la disolución de la Liga Latina y por las guerras samnitas. Lo primero ocurrió en 338 y supuso la definitiva hegemonía de Roma en el Lacio. La República aplicó estatutos específicos a cada ciudad latina. Voy a intentar explicar esto, porque da idea de la versatilidad romana para dominar a los demás. Y lo que se les fue ocurriendo entonces, lo iban a aplicar en los siguientes siglos en lugares muy lejanos.

En los inicios de su expansión en Italia central, Roma desarrolló estatutos jurídicos para tratar a las ciudades a las que iba incorporando a su dominio. Crearon dieron, por decirlo así, una cajonera. Cada cajón era un estatuto concreto. E iban metiendo a cada comunidad conquistada en uno u otro cajón, según los intereses concretos de Roma en esa ciudad, en esas aldeas montañosas, o en una nueva ciudad. ¿En qué consistían esos cajones?

Cada uno de esos cajones que he imaginado en este pequeño símil era un tipo de estatuto. Para no liarnos mucho, aclaro que se dividen en estatutos privilegiados y en estatutos no privilegiados. Entre los estatutos de privilegio, había colonias (generalmente para comunidades nuevas) y municipios, que podían ser de derecho romano o de derecho latino, estos últimos con menores participaciones políticas. Por debajo, los estatutos no privilegiados: un amplísimo abanico de situaciones de dependencia con respecto a Roma.

La República fue aplicando cada caso jurídico a cada ciudad dominada según le convenía. Ahora lo hacía en Italia central. Pero, con el tiempo, iría haciendo lo mismo en las regiones que fuera conquistando, desde Siria hasta Hispania, desde África hasta la Galia. Esta capacidad creativa en términos jurídicos fue una de las claves para la articulación del dominio romano en tierras cercanas a Roma. Pero también en las más lejanas.

En cuanto a los samnitas, eran poblaciones que quedaban al sur del Lacio. Roma había tenido relaciones diplomáticas con ellos, pero hubo una serie de guerras y campañas que no acabarían hasta comienzos del siglo III. Algunos episodios fueron especialmente recordados por la analística romana, como el de las Horcas Caudinas (321). Se trataba de unos pasos estrechos, entre desfiladeros montañosos, en los cuales los ejércitos romanos fueron acorralados y tuvieron que aceptar una humillante capitulación que quedó en el recuerdo colectivo. Hoy, no es extraño encontrar esa expresión en periodistas deportivos (aunque alguno hable, sorprendentemente, de «hordas (¡!) caudinas»), para referirse por ejemplo a un sistema defensivo que se las hace pasar canutas a un equipo aparentemente superior; o por periodistas de política, como en el caso de negociaciones parlamentarias muy complicadas para una investidura. Ha quedado en el acervo colectivo como la idea de sufrir mucho ante alguien, aunque finalmente se logre superarlo.

De todos modos, Roma terminaría logrando importantes victorias en la región del Samnio, como la de Sentino. Se decía que había sido la mayor batalla nunca librada por los romanos. Se ha calculado que ya a finales del siglo IV las tropas regulares (sin incluir las auxiliares, que se cuentan aparte), habían pasado de dos a cuatro legiones. Y que fueron aumentando poco a poco, de tal manera que en Sentino, 295, ya participaron cuatro legiones, además de tropas auxiliares aliadas. Eran números espectaculares, nunca vistos en una sola batalla en el lado romano.

Claro que todavía quedaban otras que ni siquiera podían ser imaginadas. Sea como fuere, pocos años después de Sentino las cosas al sur de Roma estaban claras. Para 290 la República había conquistado el Samnio. Estas conquistas distaban de la ciudad del Tíber en ya cientos de kilómetros (una milla romana equivale aproximadamente a casi un kilómetro y medio), muy lejos de las pocas decenas que habían separado sus triunfos con los latinos o con Veyes. Puede dar idea del salto cuantitativo que Roma estaba dando. De hecho, en ese momento, en 290, a la República se le abrían, de par en par, las puertas a la Italia más meridional: la de las ciudades griegas.

* * *

Volvamos al conflicto interno romano. En las siguientes décadas tras las leyes licinio-sextias de 367, se fueron resolviendo otros aspectos hasta llegar al punto final. Hubo varias medias en las que ahora no vamos a entrar: solamente menciono alguna de esas muy imprescindible.

Merece la pena anotar aquí que a finales de ese siglo IV, en 312, tuvo lugar la censura (hablaremos de ese cargo en el próximo capítulo) de Apio Claudio. Sí, se llamaba igual que el de la comisión de las XII Tablas. Era descendiente suyo, como otros personajes de ese nombre que habían ocupado cargos relevantes. Este nos interesa porque fue impulsor de las obras públicas en Roma y en sus alrededores. Entre esas obras destacaron los acueductos y las calzadas, en particular la famosa Vía Apia, que llevaba desde Roma hacia Campania, al sur. Se cuenta además que, en su condición de censor, introdujo en el *album* senatorial, la lista de senadores, a personajes cuya extracción social jamás hubiera dado para formar parte del Senado.

El final del conflicto patricio-plebeyo suele ser situado en 287, con la *lex Hortensia*, que debe su nombre al dictador Hortensio. Su ley reconocía, nada más y nada menos, que la validez legal, con rango de *lex*, de los *plebiscita*. Hoy en día es una palabra muy de moda, especialmente en el debate político español. En esencia, el *plebiscitum* (plural, *plebiscita*) es el resultado de los acuerdos del *concilium plebis*.

Si recuerda usted, lector, esta asamblea había tenido origen revolucionario en la sedición de la plebe en 494, en la misma revuelta en la que se creó la magistratura del tribunado de la plebe. La ley Hortensia implicaba, atención a esto, que la asamblea popular podía promulgar leyes. No hacía falta, pues, la voluntad del Senado o de los cónsules o de un dictador (enseguida explicaré las magistraturas).

Esto abrió las compuertas a un acaloramiento del debate político en Roma.

Ya le anuncio que, unido a la expansión territorial insospechada que la República iba a lograr con sus victorias sobre Cartago en ese mismo siglo III y el posterior salto a las conquistas mediterráneas, el papel de los plebiscitos fue muy relevante en el encarnizado enfrentamiento entre los poderosos romanos. Pronto lo veremos. Me gustaría que quedasen claras dos conclusiones en cuanto al final del conflicto patricio-plebeyo se refiere.

Primera: que, entrando en lo que nosotros llamamos el siglo III a. C., había quedado solventado el conflicto patricio-plebeyo.

Segunda: que de los conflictos y de los acuerdos a los que se llegó, así como de los matrimonios mixtos, se fue formando una nueva élite dirigente. Estaba formada por los patricios y los sectores más poderosos de los plebeyos: era la *nobilitas*.

La *nobilitas* patricio-plebeya.

* * *

La batalla de Sentino (295) y, en definitiva, la victoria total sobre los samnitas, que puede ser dada como un hecho para

290, abría esas puertas que mencionaba antes: las del extremo meridional de Italia, en el que estaban importantes ciudades de fundación griega, especialmente la más poderosa de ellas, Tarento, en la zona más alta del tacón de la bota. Roma y Tarento tenían acuerdos desde hacía años. Sin embargo, y en el contexto de rivalidades entre distintas ciudades de la zona, los romanos enviaron una flota al golfo tarentino que excedió los límites pactados, y fue atacada (282).

Mucho tiempo después, en época imperial, el historiador Apiano recogerá detalles de la embajada romana enviada al respecto. La legación había ido a Tarento para protestar por el ataque a su flota y para pedir, entre otras cosas, que se les entregase a los culpables si deseaban seguir siendo aliados de Roma, recordando de ese modo los acuerdos diplomáticos previos. Apiano se recrea en el detalle de cómo los tarentinos se mofaron de los errores de los embajadores romanos cuando hablaban en griego ante el Consejo de los tarentinos. También se reían de las bandas púrpuras de las togas de los romanos que tenían delante. Hay que recordar que los senadores romanos portaban en sus togas un *latus clauus*, una franja ancha de púrpura. La historiografía romana, de la que luego Apiano (en griego) se haría eco, había enfatizado la humillación a la que Postumio, el jefe de la embajada, había sido expuesto ante el Consejo de Tarento. Era una manera de contrastar con el incumplimiento del tratado por parte romana, por un lado, y las imposiciones de guerra tras la victoria romana, por otro. Se contaba que Postumio prometió que habría de lavar su toga en sangre tarentina.

La guerra entre Roma y Tarento hizo a esta pedir ayuda a Pirro, rey de Epiro. Era este un pequeño reino helenístico, situado en la zona del noroeste de Grecia antigua, más o menos donde hoy está Albania. Ha de recordarse que después de la muerte de Alejandro Magno, en 323, su inmenso imperio quedó repartido entre sus generales, dando lugar a los reinos helenísticos. Estos eran de muy diverso tamaño, y con el tiempo fueron apareciendo otros nuevos. Pirro disponía de potentes ejércitos, y acudió en ayuda de Tarento con decenas de miles de soldados y con elefantes. Fue la primera vez (y no con Aníbal, varias décadas más tarde) en la que los romanos se enfrentaban con un ejército que contaba con elefantes entre sus filas.

Las batallas resultaron favorables para Pirro, pero a costa de grandes pérdidas. Se atribuía al rey helenístico una frase en la que afirmaba que, de cosechar otra victoria semejante, perdería la guerra. De ahí deriva la expresión «victoria pírrica». Algunos periodistas deportivos suelen hablar a veces de «victoria pírrica» cuando un equipo ha ganado 1-0, por ejemplo. Usan la expresión, pero ignoran su auténtico significado. Más bien deberían emplearla cuando ese equipo que ha ganado ha tenido media docena de lesionados de larga duración, como la tristemente célebre lesión en el ligamento cruzado. Lo cierto es que el final de las llamadas guerras pírricas se aceleró tras la victoria romana en la batalla de Malventum (275). Es fácilmente entendible que los romanos, desde entonces, llamasen Beneventum al lugar porque supuso una victoria romana. Pirro se marchó de nuevo a Grecia continental, donde su reino de Epiro tenía problemas por la expansión de otros reinos helenísticos. La definitiva sumisión de Tarento iba a tener lugar poco después, en 272.

En fin, la amenaza de Postumio no había sido un brindis al sol. Se atribuye a Henry Kissinger, en su etapa como secretario de Estado, la frase según la cual «un portaaviones supone 100 000 toneladas de diplomacia». En los siguientes dos siglos de la República, esa idea de la fuerza militar poderosa como base para la diplomacia, se sobreentiende ventajosa, iba a encajar en reiteradas ocasiones. De momento, con la caída de Tarento, Roma pasaba a dominar casi toda Italia, con algunas excepciones en el norte que se irían completando en las décadas siguientes.

El final del conflicto entre patricios y plebeyos había estado en la base del surgimiento de la nueva clase dirigente, la llamada *nobilitas* (de ahí nuestra palabra «nobleza») patricio-plebeya. Y esa *nobilitas* es que la, en pocos años, iba a lanzar a Roma primero contra la mayor potencia del Mediterráneo central. Y, luego, a la conquista de todo lo que se le pusiera en su camino.

Pero antes debemos ver brevemente cómo comenzaba a funcionar esa República.

Y cómo, una vez controlada casi toda Italia, se enfrentó a la mayor potencia del Mediterráneo central.

Reverso de un denario acuñado por Lucio Casio Longino en el año 60 a. C., que representa a un ciudadano romano votando en una urna.

IV
LA REPÚBLICA Y SUS ÓRGANOS VITALES

Cuando Roma logró que Tarento cayera, había concluido la conquista de la mayor parte de Italia. Las regiones más al norte que aún no formaban parte de la República se irían añadiendo en años siguientes. Acaso la gran originalidad de Roma con respecto a otras conquistas del Mundo Antiguo fue su capacidad de innovación jurídica. Lo he anotado antes en relación con la fundación de colonias o la concesión de estatutos de privilegio a comunidades sometidas. Al mismo tiempo, contó con la aplicación de otros formatos jurídicos no privilegiados. Todo ese conjunto de posibilidades jurídicas, esa «cajonera» que he propuesto, permitió a la República no solamente dominar amplias regiones en Italia, sino también cierta integración política de sus élites.

Y, además, le permitió algo determinante para entender la capacidad de movilización militar que iba a tener Roma desde entonces. Porque esas comunidades itálicas, en cuanto que aliadas y/o sometidas a Roma, entregaban decenas de miles de soldados a las tropas auxiliares romanas. La legión de propietarios, de ciudadanos romanos, era la base del ejército, que se complementaba con unidades auxiliares aportadas por aliados que no tuvieran el estatuto de ciudadanía romana. Se ha calculado que esto daba a Roma, ya muy entrado el siglo III, una capacidad de maniobra inmensa, que podía llegar a alcanzar una movilización masiva de varios centenares de miles de hombres. Muy por encima de las decenas de miles que movilizaba Alejandro, por ejemplo.

En su relato sobre las guerras samnitas, Tito Livio quiso dedicar un largo excurso para responder a una pregunta. Se trata de un juego, puesto que el supuesto enemigo había fallecido en 323, varias décadas antes de que Roma lograse la hegemonía en el mundo itálico. ¿Qué hubiera sucedido si se hubieran enfrentado Roma y Alejandro Magno? El historiador de Padua ofrecía una serie de argumentos para mostrar su convencimiento de la victoria romana. Argumentos que tenían que ver con la personalidad decadente de Alejandro después de su serie de victorias, o con los cientos de años que Roma ya llevaba inmersa en guerras sin perder ninguna (sí batallas, pero no guerras, aclaraba Livio), entre otros.

Naturalmente, el juego propuesto por Livio es lo que hoy llamamos un «contrafactual». Las comillas en este caso han de ser gigantescas, puesto que la RAE no admite semejante palabreja. Un «contrafactual» es un entretenimiento en el que nos podemos plantear una simple pregunta. ¿Y si? ¿Y si Napoleón hubiera vencido finalmente? ¿Y si Hitler hubiera conquistado Inglaterra?

Son «contrafactuales». Posibilidades con las que nuestro intelecto puede barajar hipótesis a modo de entretenimiento.

Lo cierto es que la capacidad militar de Roma estuvo muy relacionada con esa habilidad estratégica desde el punto de vista jurídico, y fue la base de su enorme, incomparable diría yo, poderío militar. De momento se había puesto en marcha a escala itálica. Pero de inmediato iba a comenzar a ser puesto a prueba también fuera de ella.

Y nada menos que por parte de la mayor potencia del momento en el Mediterráneo central: Cartago.

Antes de adentrarnos brevemente en las guerras entre Roma y Cartago ya en el siguiente capítulo, necesito explicarle, también con celeridad, cuáles eran las bases institucionales de Roma. Cómo funcionaba la República romana.

* * *

La palabra «República» significa hoy en nuestro mundo occidental, básicamente, un sistema político en el que no hay reyes. Antes he insistido en que, para la élite romana, la mera idea de *regnum* era lo contrario de *libertas* y a la inversa. Se trataba de un ideal aristocrático, de esa *nobilitas* cuya formación hemos visto que hunde sus raíces en el conflicto entre patricios y plebeyos.

Del mismo modo, nos equivocaríamos si trasladásemos una ecuación de primer grado entre nuestro concepto de República y el de los romanos. Sencillamente porque el concepto *res publica* significaba, literalmente, «cosa pública», todo lo que tiene que ver con lo público. Y, al tiempo, llevado a nuestras palabras de hoy, es también algo así como el sistema político por el que se rigen los ciudadanos. En ese sentido, se asimilaba bastante al concepto *politeia* griego, que significaba más o menos lo mismo, referido a la *polis*. De ahí, por supuesto, viene nuestra palabra «política». Y, al igual que los *politai* eran los miembros de pleno derecho de la *polis*, los *ciues* (ciudadanos) lo son de la *ciuitas*.

Así que *res publica* se aplicó al sistema de gobierno romano en ausencia de reyes, sí, y en ese sentido sí es asimilable a nuestra idea de República. Pero, además, tenía un hondo anclaje en un ideario colectivo, del sistema en su conjunto. De tal forma que incluso en época imperial romana, cuando a todas luces no existía ya lo que nosotros llamamos República, numerosos textos seguirán hablando de *res publica*. Porque, en ese caso, se aplicaba en ese sentido amplio y profundo al que me refiero: la manera de organizar nuestra vida en común, nuestro sistema.

Para comprender el sistema político republicano romano, hay que anotar algunas cuestiones más.

Una de ellas es que no se formó como un ordenamiento completo de repente y en su totalidad. Ya habíamos visto que existe una nebulosa incluso sobre si efectivamente el consulado sustituyó a los reyes desde el principio, o si hubo algún tipo de magistratura diferente en un período de cierta transición. Desde ahí arriba, desde la cima de la institución regular más importante de la República, hacia abajo, existen muchas dudas. Pero la idea general es que las magistraturas fueron apareciendo poco a poco, no todas a la vez. Y que, además, cada una de ellas fue evolucionando, incluso en el número de sus integrantes.

Hay que explicar otras ideas previas más, antes de analizar brevemente esas instituciones republicanas.

Me refiero al concepto de ciudadanía. En nuestros días y en Occidente, entendemos que la ciudadanía es un derecho. En la Antigüedad griega y romana era un privilegio. Dicho en otros términos: ni mucho menos todos los habitantes de las ciudades de Grecia y de Roma eran ciudadanos. Las mujeres, los esclavos, los extranjeros... quedaban excluidos.

Es cierto que Roma, como también se ha deslizado antes, fue capaz de innovar jurídicamente para adaptar sus casuísticas jurídicas e ir integrando a parte de las aristocracias indígenas que iba conquistado. A tal punto que incluso determinados sectores de las mismas se fueron integrando en la ciudadanía. Esta capacidad romana para dicha integración llamó la atención a uno de los enemigos más potentes que tuvo la República, el rey Filipo V de Macedonia. Entre finales del siglo III y comienzos del II se enfrentó militarmente a la República. Eso no le impidió —o más bien al contrario, le permitió— captar que precisamente la clave de los éxitos de Roma residía en su flexibilidad e innovación para la ampliación de la ciudadanía. Y así se lo comentó por carta a los de la región griega de Tesalia.

Otro personaje helenófono, es decir, que hablaba y escribía en griego, Polibio, también va a elogiar al sistema político romano como base de sus triunfos. Polibio, intelectual griego, había participado en la resistencia antirromana y, luego, pasó a estar al servicio de uno de los generales y políticos más destacados de la Roma del siglo II: Escipión Emiliano. También hablaremos bastante de él en otro capítulo. Lo que me interesa ahora es rescatar aquí que, para Polibio, la grandeza militar de Roma —que era el tema, como él mismo dijo, de las *Historias* que escribió— residía en el equilibro de poder entre sus instituciones. Polibio veía elementos monárquicos en el consulado, aristocráticos en el Senado, y democráticos en las asambleas y los comicios. Por supuesto que estaba aplicando sus clichés helénicos. Porque para el pensamiento griego, la política se articulaba en esos tres sistemas (monarquía, aristocracia, y democracia) y sus posibles derivadas: autocracia o tiranía, oligarquía y, finalmente, anarquía.

Como fino observador, Polibio supo aplicar toda la herencia del pensamiento griego a la realidad fáctica de la Roma que le tocó conocer, que ya era la República tardía, poco antes de comenzar su crisis interna. Pero acertaba de pleno al destacar ese triple elemento, que es en el que descansa el sistema republicano romano: magistraturas, Senado y asambleas. Vamos con todo eso muy brevemente.

* * *

Las magistraturas eran, más o menos, lo que nosotros llamaríamos cargos políticos. Fueron surgiendo a ritmos diferentes desde los inicios de la República, y cada una fue evolucionando en cuanto a sus atribuciones y al número de sus integrantes.

Había algunos principios comunes a casi todas ellas. Me refiero a la colegialidad y a la anualidad. La colegialidad suponía que lo habitual era que cada magistratura tuviera a más de un individuo ejerciéndola, formando un *collegium*, una sociedad, eran compañeros, *collegae*. De ahí deriva nuestra palabra «colega», la misma que usamos a veces a altas horas de la madrugada para otros contextos muy diferentes, o la que mencionamos para referirnos a alguien que tiene nuestra misma profesión.

El otro principio, la anualidad, es claro: se ejercían durante un año. La mayor parte de ellas eran electivas, se sometían a votación en las diferentes asambleas romanas. Solemos hablar de magistraturas regulares, es decir, las habituales que eran elegidas cada año. Aparte, la censura, que no se renovaba cada año, o la dictadura, que era una magistratura extraordinaria.

Vistas en conjunto, conformaban un escalafón, al que los romanos llamaban *cursus honorum*, es decir, carrera de los honores políticos. Los miembros de la aristocracia romana las iban ocupando de mayor a menor importancia a lo largo de su vida, siendo el consulado la cúspide del *cursus honorum*. Hubo leyes, como la *Lex Villia Annalis*, de 180 a. C., que marcaba las edades mínimas que había que tener para acceder a cada una de las magistraturas en la carrera política, así como algunos intervalos para repetir cargo, especialmente en el caso del consulado. Tanto esa ley como otras similares se incumplieron bastantes veces, y de modo recurrente, en la fase final de la República.

A diferencia de los cargos políticos en nuestro mundo occidental, no eran remuneradas. De hecho, había quien se arruinaba al ejercer un cargo, bien por la campaña electoral o por los dispendios que asumía para ganar fama para su siguiente paso político. Por el otro lado, hay que decir que en no pocas ocasiones los magistrados se enriquecían de un modo u otro con el ejercicio de sus cargos. Esta dimensión corrupta se multiplicó exponencialmente durante la República tardía, con las conquistas romanas en todo el Mediterráneo y los gobiernos de las provincias, los impuestos, por no mencionar las concesiones a compañías privadas. ¡Qué les voy a contar que no les suene de nuestra propia actualidad!

De abajo hacia arriba, anotaremos brevísimamente algunas de sus características. Los cuestores se encargaban, entre otros aspectos (justicia, administración), del *aerarium Saturni*. En el templo de Saturno se encontraba el tesoro público romano. Con el tiempo, como otras magistraturas, aumentó su número para ir ajustándose a obligaciones de gobierno en las provincias.

Los ediles supervisaban el orden público. En origen había dos ediles patricios y dos plebeyos, que se repartían la organización de los *ludi*, los juegos, al tiempo que coordinaban el abastecimiento y los mercados de Roma.

El tribunado de la plebe era, acaso, la magistratura más peculiar. Y lo era por su origen revolucionario: había surgido en aquella secesión de inicios de la República que ya he contado. Además, tenían algunas características muy particulares, como la *sacrosanctitas* o inviolabilidad, el *auxilium* para socorrer a ciudadanos, o la *intercessio* o derecho de veto. Cicerón tendía una pésima opinión del tribunado de la plebe. En su tratado sobre las Leyes (*De legibus*), pondrá en boca de su hermano Quinto que se trataba de una magistratura nacida de la sedición y para la sedición: *in seditione et ad seditionem nata sit*. Con el tiempo, cuando los plebiscitos, es decir, las decisiones del *concilium plebis*, tuvieran rango de ley, desde la ley Hortensia de 287, los tribunos iban a pasar a estar en la primera línea de hostias (RAE, acepción 2: «golpe o bofetada») políticas, y también de las otras, las físicas, como veremos.

Las dos magistraturas ordinarias más importantes eran la pretura y el consulado. Ambas tenían *imperium*, es decir, la capacidad de mando militar, de exigir obediencia, que solía cristalizar en comandancia suprema de legiones. El *imperium* de los pretores era *minus* en comparación con el de los cónsules, que era *maius* (*maius*, en neutro, en lugar de *maior*, puestro que *imperium* lo es).

La pretura, al inicio, tenía sobre todo funciones judiciales, administraba justicia tanto en la ciudad como en el territorio rural. Por eso existía un pretor urbano y otro peregrino. Esta palabra deriva, precisamente, de la idea *ager*, campo, con esa preposición *per*: es decir, «el que ronda o camina o se mueve por el campo». El concepto de peregrino tendría mucho más tarde otras connotaciones, como en el caso del cristianismo tardorromano con el culto a las reliquias y a los santos. Lo veremos ya en la fase final de este libro. Con el tiempo, al conquistar Roma territorios fuera de Italia, los pretores aumentaron su número, en no pocas ocasiones para hacerse cargo de provincias.

En cuanto al consulado, era la magistratura ordinaria suprema. En cierto modo, y con muchas precauciones, podemos manejar la idea de que eran los «jefes de la República». Los cónsules eran dos, se elegían cada anualidad, y eran epónimos: daban su nombre al año. Cada año pasaba a la historia como el año en el que Menganito y Zutanito fueron cónsules.

Sobre esto hubo un chiste, o un juego de palabras, el año del primer consulado de César, nuestro 59 a. C. Aquel año César ganó las elecciones… como estaba previsto. Y digo que estaba previsto porque se venía de un tejemaneje, el mal llamado «Primer Triunvirato». Mal llamado porque no fue un Triunvirato. Aquellos tres tipos (Craso, Pompeyo y César) llegaron a un apaño o acuerdo privado, pero no tuvieron una ley oficial que les proclamara *tresuiri* («tres hombres», es decir, triunviros), como sí la iban a tener otros tres en el año 43: Lépido, Marco Antonio y Octavio, el futuro Augusto. No. El acuerdo de Craso, Pompeyo y César fue, como digo, un *apaño* entre ellos. Dicho finamente, en la jerga política romana, un pacto de *amicitia*, de amistad (nuestra palabra deriva de ahí), con contenido político, pero sin revestimiento jurídico ni institucional.

Los tres tenían unas agendas políticas que ríanse ustedes de las de nuestros mandamases. Para poderlas sacar adelante, les convenía controlar el consulado. Los dos primeros ya habían sido cónsules, y César estaba deseoso de serlo por primera vez. Así que cuando accedió al poder no dio tregua: tuvo una actividad frenética. Como era costumbre en él, iba a toda leche, a toda pastilla, *magnis itineribus*, esa expresión tan querida por César, para sacar adelante todos los proyectos políticos, económicos y militares que los tres individuos habían pactado antes. Así que su compañero de consulado, Bíbulo, poco menos que se metió en su casa y no salió hasta que aquel chaparrón pasó. Además, le habían tirado excrementos por oponerse a ciertas medidas de César. Por eso se decía, con sarcasmo político, que aquel año (nuestro 59 a. C.) no fue el año de Bíbulo y César, como correspondía, sino el de Julio y el de César.

Los cónsules tenían *imperium maius*, el mando sobre legiones por encima de los pretores, además de la posibilidad de ornamentos que les diferenciaban de cualquier otro magistrado. Tomaban posesión en marzo, que es cuando comenzaba el año. Por motivos de ajuste militar precisamente para las campañas en Hispania, se decidió adelantar el arranque del año al 1 de enero. Por ese motivo en Occidente comenzamos el año nuevo en ese día. Podían presentar proyectos de ley, consultar a los augures, en fin, digamos que tenían la dirección de la República.

Entre las magistraturas que no eran anuales, destaca la censura. Los censores eran elegidos cada ciertos años, y también la duración de su mandato era más amplia que la de los demás magistrados. Tenían la responsabilidad de la coordinación del censo de ciudadanos. Y, puestos a hacer listas, también confeccionaban el *album* senatorial. No me refiero al que completábamos con ilusión cuando éramos pequeños y nos pringábamos los dedos de pegamento con los cromos de Arconada o, con menos reverencia y más canguelo, con los de Darth Vader. Porque pronunciábamos *Vader*, claro, no *Veider*, igual que decíamos *Jerry Lewis* y no pronunciábamos *Yerry Luis*... ¡qué felices éramos y no lo sabíamos!

Aunque nuestro concepto de «álbum» viene de esa idea de listado con nombres y atribuciones o datos, el *album* al que me refiero es menos divertido. El sustantivo *album* venía de la idea de un encerado blanco (el adjetivo *albus*, blanco), de una superficie para escribir unos listados o contenidos diversos. Era la lista de senadores. Los censores la confeccionaban: imaginen el poder que les daba, aunque en la práctica estaban sometidos no solo a la norma, sino a las presiones personales, como era de esperar.

Además, supervisaban el *mos maiorum*, es decir, las costumbres de los antepasados. Esto les facultaba para intervenir contra quienes ellos creyeran que vulneraban esas costumbres. Lo cual era, no nos engañemos, otra vía para perseguir al enemigo político. No les cuento el jugo que le sacaría a eso Augusto, y después sus sucesores, cuando fue proclamado censor supremo y se le encargó la *cura tutelaque rei publicae*, el cuidado y la tutela de la República...

La dictadura era la magistratura suprema de la República cuando funcionaba, puesto que era extraordinaria, *extra ordinem*: solamente se designaba muy de vez en cuando, ante situaciones problemáticas, generalmente en el contexto de guerras. En la República tardía, se pervirtió el concepto y terminó derivando en autocracia, como ensayó Sila y como llevó a cabo César. El dictador es literalmente el que dicta, del verbo *dictare*, es decir, que su palabra tiene fuerza de ley en el sentido de que, si hay dictador, su autoridad está por encima de cualquier magistrado. Pero en última instancia deriva de *dicere*, puesto que *dictare* es un intensivo de *dicere*. Es decir, que la palabra pronunciada era la clave del origen del término. La dictadura se designaba para seis meses, era solamente un individuo acompañado de un ayudante. Transcurridos esos seis meses, se iba a su casa. O, en situaciones muy dramáticas, podía prorrogar otros seis meses. Por eso digo que con Sila y con César todo esto se vio truncado. Ya lo veremos.

El Senado, recuérdelo, había sido, según la tradición, creado por el mismísimo Rómulo con los cien primeros *patres*, que eran el origen de los *patricii*, los patricios. O, al menos, estas familias se arrogaban descender de aquellos primeros senadores. La etimología, de *senex*, anciano, nos habla de esos típicos Consejos de Ancianos tan frecuentes en numerosas ciudades de la Antigüedad mediterránea. En Grecia, por ejemplo, están muy bien documentados.

El Senado es la institución romana más permanente. La tenemos documentada en la Monarquía, en la República y en el Imperio. Incluso sobrevivió, como esas colas de lagartijas que cortábamos cuando éramos chavales, después de la desaparición del Imperio romano de Occidente. Sí, como lo oye. Durante la época del reino ostrogodo en Italia, entre finales del siglo V y comienzos del VI d. C., aún funcionaba el Senado. Si usted visita hoy los Foros de Roma, puede ver lo que queda de la Curia Julia, el Senado construido por César. Aunque fue reformado durante la época imperial, se conserva gracias a que, en la Antigüedad tardía, terminó siendo consagrado como iglesia.

El Senado era algo así como el reducto de la «romanidad». Supervisaba la permanencia de Roma. Es el trasunto de la *nobilitas*, la expresión más evidente del carácter aristocrático de la sociedad romana en su dimensión política. El número inicial que la tradición le atribuía, de aquellos cien primeros *patres*, fue quedando en trescientos durante la República. En el último siglo de esta, con las guerras civiles, las purgas, y los consiguientes aumentos para meter a gente de la cuerda de los ganadores, hubo un incremento a seiscientos con Sila y a novecientos con César. Augusto lo redujo algo. A diferencia de las magistraturas, quien pasaba a ser senador lo era de por vida.

Las asambleas eran la expresión política del conjunto del *populus romanus*. Los ciudadanos eran convocados a varias asambleas diferentes, que se organizaban por vectores específicos. La mayor parte han ido saliendo ya en este libro. Los *comitia calata* y los *comitia curiata*, entre los más antiguos, fueron perdiendo importancia. Aunque estos últimos entregaban el poder del *imperium* a los magistrados que lo tenían. Los *comitia centuriata* eran los más importantes, puesto que elegían a las magistraturas de mayor poder. Como se explicó al mencionar su origen, es una asamblea claramente organizada sobre la base de la riqueza. Al ser las clases más pudientes las que más centurias tenían, y al votarse no por individuo, sino por centuria, la aristocracia tenía garantizada su voluntad. Otra cosa era cuando entre distintas *factiones* (de ahí nuestro concepto de facción) decían pegarse entre ellas: ahí quien más votos lograse aglutinar se llevaba el gato al agua. Pero orgánica y estructuralmente, los *comitia centuriata* son, junto al Senado, la expresión más vívida del control aristocrático de la República. Porque, bajo una apariencia democrática, distaban de funcionar democráticamente.

Por eso, la historiografía académica viene discutiendo desde el siglo XIX sobre el alcance de estas asambleas, sobre si los más poderosos las controlaban por completo o si había algún margen de maniobra para actitudes democráticas. Ya adelantaba más arriba que al inicio se votaba simplemente a gritos, de ahí surgió el *suffragium*, por *fragor*, ruido. Más adelante, el sistema de votación se iría concretando más, con *tabellae*, tablillas para votar, urnas, y pasarelas para proteger a los votantes de las presiones psicológicas y físicas de las facciones. Que hubiera votaciones, por descontado, no implica que fuera una democracia. Además, hemos de desterrar de nuestras mentes nuestro concepto de democracia. La palabra es la misma que la griega, pero en la Antigüedad ha de recordarse que del cuerpo cívico, tanto en Atenas como en Roma, quedaban excluidas las mujeres, los extranjeros que no hubieran accedido a derechos romanos o los esclavos, por ejemplo.

En los últimos años se han matizado bastante las posturas sobre si las asambleas no pintaban absolutamente nada. Sí había un cierto juego político y competitividad electoral. En cualquier caso, debe quedar claro que la República romana era un régimen de poder oligárquico, por más que el *populus* participase en las instituciones asamblearias.

Los *concilia plebis* eran más recientes, se habían creado con la *secessio* de la plebe a comienzos del siglo V. Al darles la *Lex Hortensia* en 287 la capacidad de que sus *plebiscita*, plebiscitos, tuvieran rango de *lex*, de ley, ganaron en importancia. Pero, con el tiempo, su uso quedó pervertido por las *factiones* aristocráticas. Y esto fue así puesto que algunas de ellas se apoyaron en los concilios de la plebe simplemente porque a través del Senado o del consulado no podían sacar adelante sus estrategias. De ese modo, en los últimos dos siglos de la República el ambiente político se fue caldeando tremendamente.

La *religio*, el conjunto de creencias religiosas toleradas por la República y organizadas institucionalmente, era inherente a Roma. Así había sido desde el principio mismo hasta donde podamos remontarnos en nuestras fuentes. Los dioses de Roma se fueron integrando poco a poco, sobre la base latina, la influencia etrusca y griega. Y lo mismo sucedió con los rituales.

En lo que ahora nos interesa, que es una perspectiva muy general del marco institucional de la República, la cara visible de todo esto eran los sacerdocios. Había muchos y muy numerosos. Por citar solamente algunos, cabe anotar la enorme influencia de aquellos que tenían algún tipo de conexión con la interpretación del futuro, muy especialmente los augures. Otros tenían, acaso, otro tipo de organización estructural, como los *flamines*, vinculados con dioses concretos. Por otro lado, el *pontifex maximus* y en general los *pontifices* velaban por el cumplimiento de la *religio*, entre otras muchas cosas. El cristianismo asumiría no pocas de todas estas organizaciones y de su léxico. Después de todo, el obispo de Roma tiene una cuenta de Twitter (ahora, X) que se llama precisamente así, @pontifex.

Como idea general, es importante comprender que los sacerdocios eran parte de las carreras políticas de la *nobilitas.* Lo expresó muy bien Cicerón en una de sus obras, *De domo sua*, dirigida precisamente a los pontífices. Cicerón estaba en plena batalla para argumentar la ilegalidad de la confiscación de su casa. Empezó afirmando, sin mayores rodeos, que estaba bastante bien establecido que los sacerdocios religiosos y los cargos políticos de la República debían quedar en las mismas manos, en los mismos hombres. Bastante claro, ¿verdad?

ASC

Sarcófago Ludovisi, siglo III d. C., de una fecha ya imperial, pero que ilustra la tradicional imagen conceptual de contraste entre romanos y bárbaros que se forjó durante la expansión de la República y que se multiplicó durante los siglos imperiales.

V
ROMA CONTRA TODOS

Polibio, uno de los historiadores más importantes de la Antigüedad, que escribía en griego, se preguntaba si podía haber alguien que no estuviera interesado en saber cómo, en cincuenta y tres años, Roma había pasado a dominar la mayor parte del mundo conocido. Se refería a la etapa en la que Roma derrotó a Cartago y comenzó a dominar en Grecia y Macedonia.

Para tener una visión general hay que ampliar el espacio cronológico: tenemos que comenzar poco después de la conquista del sur de Italia, simbolizada en la toma de Tarento en 272, y acabaremos en otro símbolo, en este caso absolutamente siniestro, como es la destrucción de Corinto en 146. Este último hito no es en modo alguno el punto final. Hay que citar otras destrucciones no menos simbólicas, como la de Cartago en ese mismo año, o la de Numancia, trece años después.

Lo importante, porque vienen bastantes guerras y batallas, es que usted tenga claro que entre mediados del siglo III y finales del siglo II a. C., Roma conquistó la mayor parte del Mediterráneo. Quedaban aún espacios libres de las sandalias de las legiones, que se irían completando ya en el siglo I a. C., incluso después, en los tiempos de los emperadores. Pero, en la etapa que ahora se abre, Roma pasó a ser la potencia hegemónica del Mediterráneo. ¡Qué lejos quedaban ya aquellas guerras tan cercanas, a unas decenas de millas romanas, que habían caracterizado la época arcaica y el inicio de la República!

En este capítulo voy a intentar sintetizar al máximo las líneas maestras de dicha expansión. Lamento tener que acumular guerras, batallas, fechas… Intentaré seleccionar únicamente las que me parecen más importantes. Pero es imprescindible mencionar algunas de ellas para que se comprenda la dimensión de las empresas militares en las que aquella República aparentemente tan lejos de cualquier imperio anterior o coetáneo a ella, se zambulló.

El primer ciclo corresponde a las guerras púnicas, que enfrentaron a Roma contra Cartago. Ciertamente fueron tres guerras, pero la última fue poco más que la expedición para liquidar y destruir al antiguo enemigo. Esto último ya sucedió a mediados del siglo II a. C. De ahí que, habitualmente, merezcan atención inicial las dos primeras, que es donde se jugó verdaderamente *el bacalao* del dominador del Mediterráneo central. Y estas tuvieron lugar en el siglo III, inmediatamente después de que Roma se hiciese con Tarento y hubiera logrado controlar casi toda Italia.

Resulta sorprendente cómo Roma se enfrascó, una vez que venció a Aníbal en los ultimísimos compases del siglo III, en escaladas militares simultáneas —simultáneas, insisto— en Oriente Próximo y el Mediterráneo oriental y en el otro extremo, es decir, aquí, en Hispania. Y también en el norte de África, y en el sur de la Galia… Es verdaderamente alucinante. Intentaré explicar todos estos ciclos con brevedad.

* * *

Vamos, sin más rodeos, con las guerras púnicas. Concretamente con las dos primeras, que tuvieron lugar entre 264-241 y 218-202/201 a. C.

La Roma que poco a poco se había ido imponiendo en el Lacio y en Italia central se había adueñado de casi toda la península itálica para comienzos del siglo III. La caída de Tarento en 272 había marcado el punto de celsitud de semejante proceso expansivo. Eso daba a Roma acceso directo a Sicilia y, en general, al Mediterráneo occidental. Sicilia contaba con ciudades de origen griego, la más poderosa de las cuales era Siracusa. Se trataba de una potencia económica, militar y cultural de primer orden. Pero tenía que contar con un gigante al sur. Se trataba de una ciudad de origen fenicio, que los de Tiro (en el actual Líbano) habían fundado mucho tiempo atrás en el norte de África, en lo que hoy es Túnez: Cartago.

El propio origen fenicio de la ciudad ya informa del carácter comercial de su élite dirigente. Los fenicios habían abierto, desde los siglos IX y VIII, amplísimas rutas comerciales desde sus bases en el Mediterráneo más oriental (en los actuales Líbano y Siria) por todo el resto del Mediterráneo, incluidas las regiones más occidentales, como la península ibérica. Los cartagineses, tiempo después, desde los siglos VII y VI, tendrían su propia iniciativa comercial, con fuertes intereses al norte, es decir, en Sicilia, Córcega, Cerdeña, entre otros lugares, incluso las costas itálicas. Esto les ponía en contacto con otras potencias comerciales, tales como griegos y etruscos, que ya hemos visto la influencia que habían tenido en el Lacio.

Por entonces, Roma estaba aún en su fase arcaica. Después de una alianza entre cartagineses y etruscos, los griegos habían visto cercenada su expansión en todo ese sector, aunque por supuesto continuaron las ciudades que habían fundado. La más poderosa de ellas fue Siracusa, en Sicilia, cuyos intereses comerciales colisionaron claramente con el expansionismo cartaginés. En ese contexto, Cartago buscó diferentes aliados.

Uno de ellos fue Roma, aún un incipiente agente militar en Italia central. Las fuentes latinas y griegas mencionan tratados entre romanos y cartagineses entre finales del siglo VI y comienzos del III.

Cartago era una ciudad dominada por la aristocracia, como casi todas las ciudades de la Antigüedad en el Mediterráneo, y su religiosidad anclaba sus raíces en la tradición fenicia, semítica, a la que pertenecía.

La competitividad entre potencias como Cartago o Siracusa por el control de las rutas marítimas y de los puertos en el Mediterráneo Central había provocado varias guerras. Ambos bandos echaban mano, con frecuencia, de mercenarios, un poco al estilo del Grupo Wagner que ha estado de actualidad estos últimos años por la guerra en Ucrania, pero también por actividades militares en África, especialmente para el control de los recursos mineros que luego se utilizan, por ejemplo, para las baterías de ordenadores, como en el que estoy escribiendo en este mismo instante sobre los cartagineses.

Entre esos «Grupos Wagner» de mercenarios, había unos llamados mamertinos, algo así como el «Grupo Mamertino», por seguir el símil. Se llamaban de ese modo porque eran de origen itálico, aunque no latino, sino osco (sin h). Rendían culto a Mamers, una deidad de origen osca, una de las etnias y grupos lingüísticos de Italia central. Los mamertinos se habían erigido en un poder en el extremo de Sicilia, controlando la ciudad de Mesina, clave por su situación enfrente de las costas itálicas. Habían sido empleados de los siracusanos, pero habían entrado en guerra contra éstos. Después de muchas piruetas diplomáticas y militares, los mamertinos encontraron ecos de apoyo en Roma.

Que Roma decidiera apoyar a los mamertinos en Sicilia metía de lleno a la República en el avispero de la isla, quedando frente por frente tanto con respecto a Siracusa como a Cartago, a pesar de los tratados que mantenían con esta. La tradición romana posterior culparía a uno de los cónsules de aquel año (264), Apio Claudio, de una voluntad agresiva. Claro que para comprender esa acusación hay que saber que viene de la mano de Fabio Píctor. ¿Y esto por qué? Pues porque este último fue el primer historiador romano relevante, escribió una historia, curiosamente, en griego. Pero, sobre todo, porque pertenecía a la importantísima *gens* Fabia, y estaba deseoso de malmeter contra la *gens* Claudia. Ya he comentado algo al respecto unas páginas atrás. Así que le encajaba muy bien retratar a ese miembro de los Claudios poco menos que como un loco. En realidad, los especialistas en guerras púnicas y en la República del siglo III suelen convenir en que el Senado, es decir, los grupos más selectos entre la *nobilitas* que dirigía Roma, estaban comenzando a ver el interés de la guerra y el botín que representaba, como acababan de comprobar pocos años antes en Tarento.

Lo cierto es que la intervención militar romana en Sicilia supuso un vuelco importante de la situación, que además se vio acelerado por el cambio de alianzas, puesto que la máxima autoridad de Siracusa, Hierón, decidió abandonar la alianza que había ensayado con los cartagineses y aliarse con los romanos.

La guerra duró dos décadas. Acaso la innovación más espectacular fue la multiplicación de la escuadra romana. Roma nunca había destacado por su flota, pero durante la primera guerra púnica (264-241) se dotó de una bastante notable. Además, equipó a sus barcos con una novedad, el *coruus*, que era un gancho metálico situado en la proa que permitía a las naves romanas capturar a los barcos enemigos. De ese modo, se procedía al abordaje inmediato. Eso convertía el combate naval casi en uno terrestre, de manera que la infantería romana pasaba al barco contrario e imponía su superioridad.

La guerra tuvo batallas con resultado muy desigual, incluyendo una derrota romana tremenda en el norte de África, personificada en el cónsul Atilio Régulo en 255. Roma tuvo importantes reveses navales en el transcurso de los años siguientes. A pesar de eso, los romanos fueron capaces de preparar una imponente flota que contó, ante las telarañas de los erarios públicos, con la financiación privada. Al final la victoria cayó del lado de Roma en la batalla de las islas Égates, las Egadas, al noroeste de Sicilia, en 241. Se impuso la flota de Lutacio Catulo, que disponía de unos dos centenares de naves. La arqueología subacuática actual ha encontrado en el mar, a casi cien metros de profundidad, diversos materiales que se interpretan como restos de aquella batalla tan determinante. Tanto lo fue que decidió el final de la primera guerra púnica. Se trata de espolones de bronce para las proas de los barcos y cascos de soldados.

En la rendición, los cartagineses se comprometían a pagar 2200 talentos en veinte años como multa de guerra (que pasaron a ser 2300 en diez años), y a abandonar Sicilia. Este período de entreguerras es clave para ambas potencias. Del lado cartaginés, hubo una apuesta fuerte por lo que los griegos llamaban *Ibería*, Iberia, de ahí el nombre de península, precisamente, ibérica. La familia de los Barca capitalizó esa apuesta, de modo que Amílcar Barca se dirigió hacia la península ibérica en 237, llevando por cierto a su hijo con él. El muchacho, que apenas rozaba la primera década de su vida, se llamaba Aníbal. El general cartaginés murió combatiendo aquí en 229 y fue sustituido por su yerno Asdrúbal, que fue quien fundó la importante plaza *Qart Hadasht* o *Qrthdst*, que luego los romanos refundarían como *Carthago Nova*, actual Cartagena. Algunas fuentes apuntan a que fue entonces cuando los cartagineses suscribieron con Roma un nuevo tratado en virtud del cual aquellos no pasarían del río Ebro.

Del lado romano, la República había definido sus primeras dos provincias: Córcega y Cerdeña, por un lado; Sicilia, por otro. El concepto de *prouincia* romano viene del verbo *uincere*, vencer, de ahí *Victor*, vencedor, o *Victoria*, y nuestros nombres

Víctor y Victoria. Su deificación en Victoria, más o menos, equivalía a la Niké griega.

De esta última, claro, viene el nombre de la marca de ropa deportiva estadounidense. Carolyn Davidson, la diseñadora que creó el logo de la marca, se basó en las alas de la diosa griega para su célebre diseño. Ella misma ha contado en entrevistas que cuando Phil Knight, uno de los fundadores de la marca deportiva, se entrevistó con ella por el asunto de crear un logo, le dijo dos cosas. Una, que a él *le molaban* las tres bandas de Adidas. Dos, que quería un logo que implicase la idea de velocidad. Así que Davidson se puso manos a la obra y se inspiró en las alas de nuestra diosa griega Niké.

Estaba explicando el origen de las provincias. El concepto *prouincia* derivaba pues del verbo *uincere*, aunque con ese *pro-* delante. Hace alusión a la organización de lo que se va conquistando y, en general, al ámbito de mando que se vinculaba al *imperium* de un magistrado que lo tuviera. No hace falta que insista mucho en el éxito del concepto para los propios romanos y para el mundo occidental posterior. De momento, las dos primeras fueron para organizar las tres grandes islas que habían caído del lado romano después de la primera guerra púnica. Eran los primeros territorios extraitálicos que la República pasaba a gobernar de manera estable: por eso inventaron la provincia como sistema. Ya existía como concepto: dicho en términos cursis de nuestros políticos actuales, era algo así como la esfera de competencias del magistrado, sobre todo del que tenía *imperium*. Pero ahora sumaba otro significado: la organización territorial y administrativa de esos nuevos espacios fuera de Italia.

Además, Roma había logrado en esos años dos importantes avances geoestratégicos. Había comenzado a tener intereses militares en el Ilírico, más o menos los territorios que hoy corresponden a Serbia, Croacia, Albania… El otro fue la consolidación romana en la Galia Cisalpina, las regiones más septentrionales de lo que hoy es Italia.

Cuando Asdrúbal murió en 221, le sucedió Aníbal al frente de las tropas cartaginesas en Iberia. Aníbal pisó el acelerador del imperialismo cartaginés que ya había iniciado su padre. Mercenarios, metales preciosos y esclavos eran los tres principales objetivos que los cartagineses estaban logrando aquí. Alguna fuente antigua relata que, en algún momento bastante anterior, en época de Amílcar, el Senado envió una embajada para preguntar qué diantre hacían los cartagineses en Iberia, y estos contestaron que... ¡estaban recaudando para pagar la multa de guerra romana! Creo, por cierto, que mi hija mayor me ha despistado con alguna respuesta de similar ironía hace pocos días.

Cuando, en 219 o ya en 218, Aníbal sitió Sagunto, se desataron las discusiones diplomáticas. Cartago alegaba, con razón, que la ciudad quedaba al sur del Ebro y que por lo tanto tenían manga ancha. El Senado de Roma ponía sobre la mesa que ellos tenían un tratado particular con Sagunto y que, por consiguiente, estaban legitimados para defenderla y atacar a los cartagineses. Unos por otros, la casa sin barrer. La ciencia historiográfica aún sigue discutiendo los auténticos términos del tratado, y si realmente se trataba del río Ebro o, más bien, de alguno más al sur: se han barajado, entre otros, el Júcar y el Segura. Aunque los analistas modernos suelen tener, más bien, la impresión de que ambas potencias estaban desde hacía tiempo deseosas de ir de nuevo a la guerra.

Así fue.

La segunda guerra púnica, también conocida como guerra anibálica, comenzó por la cuestión de Sagunto en 218, tras meses de asedio por las tropas de Aníbal. En los primerísimos meses de 218, marchó con una parte sustancial de sus tropas, dejando otra parte en Iberia al mando de su hermano Asdrúbal y de Hanón. Aníbal, con un ejército que se ha calculado aproximadamente en 50 000 efectivos de infantería, unos 8000 de caballería (aunque Polibio da cifras más bajas) y casi cuatro decenas de elefantes, logró cruzar los Alpes.

Roma reaccionó a la maniobra audaz de Aníbal enviando dos líneas de combate dirigidas por los dos cónsules: una hacia Sicilia y otra hacia Iberia, aunque finalmente esta última, al mando del cónsul Publio Cornelio Escipión, se detuvo en Massalia (Marsella) para intentar enfrentarse a Aníbal, pero este logró alcanzar los Alpes y pasarlos. Fue entonces cuando ese Escipión envió a su hermano Cneo a Iberia: desembarcó en la ciudad griega de *Emporion* (en la actual provincia de Gerona) en 218. Más allá de misiones diplomáticas anteriores, se trataba de la primera expedición armada romana en Iberia, lo que poco a poco iba a ser conocido por los romanos como Hispania. Nadie, absolutamente nadie, podría adivinar que era el primer paso para más de siete siglos de dominio romano. De haber habido *webs* de apuestas, ese adivino se hubiera forrado. Claro que nunca hubiera podido cobrarlo porque no hubiera vivido el tiempo necesario.

A finales de ese mismo año, ya pasados los Alpes, Aníbal derrotó a Publio Cornelio Escipión en Tesino. Alguna tradición contaba que fue su hijo, que se llamaba igual que él (el futuro Africano: ojo, *spoiler…* el vencedor de Aníbal) quien le salvó de morir allí mismo. Y de igual modo con los dos cónsules (Sempronio, el colega de Publio había venido pitando de Sicilia) en la batalla del río Trebia. Hizo lo propio con Flaminio, uno de los cónsules del año siguiente, a finales de la primavera o comienzos del verano de 217, en el lago Trasimeno.

En semejante situación crítica, se nombró a un dictador, Fabio Máximo. Este decidió eludir batalla abierta contra Aníbal. Por eso le cayó el sobrenombre de *Cunctator*, esto es, «pusilánime», «contemporizador», «el que retrasa». Siguió a Aníbal en sus movimientos por el sur de Italia, pero evitó el combate total.

Tras esa fase, los cónsules de 216 fueron Terencio Varrón y Emilio Paulo. El primero, antecesor del Varrón que, casi dos siglos después, dataría el origen de Roma. El segundo iba a tener descendientes muy notables en la Roma del siglo II, como veremos. Durante ese consulado, frente a la estrategia de Fabio Máximo, se decidió plantar cara a Aníbal a campo abierto.

La batalla de *Cannae* (Apulia, sudeste itálico), en agosto de 216, fue una de las más recordadas de la historia de Roma. Se superó con creces, si hacemos un balance mesurado de las fuentes, la cifra de cien mil hombres desplegados por ambos bandos. Los análisis detallados de estrategia militar, sobre la base de esas mismas fuentes, coinciden en que la clave estuvo en que Aníbal fue capaz de embolsar a las legiones y tropas auxiliares romanas, lo que le permitió una masacre generalizada. En el lado romano, solamente sobrevivieron unos pocos miles de hombres. Fue una de las peores derrotas en toda la historia de Roma. Se perdieron varias legiones: los cálculos modernos se mueven en horquillas entre 40 y 70 000 muertos del lado romano si se suman a las bajas de las legiones las de las tropas auxiliares. La tradición achacaría el desastre a Varrón y no a Emilio Paulo. Hay que decir que el hijo y el nieto de ese Emilio Paulo iban a ser personajes determinantes en el siglo siguiente, además de que su hija Emilia se casó con Escipión Africano. Todo esto ha hecho que algunos especialistas hayan sospechado que quizás la tradición historiográfica romana descargara de responsabilidad a Emilio Paulo.

Los años inmediatamente posteriores a *Cannae* fueron críticos para Roma. Porque además, en Italia, Aníbal logró uno de sus objetivos: la defección de numerosas ciudades aliadas de Roma. Por otro lado, la guerra provocó abandonos masivos de los campos, el fenómeno que los romanos llamaron *agri deserti*, campos desiertos. Eso multiplicó la población de la ciudad de Roma, puesto que decenas, finalmente cientos de miles, de gentes desesperadas huyeron de los campos itálicos, sobre todo del sur, para refugiarse en Roma. De ese modo, aumentó exponencialmente el número de los *proletarii*, las masas de desposeídos que no tenían nada, salvo a ellos mismos y a su prole. Atención a este doble fenómeno, el de los *agri deserti* y la multiplicación de *proletarii* en Roma, puesto que por aquí vendrán importantísimos cambios en el siglo siguiente, que serán claves para entender la crisis de la República.

A una escala global, Aníbal encontró alianzas en Siracusa y en Filipo V de Macedonia. En este contexto tuvo lugar la primera guerra macedónica, por los intentos de expansión de Filipo V en el Ilírico y su pacto con Aníbal. Al tiempo, la guerra también continuaba en Iberia, al punto que los dos hermanos, Publio y Cneo Cornelio Escipión, murieron en combate en 211. En esos años posteriores a la gran derrota de *Cannae*, Roma movilizó *a todo lo que se movía* y estaba en condiciones de acudir a un campo de batalla, incluyendo a los esclavos.

Fue a partir de 212-211 cuando las cosas comenzaron a cambiar a favor de Roma. En Sicilia, Claudio Marcelo logró la rendición de Siracusa, en cuya defensa se había distinguido el intelecto de Arquímedes. En el sur de Italia, los romanos recuperaron la importante ciudad de Capua que, como tantas otras, se había pasado los años siguientes a Aníbal. El hijo de Publio Cornelio Escipión, que se llamaba como su padre, fue elegido para continuar la guerra en Iberia (hablaremos ya de Hispania), y pronto logró éxitos, como por ejemplo tomar la capital cartaginesa en la zona, la actual Cartagena. A ese triunfo le acompañarían otros en los años sucesivos, logrando anular la estrategia militar cartaginesa en Hispania. En aquella época fundó Itálica (por el nombre de Italia), en la actual Santiponce, Sevilla, como hospital militar. En el sur de Italia, los romanos iban recuperando otras ciudades importantes, como Tarento, entre otras muchas.

En 204 Escipión lanzó la ofensiva definitiva al norte de África, con hitos militares victoriosos. Aníbal se marchó de

Italia en 203, entablando la batalla final en Zama en 202, con victoria total de Escipión, que recibió el *cognomen* honorífico de *Africanus*. La capitulación de Cartago tuvo lugar el año siguiente. Tuvo que entregar la flota, que fue destruida por Escipión, y quedó anulada como potencia. Aníbal permaneció algunos años en Cartago, pero se terminó exiliando en el reino seleúcida de Antíoco y, finalmente, en el de Bitinia, donde se terminó suicidando unas dos décadas después de su derrota ante Escipión.

* * *

Ya en esos últimos años, Roma había tenido intereses en el Ilírico (Balcanes y Adriático) y una primera guerra contra el reino de Macedonia. De entre los reinos helenísticos que se habían ido formando después de la muerte de Alejandro un siglo antes, los tres más poderosos eran el Egipto de los Ptolomeos, el reino seleúcida (en Asia Menor, corredor sirio-palestino y Oriente Próximo), y Macedonia, que habitualmente tenía hegemonía al sur, en las *poleis* griegas, por más que estas estuvieran organizadas en Ligas o asociaciones. Por esa época, el rey macedonio era Filipo V. Después de esa primera guerra a finales del siglo III, en cuanto Roma venció a Aníbal, emprendió una guerra más dura aún y venció a Macedonia en la batalla de Cinoscéfalos (197), una zona cercana a las montañas de ese nombre, que literalmente quiere decir «cabeza de perro».

El romano Flaminino aprovechó el momento para desplegar la propaganda. En los Juegos Ístmicos de 196, anunció solemnemente a los griegos que Roma había llegado allí, a Macedonia y a Grecia, para otorgar la libertad a los griegos. Se trataba de un lema publicitario, desde luego, pero la idea era ganarse la voluntad de las ciudades griegas, muchas de las cuales habían visto a Macedonia como un reino opresor.

Inmediatamente, la República entró en guerra con otro de los reinos helenísticos más poderosos, el seleúcida. Se conoce por ese nombre en recuerdo a Seleuco, uno de los generales de Alejandro. A la muerte de este en 323, sus generales se habían repartido el imperio que había forjado en sus años de conquistas. Aunque Seleuco no había tenido, como otros, un espacio claramente definido, se fue haciendo con territorios de otros de los generales (luego, reyes), hasta formar su propia dinastía en un imperio gigantesco que iba desde Asia Menor y sus costas occidentales hasta las fronteras con la India. Ciertamente se fueron perdiendo la mayor parte de las satrapías o demarcaciones orientales, de modo que cuando Roma apareció un poco como elefante en cacharrería en los asuntos helénicos, el reino seleúcida era eso, un reino, pero ya no un imperio.

Claro que cuando Roma se impuso en la batalla de Magnesia (190) al rey Antíoco III, el mismo que había acogido nada menos que a Aníbal, la cosa fue mucho peor para los seleúcidas. En aquella batalla la comandancia suprema de las tropas romanas estaba en manos de Lucio Cornelio Escipión, hermano de Publio, el Africano, el vencedor de Aníbal. Pero las fuentes dan a entender que fue este quien le ayudó a sacar adelante el asunto, ante la impericia de Lucio. La Paz de Apamea (188) anulaba al reino seleúcida como potencia, con la evacuación de Asia Menor, quedando restringido a una zona en Siria. Lucio Cornelio Escipión recibió el *cognomen* de Asiático, aunque se le procesó por algo similar a nuestro concepto de malversación pública. Tenía un mal enemigo: Marco Porcio Catón, es decir, Catón el Censor, uno de los martillos más duros del Senado de Roma en el siglo II a. C.

* * *

Que Roma no había entrado de un modo efímero en los asuntos de Macedonia, las ciudades griegas, y Asia Menor y Levante quedó más que patente con la tercera guerra macedónica. Roma no estaba sola en el avispero del mar Egeo y sus aledaños. Contó, con frecuencia, con el apoyo de dos poderosos como la isla de Rodas y el reino de Pérgamo (se suele pensar que de ahí deriva el nombre de «pergamino» para la superficie de escritura de origen animal). No todo en el mundo helenístico eran los tres grandes reinos de Macedonia, Egipto y el Seleúcida. Había otros espacios políticos más pequeños, como los dos que acabo de mencionar, y otros como el Ponto (en el mar Negro), Bitinia (en el norte de Asia Menor, de la actual Turquía), entre otros.

En este caso Macedonia estaba gobernada por el hijo y sucesor de Filipo V, Perseo. El resultado final fue la batalla de Pidna, en 168. En este caso el general romano victorioso es Lucio Emilio Paulo, a la sazón hijo del Emilio Paulo derrotado (junto a Terencio Varrón) por Aníbal en la batalla de Cannae. Las fuentes indican que Emilio Paulo llevó a cabo una represión brutal, como la esclavización 150 000 epirotas, además de un auténtico expolio de obras de arte y libros. Quedó suprimido el reino de Macedonia, que fue dividido en una serie de distritos. Con eso, las ciudades griegas parecían recobrar la autonomía perdida desde hacía dos siglos. Aunque no fue del todo así, y la influencia romana se dejó sentir claramente en los siguientes años.

* * *

En cuanto a Cartago, aunque había sido liquidada como potencia en la segunda guerra púnica, había logrado un cierto despegue en las últimas décadas. Despegue que había alarmado a Marco Porcio Catón, cuya influencia en el Senado no era nada desdeñable. Al parecer, solía mencionar en sus discursos, trataran de lo que trataran, la frase *Carthago delenda est*, «Cartago debe ser destruida». Se cuenta que, en una estrategia teatral pero efectiva, había abierto los pliegues de su túnica para dejar caer unos higos hermosos ante sus colegas senadores. El argumento era que, del mismo modo que en Cartago surgían higos tan estupendos, se estaba recobrando en otras muchas cosas.

Finalmente, hubo una tercera guerra púnica entre 149 y 146. Aunque a Catón no le dio tiempo a ver su deseo —la destrucción total de la ciudad— porque falleció antes. Una vez derrotada Cartago, la labor de demolición absoluta hasta los cimientos (146) corrió a cargo de Escipión Emiliano. Algunas tradiciones dejaron caer que se vio obligado a acatar la decisión del Senado. En las fuentes ha quedado recogida la anécdota de que lloró amargamente y que mencionó un verso de la *Ilíada* sobre Troya, como queriendo dar a entender que algún día alguien haría con Roma lo que él había ordenado a sus legionarios que hicieran con Cartago.

Escipión Emiliano era hijo de Lucio Emilio Paulo, el vencedor de Macedonia en Pidna. Pero había sido adoptado por la familia de los Escipiones, de ahí que cambiara su nombre. Recibió el *cognomen* honorífico de Africano. Suele ser conocido como Africano Menor o el Joven para diferenciarlo del vencedor de Aníbal.

Escipión Emiliano se rodeó de una pléyade de intelectuales. Uno de ellos era Polibio. Sí, el historiador griego que ya ha aparecido aquí en varias ocasiones. Polibio había formado parte de la resistencia antirromana en Grecia, pero entró a formar parte del entorno personal de Escipión Emiliano. De hecho, las *Historias* de Polibio son, en cierto modo, la aplicación del legado helénico sobre cómo entender la Historia (racionalismo y esquema de ciclos políticos) a la historia romana. Era como poner al servicio de Roma todo lo creado por los griegos en torno al concepto de historia en los dos o tres siglos anteriores.

Además de Polibio, otros intelectuales formaban parte de ese elenco en torno a Escipión Emiliano: Lucilio, Terencio y, sobre todo, el pensador estoico Panecio de Rodas. Esto último es importante, porque el estoicismo, una de las principales ramas de pensamiento helenístico, es decir, posterior a Alejandro y a su maestro Aristóteles, iba a influir en la élite romana. El estoicismo aportó a la *nobilitas* romana un esquema claro de dominio social, de justificación de su propia existencia y de su hegemonía sobre los demás, que también podían aplicar al papel de Roma en el mundo. En adelante, sería una corriente de pensamiento que influyó enormemente en la ideología imperialista romana. Más adelante, Cicerón, Séneca, o el emperador Marco Aurelio, iban a ser representantes egregios de esta corriente.

* * *

Al propio Escipión Emiliano le correspondió liquidar otro problema que se había enquistado para los intereses del Senado. Se trataba de la guerra contra los celtíberos, en Hispania: en particular, la resistencia de Numancia.

Desde el final de la segunda guerra púnica, los romanos habían comenzado a organizar sus primeros dominios en lo que ellos llamaron Hispania. Se trataba de franjas costeras y las tierras inmediatamente al interior en el este y el sur. Así que, hacia el año 197 aproximadamente, crearon las siguientes dos provincias tras las dos primeras que habían definido después de la primera guerra púnica (en Sicilia, por un lado, y en Córcega y Cerdeña, por otro). Las llamaron Hispania Ulterior e Hispania Citerior, que quiere decir, literalmente, «la de más allá» y «la de más acá»: por descontado, siempre mirando desde Roma.

Fueron poco a poco llevando sus campañas militares más hacia el interior, por ejemplo, remontando el valle del Ebro, y también a través de la meseta y hacia el oeste. Mantuvieron varias guerras para ir sometiendo a pueblos indígenas, siendo acaso las más duras las que emprendieron durante décadas contra los lusitanos (episodios de Viriato), en el oeste, y contra celtíberos. Se trataba de grupos celtas (no, no era una mezcla de pueblos celtas e iberos, como suele creerse) en zonas actuales de Aragón, Soria, y La Rioja baja. El episodio que más escocía en el Senado era la incapacidad romana para tomar la ciudad de Numancia. Varios generales romanos habían fracasado en el intento. Y tuvo que ser Escipión Emiliano quien la tomara en el año 133. Recibió el *cognomen* de Numantino, que se añadía al de Africano.

Todas estas conquistas del siglo II a. C. dan cuenta de la capacidad de la República para movilizar tropas de combate en los dos extremos del Mediterráneo, además de en sus dos orillas norte y sur.

Porque hubo avances en Galia Transalpina, concretamente en la franja de Galia meridional, en lo que hoy es la Costa Azul y la Provenza, que fue organizada como provincia en Galia Narbonense.

Y acabamos de ver lo ocurrido en Cartago.

Baste como botón de muestra de esa simultaneidad de campañas militares en lugares muy distantes, que en el mismo año (146) en el que Escipión Emiliano estaba destruyendo Cartago, Lucio Mumio hacía lo mismo con la importante ciudad griega de Corinto. Fue una aniquilación total. En línea con lo hecho por Emilio Paulo dos décadas antes, fueron esclavizados miles de griegos y se confiscó un sinfín de libros y obras de arte. Polibio, que estaba presente, recordará en su obra histórica cómo vio cuadros tirados por las calles y legionarios romanos jugando a los dados sobre ellos. A partir de entonces, el ámbito griego quedó definitivamente en la sombra administrativa de la República.

Bastantes años después, Salustio, que había sido colaborador de César, no dejaba de insistir en que fue aquella época de la destrucción de Cartago la que había marcado el inicio de la decadencia de la República. Su análisis histórico estaba repleto de acusaciones moralistas a cómo los romanos habían anhelado el ocio hasta que pudieron disfrutar de él y eso mismo, afirmaba, había sido causa de los desastres posteriores. Salustio acusa tanto a la aristocracia como al pueblo en general. El resultado, decía, había sido que la República se había fragmentado, desgarrado: *res publica dilacerata*.

Veamos qué desastres son esos. Y cómo la República, en efecto, quedó desgarrada.

VI
«GRECIA FUE CONQUISTADA, PERO ELLA TOMÓ AL FIERO VENCEDOR»: EL IMPERIALISMO Y SU IMPACTO EN LA REPÚBLICA

Las conquistas de Roma en casi todos los rincones del Mediterráneo después de la victoria sobre Cartago en los ultimísimos años del siglo III a. C. no siguieron un plan lineal. Quiero decir que no había, como dicen hoy nuestros políticos, una «hoja de ruta» para conquistar Macedonia, el reino seléucida, la Galia Cisalpina, el sur de la Galia más allá de los Alpes, buena parte de Hispania...

Todas y cada una de estas conquistas se hicieron, más bien, «sobre la marcha». Por descontado, sí había una estrategia en cada caso, con los debates consiguientes en el Senado sobre los pasos a dar, las negociaciones, las imposiciones, los perdones o las destrucciones. Y también contaban las decisiones individuales de cada cónsul en campaña, con sus aciertos y con sus errores. Pero en modo alguno existía una especie de diseño trazado de antemano para el control de todo el Mediterráneo y sus alrededores.

Esas estrategias aplicadas a cada guerra, a cada batalla incluso, fueron generando una masa crítica de ideología de dominio. En la historiografía académica se ha venido discutiendo desde el siglo XIX sobre si esto implicaba un imperialismo ofensivo o un imperialismo defensivo. Dicho con otras palabras, si Roma tenía la voluntad decidida de conquistar *todo lo que se movía*, y primero pegaba y luego preguntaba. O si, por el contrario, todo fue producto de defenderse de los ataques de los demás, un *yo no quería*.

Hay que ponerse en el contexto europeo del siglo XIX y comienzos del XX. Era la época de la colonización: tanto por parte del Imperio británico como de la expansión alemana y francesa. En las universidades de dichas potencias había profesores de Historia Antigua que, a veces, planteaban el Mundo Antiguo con una mirada desde el presente, desde *su* presente. Lo veremos también con la crisis de la República. Así que, en cierto modo, se veían las conquistas y el establecimiento del sistema romano de provincias en esa clave: desde la perspectiva de la colonización europea en Asia y en África, por ejemplo.

Hoy en día, tiende a primar la idea de que las clases sociales romanas se vieron involucradas, poco a poco, en una escalada de conquistas que se retroalimentó a sí misma. Después de una guerra como la que se sostuvo contra Aníbal, la segunda guerra púnica (218-202/201 a. C.), en la que hubo momentos de combate por la propia supervivencia de Roma, se abrió un horizonte de conquistas que aún hoy nos sorprende. Durante el siglo II a. C., la República tenía ejércitos combatiendo en África, en Hispania, en Asia Menor, en Siria, en Grecia y Macedonia... Y, en no pocos momentos, a la vez.

El hecho de que esas guerras terminasen con saldo favorable a Roma implicó la construcción del imperialismo romano. No del imperio en un sentido político: para eso habrá que esperar hasta finales del siglo siguiente, es decir, a Augusto. Pero sí del imperio en un sentido territorial. La palabra deriva, por descontado, de *imperium*, *IMPERIVM*. Es decir, del antiquísimo concepto romano para el mando militar y la capacidad para exigir obediencia total que habían tenido los reyes y, después, los cónsules, los pretores (a un nivel menor) y, por supuesto, los dictadores en las ocasiones en las que hubo dictadura.

Podemos hablar de imperialismo en época republicana a partir de ese punto de inflexión que supuso la guerra contra Aníbal. En el estado actual de los conocimientos, se suele pensar que no solo la *nobilitas*, es decir, el grupo al mando de Roma como resultado del largo conflicto patricio-plebeyo, sino también otras clases sociales intermedias e incluso ínfimas, vieron en el imperialismo, en esas conquistas, un beneficio.

¿Qué beneficio? Dependiendo de la situación, nada menos que distribución de *ager publicus*, de tierras públicas, como de botín, además de repartos de cereal y otros alimentos, entre otras. Y, por supuesto, la *nobilitas* era la gran beneficiada. Sus miembros, tanto los de origen patricio como los plebeyos mejor situados que habían pactado con ellos, se llevaron las mejores tierras, botines, confiscaciones, esclavos…

Así que, entrado el siglo II, cuando se vio que Roma ganaba importantísimas guerras contra Macedonia y se hacía con el control de Grecia, vencía a Antíoco y metía sus colmillos en Siria y en el Levante, avanzaba aunque con mucha dificultad en Hispania… casi todos salieron ganando y estuvieron dispuestos a que ese imperio territorial fuera a más.

* * *

Los mecanismos institucionales y políticos de la República se habían ido forjando durante siglos. Y, en buena medida, respondían a su origen: una comunidad agrícola y pastoril, formada sobre la base de acuerdos entre aldeas. Conforme Roma se fue consolidando en su entorno inmediato, primero, y en el contexto de los pueblos itálicos después, esas instituciones se hicieron más complejas. Aumentó el número de varias magistraturas, las votaciones de las asambleas tocaban aspectos más diversos, al tiempo que el Senado tenía que enfrentarse a informes y a embajadas procedentes de lugares cada vez más lejanos.

Pero, pese a esa evolución, el imperialismo republicano del siglo II supuso un enorme impacto para la República. Tan grande que hoy hay pocas dudas de que tuvo que ver, y probablemente bastante, con la propia destrucción de la República.

Para explicar esto, voy a organizar dos tipos de niveles de impacto: por un lado, el nivel socioeconómico; por otro, el ideológico y cultural, en un sentido muy amplio.

El impacto social y económico del imperialismo, de la conquista masiva y voluntaria de territorios fuera de Italia por parte de la República, es espectacular. Aunque dichas conquistas se fechan de modo mayoritario en el siglo II, ya en el III se había detectado algún indicio de que la *nobilitas* se había percatado de lo beneficioso que resultaba vencer y enriquecerse a gran escala. Incluso a pesar de que esa misma *nobilitas* legislase para limitar dicho enriquecimiento.

Podemos percibir un indicio de semejante contradicción en el último tramo del siglo III, es decir, antes del imperialismo republicano propiamente dicho. Un ejemplo: la *laudatio funebris*, el discurso fúnebre, que Quinto Cecilio Metelo pronunció como elogio a su padre Lucio (Cecilio Metelo) fallecido, en 221. Podemos acercarnos a su probable contenido sobre la base de una referencia recogida tres siglos después por Plinio el Viejo.

Se trata de los Metelos. Estamos hablando de una de las familias de lo más granado de la *nobilitas* republicana. La de los Metelos había tenido y seguiría teniendo en los dos siguientes siglos una gran presencia en las más altas magistraturas. Sin ir más lejos, el fallecido Lucio había sido dos veces cónsul, pero también dictador. Es la época en la que la dictadura era, aún, una magistratura extraordinaria que funcionaba durante seis meses, un año a lo sumo, para ocasiones difíciles. Aún no se trata de la que ejercerá Sila y, desde luego, mucho menos la de César.

En su *laudatio funebris*, su discurso fúnebre, su hijo, Quinto, hacía una alusión a los méritos políticos de su padre, que incluían referencias concretas a sus cargos, pero sobre todo a sus virtudes. Entre ellas, se mencionaba la prudencia, su prestigio entre el Senado y, atención, el haberse enriquecido, haber adquirido una fortuna, de un modo correcto: *pecuniam magnam bono modo inuenire*. La alusión a la riqueza como parte de la vida deseable de un noble que se preciara no hace sino anunciar lo que iba a ocurrir en los años siguientes. Y la multiplicación de dicho enriquecimiento iba a venir a manos llenas con la guerra imperialista. Después de todo, el difunto se había enriquecido durante la primera guerra púnica. A la sazón, había vencido a los cartagineses en Sicilia y había celebrado un magno triunfo en las calles de Roma, llegando a llevar a la ciudad algunos elefantes capturados a los púnicos.

Guerra y riqueza iban a ir unidas en las siguientes décadas en las que Roma fue convirtiéndose en la potencia hegemónica del Mediterráneo, desde Hispania hasta Siria, desde el norte de África hasta el sur de la Galia. A pesar de leyes que iban a poner límites, por ejemplo, al volumen de carga que podía albergar un barco propiedad de un senador. Ciertamente, la teoría dejaba poco margen a la participación senatorial en el comercio de ultramar, que estaba mal visto desde la perspectiva de la tradición.

En la práctica, por supuesto, había subterfugios para eludirla. La misma ley aprobada al respecto muy pocos años después del discurso de Metelo es la prueba de que, en la realidad, por supuesto que los senadores fletaban barcos, fuera incluso con sociedades interpuestas. De hecho, las *societates* (de ahí el concepto «sociedad» en términos empresariales) comenzaron a multiplicarse entonces, y el siglo de la expansión imperialista, el II a. C., fue un siglo de oro para los bolsillos de los grandes nobles que estaban, frecuentemente, detrás de ellas. Las sociedades pantalla y la ingeniería fiscal no es algo inventado en nuestra época.

Los especialistas en República suelen insistir en que, tras las guerras púnicas, las dos primeras (en el siglo III a. C.), la voluntad imperialista cuajó entre la *nobilitas* como mecanismo de enriquecimiento. Hubo, por descontado, un altísimo impacto en ese sentido durante las décadas siguientes. Los éxitos en Occidente y, sobre todo, en el Mediterráneo oriental, multiplicaron exponencialmente semejante aspecto. El impacto económico de enriquecimiento fue tanto un móvil como una consecuencia del imperialismo de la República en el siglo II a. C.

En esta primera escala, la económica, hay que destacar otro asunto. Se trata de los llamados *agri deserti*, campos desiertos. Durante la guerra contra Aníbal muchos campesinos habían abandonado sus campos en Italia meridional y Sicilia, tanto por los reclutamientos masivos como para huir hacia la esperanza de muros de Roma. Esto fomentó, a la larga, dos procesos. Primero, que no pocos de ellos se refugiasen en Roma, lo que multiplicó el número de *proletarii*, esto es, los que solo tienen su prole, o sea, nada más. Segundo, que la *nobilitas* logró hacerse con esos campos, generando enormes *latifundia*, de *latus*, ancho, extenso, y *fundus*, lote de tierra: naturalmente, es el origen de nuestro concepto de latifundio. Plutarco y Apiano, que escriben en griego bastante más tarde, ya en época altoimperial, anotan ambos procesos para aquella época de finales del siglo III e inicios del II a. C. Hombres poderosos enriqueciéndose, por un lado, y el número de esclavos en aumento: son las dos caras de la moneda que Apiano describe más o menos con esas palabras.

Ambos procesos, el de la multiplicación del proletariado (en el sentido etimológico del término) en la ciudad de Roma, por un lado, y el de la potencia económica de la *nobilitas*, por otro, van a estar en la base de la crisis y de la destrucción de la República.

Cuando los líderes se percaten de que pueden usar a decenas de miles de desposeídos para las legiones y en su propio beneficio, las lanzarán ya no solamente contra enemigos externos, sino también internos... será el momento de las guerras civiles. Plutarco recoge frases de Tiberio Graco que construían la oratoria sobre la base de la crítica a que ciudadanos que habían luchado por la República se vieran después condenados a deambular sin propiedad alguna, con la prole a cuestas y a la deriva.

También en el plano social y económico hay que mencionar otro aspecto. Se trata del aumento exponencial de la esclavitud. Siempre había habido esclavos en Roma, pero tradicionalmente se trataba de una esclavitud por deudas, a un nivel interno. Las conquistas trajeron decenas de miles de esclavos en cada guerra importante, a veces cientos de miles de ellos. Se contaba, por ejemplo, que tras la batalla de Pidna y la victoria sobre Macedonia, Lucio Emilio Paulo (el padre biológico de Escipión Emiliano, destructor de Cartago y de Numancia) había deportado a Roma nada más y nada menos que 150 000 esclavos del Epiro, al noroeste de Grecia continental.

Sea exacta o no la cifra, da idea de cantidades alucinantes de personas que cayeron en cautiverio a partir de las dos primeras y más importantes guerras contra Cartago en el siglo III pero, sobre todo, con el lanzamiento de Roma como potencia hegemónica en el Mediterráneo durante el siglo II. La obtención de botín en todos los sentidos, patrimonio, bienes muebles, dinero, metales preciosos, obras de arte, recursos naturales, pagos de guerra, venta masiva de esclavos, es la base económica del imperialismo republicano. Y su impacto en las estructuras sociales y económicas supuso la multiplicación de la codicia de la *nobilitas* pero también de las clases inferiores que sacaron algún tipo de beneficio, así como la movilización masiva de recursos que, a la larga, se iban a invertir en guerras civiles, en romanos contra romanos.

* * *

Claro que, retomando el episodio a modo de muestra de Emilio Paulo, no solo vendió a esos 150 000 epirotas, sino que también trasladó a Roma la biblioteca del rey Perseo de Macedonia. Este aspecto, la influencia cultural de Grecia en Roma, es la clave de la segunda parte del impacto del imperialismo republicano en Roma. Tiempo después, el poeta Horacio lo explicaría con las palabras *Graecia capta, ferum uictorem cepit*, es decir: Grecia fue conquistada, sí, pero fue ella la que sedujo, la que tomó, al fiero conquistador.

El hijo natural de Emilio Paulo, Escipión Emiliano, aumentaría esa tendencia filohelénica de su padre. Sus éxitos militares lo encumbraron como el hombre más influyente de Roma a mediados y comienzos de la segunda mitad del siglo II a. C. Y se rodeó de una pléyade de literatos, científicos, historiadores… Por destacar solamente dos nombres (hay otros muy notables, como los literatos Terencio y Lucilio), resalto aquí al filósofo Panecio de Rodas y al historiador Polibio.

Panecio difundió el estoicismo entre los círculos del entorno de Emiliano. Con el tiempo, el estoicismo proporcionó a la *nobilitas* una suerte de justificación de su propio poder, esa idea de que las cosas han de estar como están, con nosotros mandando. En el siglo siguiente, Cicerón continuaría esa línea, con su insistencia en la *corcordia ordinum*, que no era otra cosa que la alianza entre los poderosos para sojuzgar a los demás, alianza que debía prevenir frente a liderazgos que amenazasen esta estabilidad. Como veremos, esto se truncó en la práctica.

En cuanto a Polibio, había pasado de la militancia helénica a formar parte del séquito personal e intelectual del general más importante de Roma en aquel tiempo. Puso su intelecto al servicio de una historiografía romana, en el sentido de escribir en griego unas *Historias* a mayor grandeza de Roma, y de aplicar toda la tradición clásica griega a la interpretación de las causas y desarrollo de la potencia romana. También la adopción de Emiliano por los Escipiones está en el fondo de ese interés por la cultura griega. Es el ejemplo más destacado de ello, desde luego, pero también una muestra de una tendencia de fondo en la *nobilitas* republicana del siglo II.

Sobre todo esto hay que anotar dos advertencias.

La primera es que la influencia de Grecia en Roma venía, en realidad, desde la noche de los tiempos. Las excavaciones arqueológicas en las fases muy iniciales de Roma (como en el Foro Boario, entre otros yacimientos) ya dan idea de esos contactos comerciales y culturales. Téngase en cuenta que las colonias griegas en el sur de Italia y en Sicilia eran un foco de comercio y de difusión de ideas desde el siglo VIII.

La segunda es que no ha sido infrecuente que esta multiplicación de la influencia cultural helénica en Roma se haya visto como una suerte de debate. Se ha interpretado como una oposición frontal entre los nobles romanos partidarios de la misma y los hostiles, temerosos de una quiebra del *mos maiorum*, las costumbres de los antepasados. En ocasiones tal dicotomía emerge desde las propias fuentes documentales. Pero la crítica actual tiene muchas dudas al respecto y, por utilizar los términos de nuestros adolescentes de hoy en día, habría bastante *postureo* en dicho purismo. Después de todo, el mismísimo Catón, aparente azote del helenismo, conocía perfectamente la lengua griega y puso a su descendencia al cargo de maestro helénico. La crítica actual ha puesto el acento, más bien, en la vigilancia de Catón con respecto a los personajes que pudieran suponer una amenaza a la estabilidad de la *nobilitas* de los resortes institucionales de la República. El propio Catón participaría del auge de la historiografía romana, con su obra *Orígenes*, que se ha perdido salvo en algunos fragmentos. De ese interés por la historiografía participaron otros nobles, como Fabio Píctor, que escribió una historia, muy centrada en los enfrentamientos con Cartago. Lo hizo varios años antes que Catón. Y la escribió... en griego.

* * *

La ocupación por parte de los poderosos de enormes extensiones de terreno y el aumento exponencial del esclavismo, la erosión de la pequeña propiedad, la multiplicación de los desposeídos y el consiguiente aumento de los *proletarii* urbanos, son algunas de las vertientes del gigantesco mar de fondo que estaba en la base de los dos últimos siglos de la República.

Porque los individuos siempre forman parte de un contexto. En este caso, una crisis generalizada de los equilibrios anteriores. La economía, la sociedad, las ideas... estaban cambiando. E iban a propiciar un proceso violento, bélico, desastroso en muchos sentidos, pero apasionante para el historiador profesional, por los testimonios que nos han llegado y el seguimiento que del mismo podemos hacer hoy en día.

Ese proceso no fue otro que el final de la República romana.

VII
«EN ROMA, TODO ESTABA EN VENTA». EL INICIO DE LA CRISIS DE LA REPÚBLICA

La mayor de los especialistas científicos está de acuerdo en que, muy entrado el siglo II, podemos dar el banderazo de salida a la crisis de la República. Los tribunados de los hermanos Graco (133 y 123-122) serían el punto de inflexión, el comienzo de una serie de combates políticos acompañados de violencia institucional. Más tarde, ya en el siglo I, entramos de lleno en otra fase, la de las guerras civiles, a partir de Sila y, finalmente, con Pompeyo, César, Antonio... y Octavio, el futuro Augusto.

Algunos observadores romanos, ciertamente críticos, como Salustio, contemporáneo de César, Antonio, y parcialmente de Octavio, o Tito Livio, que escribió su historia de Roma ya en los días de Augusto, echaron mano de una explicación moral. Salustio, por ejemplo, conectaba la expansión de Roma con el auge de la corrupción. Aunque cabe recordar que él mismo fue acusado por sus enemigos de haber incurrido en ella.

El placer, los vicios, y el abandono de las costumbres antiguas, todo eso estaba, a los ojos de Salustio, en la base de la crisis de la República que él conoció de primera mano. Entendía que se había abandonado el bien de la República por las tendencias de las facciones. Achacó a las riquezas de su tiempo la situación de corrupción, avaricia, codicia, frivolidad que, entendía, caracterizaban su propia época. «Nada les merecía consideración ni moderación», resumirá con amargura profunda. En fin, el mundo idealizado por Salustio, y tantos otros, de una República inicial en la que se cultivaban las buenas costumbres (*boni mores colebantur*), y en las que se vivía en la sociedad en concordia (*concordia ciuitas facta erat*), todo se había ido... al carajo. O, por decirlo en palabras mucho más dignas, y del propio Salustio, una peste se había apoderado de la mayoría de los espíritus, de los ánimos, de los ciudadanos: *ueluti tabes plerosque ciuium animos inuaserat.*

Salustio recurrió con cierta frecuencia a la imagen de la pestilencia erosionando la vitalidad de la República. Por poner otro ejemplo: cuando el contagio, la infección, se extendió como una pestilencia, *contagio quasi pestilentia inuasit* —continúa y abrevio—, la ciudad fue transformada, y el *imperium* (aquí en el sentido del dominio romano en el mundo), pasó de justísimo y óptimo a cruel e intolerable. Son palabras textuales de Salustio.

Unos años después, Tito Livio, en el prefacio a su magna historia romana, insistirá en la riqueza como factor de desastres. En fin, por volver a Salustio, la idea de que la avaricia, la codicia, el deseo, la corrupción, habían invadido las bases de la República, puede ser resumida, también en palabras de Salustio, en este lema tremendo: *Romae omnia uenalia esse.* «En Roma, todo estaba en venta».

Para que Salustio tuviera esa impresión, condensada más crípticamente pero también deslizada por Tito Livio, muchas cosas habían sucedido. En el capítulo anterior nos hemos asomado a los cambios estructurales que el imperialismo romano provocó en la sociedad romana.

Es hora de fijarnos en los liderazgos. Los que terminaron colisionando y destruyendo a la República.

* * *

En casi todos los manuales universitarios y libros especializados, así como en las clases en las Facultades, es habitual que situemos a los Graco como el banderazo de salida de la crisis de la República, del inicio de la escalada de violencia que caracterizó esta fase. Cuando decimos «los Graco» no estamos hablando de una banda, al estilo de «los Dalton», no. Se trata de dos hermanos, Tiberio y Cayo Sempronio Graco.

Pertenecían, como casi todos los protagonistas de las siguientes páginas, a la *nobilitas* romana. En su caso, a los Sempronios, y estaban además emparentados por vías matrimoniales y maternas nada menos que con los Escipiones. No hace falta insistir mucho en que estos últimos habían tenido una enorme influencia en Roma ya incluso desde antes, pero sobre todo a partir del triunfo de uno de ellos, el Africano, sobre Aníbal. O, sin ir más lejos, el propio Escipión Emiliano Africano Numantino (destructor de Cartago en 146 y de Numancia en 133), primo de los hermanos Graco y, además, casado con la hermana de estos, Sempronia. Estos tres, Tiberio, Cayo y Sempronia, después de todo, eran hijos de Tiberio Sempronio Graco (que, por ejemplo, había estado en Hispania con importantes logros Ebro arriba, con los celtíberos) y de Cornelia, a la sazón hija de Escipión Africano, el vencedor de Aníbal. Así que los Sempronio Graco y los Escipiones estaban absolutamente emparentados.

Todo este galimatías, que nos recuerda un poco, a los de mi generación, a *Dinastía* y a *Los Colby*, puede ayudar a entender que la política romana en la crisis de la República se va a decidir, en no pocas ocasiones, entre familias que estaban emparentadas entre sí, pero que podían tener odios y venganzas pendientes. Los hermanos Graco y los Escipiones estaban emparentados, sí, pero terminaron fuertemente opuestos en asuntos políticos.

¿Por qué solemos colocar en los Graco como el punto de arranque en la crisis política de la República? Porque con sus tribunados de la plebe, en 133 y 123-122, respectivamente, se enquistaron las posiciones dentro de la *nobilitas* y se inició una violencia política e institucional determinante en la resolución de los conflictos dentro de las facciones.

Hay que apresurarse a decir que los Graco, frente a lo que se ha dicho en ocasiones, no fueron unos revolucionarios. No pretendieron subvertir el orden establecido ni nada por el estilo. Intentaron, eso sí, aplicar una serie de leyes reformistas, que favorecían los intereses de las capas menos poderosas de la población. Pero no pretendían cargarse la República, ni tampoco cambiar drásticamente su funcionamiento. Se apoyaron en las asambleas del pueblo, en particular en los *concilia plebis*. Desde la *lex Hortensia* de 287, las resoluciones de esta asamblea, *plebiscita* (plebiscitos), tenían validez legal. Por eso, sacar adelante leyes a través de ese cauce popular suponía una alternativa a la voluntad del Senado, con una mayoría más conservadora. A partir de entonces parece haber cuajado en la *nobilitas* una disyuntiva cristalizada en dos grandes facciones: los *optimates* y los *populares*. Los *optimates*, literalmente, «los mejores», eran la *factio*, la facción, que no el partido político (sería un anacronismo verlo así), de tono conservador. Los *populares*, se llamaban así por *populus*, puesto que se apoyaban en el pueblo y en los *concilia plebis*. Los Graco se alineaban en este sector, mientras que la mayor parte de los Escipiones en el de los *optimates*.

En su tribunado de la plebe en 133, el año en el que su cuñado Escipión Emiliano se encontraba asediando Numancia, Tiberio Sempronio Graco propuso una limitación de 500 *iugera* (125 Ha.) de *ager publicus* por ciudadano. Recuérdese que, con la expansión imperialista de la República en las últimas décadas, la anexión de territorios extranjeros que pasaban a formar parte de las tierras públicas, *ager publicus*, era algo muy presente. La facción contraria atacó a través de otro tribuno, Octavio, que propuso un veto, y Tiberio, a su vez, contraatacó con la propuesta de destitución del propio Octavio. Se sacó adelante el proyecto legal de Tiberio, nombrando además una comisión para supervisar los repartos de tierra. No fueron a buscar muy lejos a los miembros de la comisión: su suegro Apio Claudio (nada menos de que la importantísima *gens* Claudia), su hermano Cayo… y él mismo.

Semejante política de repartos necesitaba una financiación y ¡zas!, como la canción de Christina Rosenvinge: *Hago ¡chas! y aparezco a tu lado*. En este caso quien se apareció fue el rey de Pérgamo. Se trataba de un reino helenístico relativamente pequeño, en Asia Menor, en la actual Turquía. Pequeño, pero… riquísimo. Por varios motivos, entre ellos los ingresos que generaba el pergamino, la superficie de escritura de origen animal que, de hecho, por eso recibe semejante nombre. El último rey, en su testamento, había decidido dejar el reino nada menos que al pueblo romano. Así que Tiberio, su hermano, y su suegro, se dispusieron a usar tan repentinos beneficios para aplicar su reforma.

La idea de usar el tesoro de Pérgamo para los fines que pretendía Tiberio soliviantó al Senado, así como el deseo de presentarse a la reelección al tribunado de la plebe. Estallaron tumultos, entre los que descolló uno de los miembros de la familia de los Escipiones, Escipión Nassica. Este lideró el ataque a Tiberio, que murió apaleado junto con varios centenares de sus seguidores. Tanto la propuesta de reforma como la violencia permitida por el Senado sentaron las bases de las siguientes resoluciones de conflictos.

Algunos años después, su hermano Cayo asumió el testigo de las reformas. Pero, con el trágico destino de su hermano mayor en mente, abordó la cuestión desde varias perspectivas, proponiendo lo que nuestros políticos actuales llaman hoy «un paquete de medidas». Estas, y sin entrar en muchos detalles, tuvieron que ver con la limitación de acceso a tierras públicas que ya había defendido su hermano, con la edad para entrar en las legiones, con la fundación de colonias fuera de Italia, con los consiguientes repartos de tierras, con el reparto de cereal a la plebe a precios asequibles, y con la entrega de administración en el exterior (la provincia de Asia, que se había formado sobre la base del reino de Pérgamo) a compañías de ecuestres, grupo este , al margen de los senadores, que también pasaría a ocupar los tribunales de justicia en materia corrupción.

Como se puede ver, y eso que no he citado todos los frentes que abrió, se trataba de una agenda muy completa. Naturalmente, todo esto eran misiles en la línea de flotación de los intereses de las facciones más conservadoras del Senado. Los grupos más reaccionarios se opusieron con una vehemencia que derivó en violencia, capitalizada por el cónsul Opimio. Pero también del lado de los «gracanos» se había tomado nota de lo ocurrido en los años anteriores, así que también entre los partidarios de Cayo Graco había gentes dispuestas a la violencia.

El día en el que Opimio iba a anular las leyes de Cayo Graco, las multitudes de uno y otro bando se congregaron en el Capitolio, no precisamente para jugar a los dados. Uno de los lictores del cónsul, un tal Quinto Antilio, que venía de retirar las entrañas de animales sacrificados, les dijo de malas maneras a los «gracanos» que dejasen pasar a los buenos ciudadanos, al tiempo que los insultaba. Estalló la violencia fomentada por ambas partes, salpicada con la sangre de los animales de los sacrificios, lo que le daba un aspecto *gore* al relato del que, mucho después, se hizo eco Plutarco. Lo mataron utilizando los punzones que se usaban para escribir. Según esa versión, el asesinato del lictor molestó al propio Graco, puesto que sabía que daba a sus enemigos argumento para la venganza.

De ser así, estaba en lo cierto, porque el Senado tomó una decisión tajante. Decretó un *senatus consultum ultimum*, esto es, un decreto senatorial sin recurso alguno, con el que facultaba a las autoridades para perseguir a Cayo Graco e impulsaba la violencia para acabar con él y restituir la paz en la República y librarla de daños... más o menos. Para entonces, los seguidores de Cayo, que había sido elegido para el tribunado de la plebe en 123 y 122, estaban armados. Hubo una batalla campal en las calles de Roma. Murieron varios miles de seguidores de Graco. Según algunas versiones, este decidió suicidarse, aunque la tarea recayó en uno de sus sirvientes.

Algunas de las reformas de Cayo Graco sí fueron parcialmente aplicadas en años posteriores. Pero lo que realmente nos interesa ahora es observar cómo la violencia, tanto en su dimensión callejera como sobre todo en la institucional, pasó a ser un mecanismo recurrente de resoluciones de conflicto en esta última fase de la historia de la República romana.

Veleyo Patérculo —que hizo carrera política en los días de Augusto y de Tiberio— anotó en su obra histórica, al respecto de la liquidación de los Graco, que «la fuerza se impuso a la ley», y que los desacuerdos ya no se resolvían con «el pacto», sino con «la espada». Sin ir más lejos, el recurso al *senatus consultum ultimum*, que otorgaba poderes especiales a los cónsules para perseguir y liquidar (las dos cosas) a cualquier *hostis publicus*, enemigo público, que las facciones mayoritarias del Senado considerasen como tal, iba a ser aplicado varias veces. Así sucedería en el consulado de Cicerón contra Catilina (63), y lo sería en la de Pompeyo y César contra este último (enero del 49), entre otros casos.

* * *

Otro hito en el que nos vamos a detener: Cayo Mario. Para comprender la crisis de la República, este personaje nos interesa al menos por dos motivos. El primero es su reiteración en el consulado; el segundo, su reforma militar.

El primero es la expresión institucional que ya marca algo que se había intuido, en cierto modo, con Escipión Emiliano. Me refiero al engrandecimiento de liderazgos militares que se iban a trasladar a la arena política, y la preeminencia que los generales iban a tener en cuanto a su influencia institucional. No había sucedido con tanta claridad con Escipión Emiliano, aunque sí se percibía la referencia política de este y de su *factio* sobre la base de sus éxitos militares, entre otros casos, destruyendo Cartago y Numancia.

En el caso de Mario, es un ejemplo espectacular de elección para el consulado hasta en siete ocasiones nada menos, algo que contravenía la tradición y el reparto de influencias en el seno de la *nobilitas*. Y eso que, en origen, no pertenecía a esta. Había nacido en Arpinum, en torno a 100 km (en nuestras medidas) al sur de Roma: la misma localidad en la que lo iba a hacer Cicerón (se llevaban medio siglo). Y era, como lo iba a ser este, un *homo nouus*, un hombre nuevo, alguien sin experiencia política y sin antepasados con *cursus honorum*, con carrera política, que pudiera otorgarle pedigrí. Mario consiguió entrar en la aristocracia política a través de su carrera militar, desde abajo, hacia lo más alto. Y, sobre la base de esos éxitos, fue logrando cargos políticos hasta alcanzar la magistratura regular cimera de la República: el consulado. ¡Y lo logró en siete ocasiones!

Había participado en el asedio a Numancia liderado por el antes mencionado Escipión Emiliano. Allí coincidió también, entre otros, con Cayo Graco y con el propio Yugurta. Pero, ya en su plena madurez, los logros militares más llamativos de Mario tuvieron lugar lejos de Roma. Uno de ellos, en el norte de África, donde logró liquidar la guerra de Yugurta, un dinasta de la zona contra el que la guerra se le había ido enquistando a la República.

La guerra se debía a querellas intestinas en el reino norteafricano de Numidia. Las operaciones romanas en la zona, desde 111, se debieron tanto a los propios intereses de la República como a sobornos que los bandos enfrentados llevaron a cabo... A los estudiantes del Bachillerato de Letras del pasado, ojalá también a los del presente, les sonará este nombrecito por la obra que Salustio dedicó a la guerra y que habitualmente estaba en el programa de estudios latinos en Bachiller. Mario participó en la guerra en principio a la sombra de su valedor político, Cecilio Metelo. Más tarde, logró hacerse con el mando principal y terminar las campañas victoriosamente. Allí también destacó el que entonces era su lugarteniente, pero terminaría siendo su enemigo mortal: Lucio Cornelio Sila, futuro dictador de Roma.

El otro jaleo militar en el que destacó más Mario tuvo lugar muy lejos de Numidia, nada menos que en el sur de las Galias, zona en la que Roma ya tenía plazas consolidadas. Algunos pueblos germánicos habían descendido desde Europa septentrional hacia tierras meridionales, derrotando a ejércitos romanos que habían intentado defender las posiciones que la República controlaba en el sur de la Galia. En particular, preocupaba muchísimo la amenaza germánica de cimbrios y teutones, que habían alarmado al Senado y al pueblo romano. Mario los logró vencer. Todo esto sucedió en los ultimísimos años del siglo II a. C.

El segundo aspecto que quería anotar, y por el que también es importante Mario en cualquier visión global sobre la crisis de la República, es la reforma militar. No me refiero tanto a los tecnicismos, que son varios y que tienen que ver con la organización interna de las legiones, los mandos e, incluso, la impedimenta militar. Se contaba con sorna que, como consecuencia de la carga que el soldado fue obligado a portar, el legionario, en lugar de *miles*, soldado, pasaba a ser *mulus marianus*, las mulas de Mario, por el desmesurado conjunto (en nuestras medidas, se ha calculado en unos 50 kg) que debía llevar consigo cada uno de ellos.

Pero lo que quiero que se comprenda es que el calado enorme de la reforma militar de Mario radicó en que, definitivamente, se dio acceso a los *proletarii* a las legiones de modo regular, estable. Hasta entonces, las legiones de Roma estaban compuestas por *adsidui/assidui*, propietarios que acudían recurrentemente al ejército. De ahí, de acudir con frecuencia, ese sentido con el que nosotros usamos el concepto «asiduo». Se reclutaba a proletarios, incluso a esclavos, solamente en momentos críticos: el peor de ellos, durante la guerra contra Aníbal. Los *proletarii* veían así una ventana a la esperanza, a llegar a ser propietarios al final de las campañas militares y de su servicio. Los grandes generales les van a ofrecer lotes de tierra cuando fueran *ueterani*, veteranos, es decir, cuando se licenciasen de su vida legionaria.

Semejante salto, para ellos y para sus descendientes, el de dejar de ser *proletarius* y convertirse en propietarios, merecerá que consagren su voluntad a la del general. Dependerá de este, un tipo con cara y ojos, el gran cambio de sus vidas. Y no tanto de una República en términos abstractos. Desde ahora, las legiones servirán al general que les garantice dicho éxito. Con independencia de los objetivos. Incluso si estos son otros romanos. Eso, junto a las rivalidades internas en la *nobilitas* y los grandes liderazgos emergidos del impacto del imperialismo, estará en la base de las guerras civiles.

Por tal motivo la reforma de Mario es tan relevante para comprender el final de la República. Por otro lado, su carrera política, que había descollado frente a la tradición romana por acumular consulados reiteradamente en los últimos años del siglo II, continuó en los primeros del siglo I, pero con otros personajes quizás más en primera línea. La dicotomía entre *optimates* y *populares* había continuado; de hecho, se había recrudecido. Mario era sin duda el principal representante de los segundos. Con el tiempo, Sila, su antiguo amigo y subordinado, lo sería de los primeros. Se creó un cierto mito en torno a Mario como líder popular, que retomaría con habilidad Cayo Julio César. Después de todo, Mario había estado casado con una tía de este. César supo capitalizar apoyos entre la plebe y ciertos sectores de la *nobilitas* sobre esa base, que luego fue capaz de ampliar considerablemente. Pero hemos de detenernos antes en otros hitos en esta crisis de la República.

Hubo otros, que no voy a detallar ahora, en los primeros años del siglo I, que calentaron aún más el ambiente político. Pero, para calentamiento, el conflicto que se desató entre Roma y muchos de sus aliados itálicos, que por eso se llama *Bellum Sociale*. A veces se cita como «Guerra Social» pero, con dicha etiqueta, los romanos se referían a la guerra que tuvieron que librar contra sus *socii*, sus aliados. Tuvo lugar entre 91 y 88.

Por resumir: las aristocracias de numerosas ciudades de Italia que llevaban tiempo sometidas a la República, bien por conquista, bien por pactos, se habían levantado contra Roma. Demandaban derechos plenos de ciudadanía. No pocas de ellas se unieron militarmente, establecieron lazos religiosos y políticos, y acuñaron moneda. Se conserva alguna en la que, en una iconografía preciosa, se ve a un toro corneando a una loba. O, lo que es lo mismo, a los itálicos enfrentándose a Roma. La guerra concluyó favorable para Roma, pero en todo caso la República terminó accediendo a las demandas de las oligarquías itálicas y concedió numerosos estatutos de ciudadanía.

En los estertores de esa guerra, en la que ya había participado, por cierto, un joven Pompeyo, además de su padre, se había destacado Lucio Cornelio Sila. De hecho, había dirigido las tropas romanas que habían tomado Pompeya y Herculano, que en el futuro serían célebres por otro motivo que usted a buen seguro conoce. A Sila ya lo he mencionado a cuenta de su papel determinante en la derrota y entrega de Yugurta. Para entonces, Sila ya tenía importantes apoyos en el Senado, entre la facción de los *optimates*. Pero también, por supuesto, numerosos enemigos entre los *populares*. En la fase final de la guerra, Sila estaba aún en el sur de Italia con sus legiones, dispuesto a tomar la ciudad de Nola, en la región de Campania. En una villa de sus alrededores, por cierto, moriría muchas décadas después nada menos que el mismísimo Augusto.

Algunas fuentes mencionan la afición de Sila por las tabernas, la bebida, el teatro... así como su extraña belleza, que llamaba la atención por sus cabellos —según versiones— pelirrojos o rubios, y por sus ojos azules. Sean ciertos o no esos detalles, prosperó militarmente al inicio a la sombra de su general, Cayo Mario, en la guerra de Yugurta. Según algunas tradiciones, tuvo allí Sila un papel esencial para la resolución de la misma, que habría estado en la base de su enemistad con Mario, que capitalizó la victoria. Todo esto dista de estar comprobado, pero puede ayudar a entender un componente personal en lo que terminó siendo una enemistad política e institucional, que nos interesa más para valorar el papel de Sila en la crisis de la República.

En el año 88, mientras se encontraba con sus legiones en Nola, supo que le habían retirado el mando de la guerra contra Mitrídates, a la que Sila pensaba partir de inmediato. Se trataba de un conflicto en el Mediterráneo oriental y Asia Menor. Mitrídates VI era rey del Ponto, y se había expandido en Asia Menor, la actual Turquía, en la zona del Mediterráneo oriental, con ejecuciones de romanos que vivían en aquellos territorios. Recordemos que la República ya tenía allí, desde hacía varias décadas, la provincia de Asia. El mando de las tropas había sido entregado a Sila, pero sus enemigos en Roma, con el anciano Mario moviendo hilos, lograron retirárselo.

La reacción de Sila es otro de los hitos en la historia de la República: desde Nola, llevó a las legiones que tenía a su cargo nada menos que... contra Roma. Se trataba de un sacrilegio y de una vulneración de la tradición romana. Se desató una violencia extrema, pero Sila logró finalmente marchar a Oriente y emprender la guerra contra Mitrídates. Hubo en esta diversos episodios que no voy a detallar. Cabe recordar, eso sí, la toma de Atenas y de libros de Aristóteles, por ejemplo.

Consciente de que sus enemigos (el cónsul Cina destacaba entre ellos) habían ganado terreno en Roma, controlaban magistraturas, y legislaban en su contra, Sila se apresuró a llegar a una tregua con Mitrídates, la llamada Paz de Dárdanos (85) y regresó a Roma.

Lo que vino fue una auténtica guerra civil. Mario ya había muerto, pero el bando antisilano era poderoso. La guerra concluyó en 82 con la victoria total de los silanos. Sila había logrado la adhesión de políticos que en el futuro inmediato iban a tener gran protagonismo: Metelo Pío y, sobre todo, Marco Licinio Craso y el joven Cneo Pompeyo. Este último, en una serie de combates en Sicilia y África, asumió el *cognomen* de *Magnus*, Pompeyo Magno, y se cuenta que celebró un gran triunfo por aquel entonces (entre 81 y 79) sin haber subido los escalafones suficientes y estando aún en los veintitantos, pero con el mando que le había otorgado Sila.

El hecho de llevar a sus legiones contra Roma en el año 88, así como la guerra civil de 83-82, coloca a Sila como un eje de la crisis de la República. Se aprecia ya con claridad aquello que he comentado más atrás: las legiones consagradas a un líder, y no tanto a la República, a sus asambleas, Senado y magistraturas en general. Era posible, y Sila lo demostró, llevarlas incluso contra Roma para eliminar a sus enemigos. Era también factible una guerra entre romanos, *bellum ciuile*, literalmente, una guerra entre ciudadanos. Lo que iba a suceder más tarde, entre Pompeyo y César, o entre los triunviros (Antonio, Octavio y Lépido) y los cesaricidas y, finalmente, entre Octavio y Antonio, iba a ser ese mismo proceso... corregido y aumentado.

La última de las claves que hacen que Sila sea un hito esencial en la quiebra de la República es su dictadura. Y lo es porque no se trató de una dictadura al modo tradicional romano, por medio año o uno como máximo. Aunque hay que decir que tuvo base legal y, en ese sentido, no rompía del todo con la tradición. La base legal vino dada porque, en mitad de la violencia, el final de la guerra civil y las muertes de altos magistrados emergió la figura de Valerio Flaco, *princeps Senatus* (cabeza visible del Senado) quien, con poderes como *interrex* (antiquísima figura, de ahí «interregno»), promulgó una *lex Valeria* que daba luz verde a la dictadura.

Sobre esa base legal, Sila se proclamó *dictator legibus scribundis et rei publicae constituendae*, es decir, dictador para redactar leyes y constituir (en el sentido de «organizar», «restablecer») la República. Y sin límite de tiempo, por lo tanto, fuera de la tradición romana. La ocupó en 82 y abdicó en una fecha que los especialistas discuten, pero probablemente entre finales de 81 y 80. En el tramo final de su hegemonía, fue cónsul junto a Metelo Pío. Finalmente, como *priuatus*, esto es, ciudadano sin cargo alguno, se retiró a una de sus villas en el sur de Italia.

Allí, entregado a los placeres que tanto le gustaban, fue concluyendo una suerte de autobiografía nada menos que en veintidós libros, que no ha llegado hasta nosotros salvo en algunas menciones indirectas en otras fuentes. Murió quizás en el año 78, aunque a veces se ha propuesto que el óbito aconteció en 79. El hecho de que voluntariamente dejase de ser dictador ha llamado mucho la atención. Se contaba que, años después, Julio César afirmó, más o menos, que aquel Sila que había depuesto la dictadura era un completo analfabeto político. De ser cierta la frase, estaba claro —como así fue— que César no pensaba hacer lo mismo. Sea como fuere, se trata de una dictadura absolutamente peculiar, y lejana a las demás que habían existido en la República, la última de las cuales había tenido lugar más de un siglo antes.

El gobierno de Sila se alineó con los postulados de los *optimates*, y en contra de las tendencias *populares* de los Graco y de

Mario, entre otros. El ejército pasó a ser el resorte que le aupó al poder, que fue revestido, eso sí, de un cariz institucional y legal. También en esto preludiaba los gigantescos liderazgos militares que iban a venir en los años siguientes.

Fue una dictadura intensísima en leyes y reformas, que no puedo detallar ahora aquí. Baste señalar que modificó el sistema de tribunales de justicia y que amplió el número de magistraturas, y también el de los miembros del Senado, que pasaron de unos trescientos a cerca de seiscientos. Dispuso por ley mecanismos para reforzar las edades mínimas y el orden jerárquico en el acceso a las magistraturas, para imposibilitar la acumulación de cargos en pocos años, cuestión que pronto iba a quedar olvidada en la práctica. Asentó a muchos (decenas de miles, según algunas fuentes, más de cien mil) de sus *ueterani*, los veteranos de sus legiones, otorgándoles tierras en su mayor parte expropiadas a las ciudades itálicas que se habían opuesto a él durante la guerra. Como he dicho antes, este asunto es capital, puesto que garantizaba que los legionarios sirvieran a los generales que les daban más garantías de asentamiento una vez concluidas sus obligaciones en los campos de batalla. También en esto Sila fue un modelo para algunos de la generación posterior, como Pompeyo y César.

Y resultó tristemente famosa por la violencia institucional, característica que ya he venido señalando como esencial en la crisis de la República. En el caso de Sila, fue tan institucional como que, en su calidad de dictador, emitió unas listas de proscritos, las célebres *proscriptiones* silanas: de ahí el concepto «proscripción» y «proscritos».

Como la propia palabra dice, se trata de escribir los nombres de los enemigos que debían ser asesinados en cuanto asomasen la cabeza de sus escondites. Se otorgaban recompensas a delatores y asesinos que propiciaran la muerte de dichos enemigos del dictador. Sus bienes, además, iban a ser confiscados. Uno de los mayores beneficiarios de las confiscaciones silanas fue Marco Licinio Craso. De hecho, en los años posteriores se confirmaba como el hombre más rico de Roma. Y por eso lo necesitaron Pompeyo y el joven César. Lo veremos.

La dictadura de Sila fue sin duda otro punto de inflexión en la crisis de la República. Además de todo lo dicho, la proyección de su figura a través de imágenes (esculturas, relieves, monedas, textos), o la propaganda en títulos honoríficos como *Felix* (Félix, en el sentido de protegido por los dioses), también abrió caminos por los que otros, en la generación posterior, iban a transitar.

Busto que se cree representa al dictador Lucio Cornelio Sila. Las dataciones sitúan su origen en la época augustea (27 a. C. - 14 d. C.). Actualmente se encuentra en la Gliptoteca de Múnich.

VIII
«EL FANGO DE RÓMULO». ROMANOS CONTRA ROMANOS

La dictadura de Sila había marcado un punto de inflexión en la crisis de la República. La dictadura peculiar, las leyes de reforzamiento de los *optimates*, la ampliación del Senado con cuadros próximos a dicha tendencia, el uso institucional de la violencia con listas de proscritos, el reforzamiento de un liderazgo absoluto político basado en el poderío militar y la victoria en una guerra civil son los aspectos que explican ese cambio.

La fase siguiente iba a multiplicar el conflicto y, en definitiva, las guerras entre romanos. La consagración de las legiones a sus respectivos generales hizo posible que estos siguieran a sus jefes al combate contra otros romanos.

Como epílogo de la época de Sila hay que mencionar la guerra que el Senado mantuvo contra Sertorio en la década de los setenta. El Senado tenía mayoría de silanos después de la inclusión de partidarios por el dictador. Y Sertorio había tenido cargos en Hispania, pero huyó al norte de África ante la hegemonía de su enemigo Sila. Partidario de los populares y de Mario y Cina, regresó a Hispania y, al mando de tropas romanas, logró aliados entre pueblos indígenas como los lusitanos y los celtíberos.

Abrió una escuela en *Osca*, actual Huesca, para anclar la educación romana entre sus seguidores locales. Tras algunas intentonas fracasadas por parte de tropas enviadas por el Senado, al final una operación a gran escala en tenaza con Metelo Pío (que había sido cónsul con Sila) y Pompeyo logró derrotar a los sertorianos.

Frente a lo que en alguna ocasión se ha dicho, Sertorio jamás planteó una suerte de independencia de Hispania con respecto a Roma. Buscó, eso sí, articular sus propios mandos e instituciones para enfrentarse a la mayoría silana del Senado, contra la que se rebeló. Y fue derrotado.

Pompeyo, para esa época, finales de los años setenta, ya era un militar destacado en Roma. Había aprovechado su estancia en Hispania para tejer sus propias clientelas, es decir, sus redes de poder y sus apoyos personales, y también entre comunidades locales. Aunque hay algunos problemas en las fuentes al respecto, es posible que fundase *Pompaelo/Pompelo*, actual Pamplona, en el centro del territorio de los vascones.

* * *

La guerra de Sertorio no fue el único jaleo importante por aquellos años. En el este, Mitrídates, con el que ya se había enfrentado Sila, se había expandido en Asia Menor a finales de aquella década de los setenta. Las tropas romanas no tuvieron precisamente mucho éxito. En aquellos años en los que Mitrídates se volvía a expandir en Asia Menor, Roma se tuvo que enfrentar a otro problema. Y este, a buen seguro, le va a sonar muchísimo más. Me refiero a Espartaco.

Su figura histórica se hizo mundialmente famosa en nuestra sociedad contemporánea por la película de Stanley Kubrick, producida por el propio Kirk Douglas, que encarnaba a

Espartaco. El guion fue obra de Dalton Trumbo, que había sido perseguido por la llamada «caza de brujas» de McCarthy. Mencionaba hace unos párrafos las proscripciones silanas: Trumbo fue uno de los proscritos, señalado en listas negras, que tuvo que firmar guiones con pseudónimo y valerse de la amistad de colegas que le cubrieran en las firmas de sus propios trabajos. Pero volvamos a Espartaco, en este caso no a la película, sino a la realidad histórica.

Se trataba de un esclavo de origen tracio que lideró una revuelta de esclavos en el sur de Italia entre 73 y 71. De revuelta local se convirtió en un movimiento multitudinario que puso en jaque a las tropas romanas, que fueron derrotadas en varias ocasiones. Todo acabó cuando pusieron en torno a diez legiones a disposición de Marco Licinio Craso (sí, el personaje de Laurence Olivier en la película), que había apoyado a Sila en su momento, y que era ya acaso el hombre más rico de Roma. Craso derrotó a Espartaco. Algunas versiones, como la que recogerá bastante tiempo después Apiano, anotaron que hizo crucificar a unos seis mil esclavos en la vía Apia, que es la que comunicaba Capua (donde había empezado la revuelta, en el sur) con Roma. En todo caso, la mayor parte de las fuentes dejan claro que Espartaco murió en la batalla y no posteriormente, a diferencia de lo mostrado en la película de Kubrick.

Me gustaría destacar un detalle: Pompeyo sí celebró el triunfo por su victoria sobre Sertorio en Hispania, pero a Craso solamente se le concedió una *ouatio*, de ahí nuestra palabra «ovación». La ceremonia del triunfo hundía sus raíces en la época arcaica, y suponía que el general a quien se le concedía semejante honor desfilaba en carro por la vía Sacra y el Foro y ascendía nada menos que al Capitolio, al templo de Júpiter. Se trataba de una pompa visual espectacular, que incluía una selección de prisioneros, imágenes en cera, animales, botín… Al general, subido en el carro, se le permitía vestir en púrpura, la cara pintada con minio de color similar, púrpura o rojizo, imitando al de Júpiter, con corona de laurel, entre otros atributos. Que Craso tuviera que conformarse con la *ouatio* fue un golpe para el acaudalado político y hombre de negocios. Ese detalle da pistas de la influencia que Pompeyo ya tenía en el Senado, y la necesidad de Craso de semejante cuestión. Por ahí podremos empezar a entender el pacto entre ambos al que, años después, se iba a sumar un patricio con ansias de destacar en semejante enjambre: Cayo Julio César.

La tremenda potencia económica de Craso y los éxitos militares de Pompeyo fueron la base de un acuerdo entre ellos, que logró movilizar los apoyos suficientes como para lograr el consulado conjunto de ambos para el año 70. A pesar de que en aquellos momentos hubo algunas reformas, la realidad es que las medidas de Sila seguían, en alta proporción, aún en vigor.

* * *

En la evolución de la crisis de la República, nos interesa más ahora la cuestión de los poderes extraordinarios de Pompeyo. Sobre la base de su enorme prestigio militar, y ya de la obtención del consulado del 70, era el tipo más atractivo, políticamente, del momento.

Uno de los problemas que acuciaba a la República era la piratería. Sí, los lectores de Astérix y Obélix recordarán aquellos piratas que con frecuencia se encontraban los protagonistas por el Mediterráneo... y que acababan siempre fatal, con su barco hecho añicos y sobreviviendo a duras penas como náufragos. En realidad, los autores del célebre cómic estaban caricaturizando un fenómeno habitual e histórico. Toda vez que la República, tanto institucional y administrativamente, como a través de las *societates* privadas, tenía enorme interés en que los piratas dejasen de actuar, se miró hacia Pompeyo.

De ese modo, en 67 recibió nada menos que un *imperium extra ordinem*, esto es, un poder militar extraordinario, para hacer la guerra a los piratas. Se trataba, en este caso concreto, de un *imperium contra praedones*, de un mando militar contra los piratas. La piratería cercenaba las rutas marítimas que abastecían de cereal a la ciudad de Roma, por entonces ya habitada por cientos de miles de almas. Aunque los piratas atacaban en distintos puntos del Mediterráneo, sus bases principales estaban en Cilicia, al sur de Asia Menor, en las costas meridionales de la actual Turquía. Contra todo pronóstico, Pompeyo liquidó el asunto en poco más que un abrir y cerrar de ojos. En un tiempo récord limpió el Mediterráneo de piratas, y además asentó a no pocos de ellos como colonos, eliminando la raíz de su propagación.

Es muy importante observar la importancia de todo esto. Los poderes militares extraordinarios, como el de Pompeyo contra los piratas y el que voy a mencionar ahora, daban una preeminencia a los generales y políticos que los recibían. Además, en no pocos casos, fueron votados por asambleas y propuestos con formato de *lex*, ley. Esto agrietaba un tanto la función del Senado; aunque no por completo, pues también el Senado tomó determinaciones especiales en estos últimos tiempos de la República.

Con los poderes extraordinarios, a quienes los recibían se les encomendaban legiones y poderes especiales, normalmente para períodos de dos a cinco años, y aprovechaban para extender sus clientelas, sus redes de influencia, que eran fieles al tipo en cuestión, no a la República como entidad más o menos abstracta. Los grandes perfiles de poder unipersonal, como le había sucedido a Sila, se hacían así viables. Es una de las principales avenidas por las que se deslizó la República en su crisis final. Se basa en los cambios económicos, sociales, militares, políticos, que hemos visto páginas atrás. Sin ellos, estos liderazgos no hubieran sido posibles. Y, al final, fueron estos liderazgos, precisamente, los que se llevaron por delante a la República.

El siguiente poder especial de Pompeyo le fue concedido en el año siguiente, 66. Como en la concesión del año anterior, hubo resistencias dentro del Senado. E, igualmente, el imperio extraordinario le fue otorgado sobre una propuesta legal que salió adelante en las asambleas populares. Julio César, por entonces ya en el Senado, había apoyado tanto la moción para el mando contra piratas como para el imperio especial contra Mitrídates. También defendió la conveniencia de este nada menos que Marco Tulio Cicerón, de quien me ocuparé enseguida. Se le otorgó pues a Pompeyo otro *imperium extra ordinem*, en este caso para terminar de una vez la guerra contra Mitrídates en el Mediterráneo oriental, en Asia Menor y en los contornos de lo que nosotros llamamos el mar Negro.

En pocos meses, Pompeyo venció a las tropas del viejo Mitrídates, que terminaría suicidándose en Crimea. El siguiente objetivo fue Armenia, puesto que su rey Tigranes se había puesto en una posición hostil a Roma. Pompeyo logró hacerse con el control de la situación. Tanto es así, que se dispuso a tomar decisiones. Son las famosas decisiones de Pompeyo, *acta Pompeii*, las que tomó en Oriente y sus consecuencias, con una enorme repercusión en esos años y que van a ir apareciendo aquí. Por ejemplo, decidió que Tigranes y su reino fueran considerados como *amicus populi Romani*, amigo del pueblo romano, lo que en la práctica convertía al reino en aliado de la República. Aunque dicho concepto, más en la práctica aún, rozaba la sumisión. También aplicó esa fórmula con pequeños reinos del interior de Asia Menor. En todas sus decisiones en Oriente, fue fundando ciudades y extendiendo sus clientelas personales, logrando de ese modo apoyos que, sin duda, pensaba que le podían ser útiles en casos de necesidad. Recuérdese, en una escala más modesta, lo que había hecho unos años antes con los vascones.

Pompeyo decidió anexionar Siria a la República ya como provincia. Esto arrastraba a Judea, aunque esta región no fue aún transformada en provincia. Intervino en los jaleos internos judaicos, tomó Jerusalén y entregó el poder a una rama sacerdotal encabezada por Hircano. Judea pasaba a estar bajo la órbita de Roma, puesto que iba a depender del gobernador de la nueva provincia de Siria.

Por increíble que parezca, Pompeyo se metió en todos estos charcos orientales, y salió airoso tras tomar decisiones que cambiaban el mapa político del Oriente Próximo, Asia Menor y el entorno del mar Negro, en unos pocos años, entre 66 y 63.

* * *

Ese último año, 63, ha pasado a la historia por corresponder al consulado de Marco Tulio Cicerón. Naturalmente, lo ejerció con un colega, Cayo Antonio Híbrida. Dada la productividad literaria, ensayística y epistolar del cónsul de aquel año, su ejercicio ha logrado pasar el túnel del tiempo, llegando incluso a los no especialistas en historia de Roma. Así sucedía —ignoro si sigue sucediendo— con generaciones y generaciones de estudiantes que se empeñaban (nos empeñábamos) en aprender y traducir a Cicerón en sus *Catilinarias*, y en el trabajo histórico de Salustio sobre el tema. Me refiero a la conjura de Lucio Sergio Catilina.

Hay que avisar. En realidad, no se trató de un cambio drástico en la historia de la República ni nada por el estilo. Fue un episodio violento, armado, en una escalada que venía de lejos y que iba a multiplicarse en los años venideros. Lo que ocurre es que el prestigio de Cicerón en los sistemas educativos posteriores ha puesto el foco sobre aquel episodio de un modo desmesurado, al menos si se valora en perspectiva en el conjunto de la crisis de la República.

Como Mario, que también era de Arpinum, Cicerón era un *homo nouus*, un hombre nuevo: no tenía ancestros políticos de relevancia, y su carrera se la labró él mismo. Se hizo conocido por su capacidad como abogado. Tanto que se convirtió en algo así como uno de los «abogados estrella» que pululan por nuestros medios de comunicación actuales. Y ya en la década de los setenta y comienzos de los sesenta obtuvo las primeras magistraturas que le abrieron la puerta del Senado.

Catilina había perdido algunas elecciones y había sido acusado de corrupción por cargos ejercidos. También perdió las elecciones consulares de 63, de modo que fue fraguando una conspiración que contó con apoyos senatoriales y ecuestres, además de algunas oligarquías de ciudades itálicas. La región en la que más apoyo tuvieron los insurrectos fue Etruria. De todos modos, la plebe de Roma parece que pasó de un primer momento de cierto aprecio hacia los rebeldes a, cuando menos, un desdén. Como cónsul, Cicerón fue capaz de irradiar toda su capacidad de propaganda para hacer ver que la República se enfrentaba a la catástrofe ante la posibilidad de triunfo de Catilina y los suyos.

En el otoño de aquel año 63, sobre la base de ciertas denuncias canalizadas por Craso, Cicerón consiguió un mandato específico del Senado. Me refiero a un *senatus consultum ultimum*, como el que he explicado páginas atrás contra Cayo Graco. Se detuvo a los «catilinarios» que se encontraban en Roma, mientras Catilina movilizaba tropas en Etruria. En los debates sobre el proceso contra los detenidos, un joven Catón se posicionó a favor de la ejecución inmediata, mientras que César argumentó que debían obtener garantías legales para un juicio. Sea como fuere, Cicerón ordenó su ejecución. Las operaciones militares continuaron en los meses siguientes, entrado ya el año 62.

Todos estos personajes iban a tener protagonismo en años sucesivos. Catón sería uno de los principales líderes de *factio* dentro del Senado. Poco después de este episodio, en torno a dos años más tarde, Cicerón se refería a él en una de sus cartas con ironía y mordacidad. Señalaba que Catón se creía que intervenía en la República ideal de Platón, cuando, de hecho, lo hacía «en la del fango de Rómulo».

* * *

Y, mientras, Pompeyo estaba en Oriente. De hecho, ya viajaba de regreso.

Durante sus años fuera de Roma, Pompeyo había perdido apoyos dentro del Senado. Desembarcó en el sur de Italia en los últimos compases del año 62. Sus dos objetivos más inmediatos no eran otros que obtener el retiro prometido para sus legionarios, con los repartos de tierras consiguientes, por un lado; y, por otro, el reconocimiento de sus decisiones en Oriente, como he dicho, *acta Pompeii*: los reinos declarados amigos de Roma, la provincia de Siria, o la cuestión de Judea.

Una de las calenturas políticas más candentes en Roma iba a ser la enemistad entre Clodio y Cicerón. A este ya lo conocemos y lo hemos visto en acción contra Catilina en su consulado. Clodio pertenecía a la nobleza romana, en concreto a una de las ramas de los Claudios, una *gens* de enorme presencia en la historia de la República. Era, desde luego, un *niño bien*. Pero se había dedicado a actividades un tanto estrafalarias, comenzando por el cambio de nombre en un tono populista. Con el tiempo, iba a movilizar una suerte de bandas armadas que le acompañaban en sus desmanes.

Su hermana, Clodia, había hecho lo mismo. Al parecer, celebraba fiestas desenfrenadas que hicieron correr por las calles de la ciudad su nombre como sinónimo de lujuria. Claro que los rumores fueron multiplicados por la versión de Cicerón en su discurso en favor de Celio (*Pro Caelio*), en el que atacaba durísimamente a Clodia, presentándola como una *meretrix*. Lamentablemente, no disponemos de la versión de los abogados de Clodia y mucho menos la de la propia dama. El discurso, o una versión muy similar al editado, fue pronunciado en el año 56, y acumula una serie de comportamientos que Cicerón presenta como opuestos a lo que se esperaba de una dama de la más destacada *nobilitas* romana. A propósito de Cicerón, y a pesar de la abierta enemistad, circulaban rumores por Roma que apuntaban a un romance entre ambos. Se especula, y dista de ser seguro, con que fuera la famosa amante de Catulo, a la que este se refiere como Lesbia. Cuando le diera calabazas, el poeta la iba a machacar con amargura.

Precisamente en aquel diciembre de 62, se celebraba en casa de Julio César, que era pontífice máximo (uno de los puestos más prestigiosos de la República), la ceremonia de la Bona Dea, a la que solo podían acudir mujeres. Clodio se presentó allí vestido de mujer, pero fue descubierto, con el escándalo consiguiente que lo condujo a juicio. A pesar de las acusaciones de Cicerón, resultó absuelto.

En el año 61 Pompeyo celebró un triunfo espectacular por sus victorias, pero no lograba que fueran reconocidas sus decisiones en Oriente, y sus tropas seguían sin ser licenciadas ni obtener tierras. Así que buscó la alianza con Cayo Julio César, de la nobleza patricia. César había desempeñado desde hacía unos años sus primeras magistraturas, y era *pontifex maximus*. Cuajó una alianza privada entre ellos dos, a la que se sumó Craso. Es el mal llamado «Primer Triunvirato». Ya he aclarado antes que digo «mal llamado» puesto que jamás tuvo ese reconocimiento institucional, como sí lo iba a tener el llamado «Segundo Triunvirato», el que formaron Octavio, Antonio y Lépido en 43. La tradición ha consolidado, por comparación, esa etiqueta para lo que en realidad fue un pacto de *amicitia*, de amistad política.

Bajo el paraguas de la alianza, César ganó las elecciones consulares para el año 59, compartiendo consulado —pero no facción— con Bíbulo. La agenda del consulado de César estuvo mediatizada por sus acuerdos con Pompeyo y Craso. La clave era lograr el reconocimiento de las decisiones de Pompeyo, *acta Pompeii*, licenciar a sus tropas y entregarles tierras, así como satisfacer los intereses empresariales de Craso. Tal fue la actividad política de César, que su colega de consulado, Bíbulo, quedó bastante marginado. Ya se ha mencionado más atrás cómo las malas lenguas en Roma hicieron circular el chiste de que, en lugar de ser el año de César y de Bíbulo (los cónsules daban nombre al año), era el de Julio y el de César. Lo cierto es que Bíbulo se opuso a las actuaciones de César, en particular a los repartos de tierras. Persuadido de su incapacidad para vencer las estrategias de César y sus poderosos aliados, se retiró a su casa por el resto del año consular. El cónsul sacó adelante los proyectos políticos que satisfacían absolutamente las necesidades de Pompeyo y de Craso.

* * *

En su agenda particular, César quería, para el momento en el que dejase el consulado, un poder proconsular: en este caso, un mando militar extraordinario sobre legiones con un ámbito específico adjudicado. A través del tribuno Vatinio, logró que las asambleas aprobasen la ley para que le fuera conferido dicho proconsulado de cinco años para las Galias Cisalpinas (norte de la actual Italia) y el Ilírico (Balcanes) para un período que expiraba el 1 de marzo de 54. Pompeyo, en el Senado, logró que se ampliase dicho mando a la Galia Narbonense, al sur de la actual Francia, que era la única franja que la República controlaba en las Galias más allá de los Alpes. En total, le fueron transferidas cuatro legiones: tres en primera instancia y una cuarta con la ampliación territorial de su *imperium proconsulare*.

César estaba ávido de ganar prestigio militar, toda vez que Pompeyo había controlado la situación en Oriente y que, en el extremo occidental, Hispania también lo estaba, salvo la faja territorial septentrional, que no sería conquistada hasta los días de Augusto. Las Galias abrían las puertas a un territorio inmenso, que sin duda seducía al procónsul como escenario para brillar como *imperator*. Este título, que habían tenido otros generales en la historia de la República, se refiere a la posesión del *imperium* y su ejercicio especialmente victorioso. César, a buen seguro, quería que su *imperium proconsulare* fuese una catapulta para su prestigio personal. No solamente por la fama política, sino por la ampliación de sus clientelas militares. Deseaba emular, en ese aspecto, al *imperator* más destacado del momento, que no era otro que Pompeyo.

Así que partió para las Galias en aquel año 58. Iría enviando informes a Roma, que sus amigos distribuyeron convenientemente a modo de propaganda para acrecentar el prestigio del procónsul. Se trata de sus *Comentarios sobre la guerra de las Galias*. Y no, como algún alumno de facultad me ha anotado en examen, su *Guerra de las Galaxias* (¡!). Dichos *Comentarios* son una información directa, tan directa que, naturalmente, son la visión que César quiso que se tuviera de él mismo y de sus campañas. La conquista de un territorio tan inmenso tuvo lugar entre 58 y 52/51. A partir de ahí, se abrieron las negociaciones para su regreso y, sobre todo, para la posibilidad de presentarse a las elecciones consulares. Esta cuestión iba, a la larga, a provocar su entrada en Italia en enero de 49 y el inicio de la guerra civil por antonomasia.

Sin entrar en muchos detalles, la primera fase de su intervención se centró en detener el avance de los helvecios. Desde la actual Suiza, y presionados por los germanos, intentaban cruzar las Galias hacia la fachada atlántica. El siguiente paso fue apoyar a grupos galos como eduos y secuanos frente al avance de los germanos de su líder Ariovisto. A pesar de que este era aliado de Roma, César hizo valer su alianza con los galos y logró retener su avance. En estas fases fue ampliando el número de sus legiones con nuevas levas, especialmente en la Galia Cisalpina: solamente en su primer año alcanzó a doblar (8) las que se le habían encomendado.

En la campaña del 57 logró someter a tribus belgas y controlar Bretaña y Normandía. En 56 hubo más campañas para sofocar revueltas y en 55, ya en la confianza de haber visto prorrogado su mandato, planeó la invasión nada menos que de Britania, lo que nosotros llamamos Gran Bretaña. A la campaña exploratoria de ese año siguió otra con varias legiones en 54, que alcanzó el río Támesis. No supuso nada similar a una conquista, pero César explotó la propaganda sobre el asunto.

Todo se complicó para Julio César en 53 y 52, con el levantamiento general de las Galias liderado por el arverno Vercingetórix. Las tropas romanas fracasaron en el intento de tomar Gergovia. Es casi imposible no acordarse ahora de Edadepiédrix, el viejillo de la aldea gala de Astérix y Obélix que siempre mencionaba con orgullo que él había participado en la batalla de Gergovia. Poco después, sin embargo, César logró tomar Alesia y capturar a Vercingetórix, poniendo prácticamente fin absoluto a la conquista de las Galias. Restaba someter los reductos rebeldes en el norte, lo cual aconteció ya en 51.

César había logrado conquistar un auténtico subcontinente para la República. Pero, sobre todo, se había enriquecido, lo cual era esencial para las dádivas indispensables para ampliar sus apoyos. Por si fuera poco, había multiplicado sus clientelas militares y había logrado un enorme prestigio como *imperator*, comparable incluso al de Pompeyo.

El siguiente paso era rentabilizar políticamente semejante caudal.

Pero no iba a poder hacerlo.

No, al menos, de modo inmediato.

ASC

Julio César, busto conservado en los Museos Vaticanos.

IX
«ELLOS LO HAN QUERIDO». LA GUERRA CIVIL Y LA DICTADURA DE CÉSAR

El mismo año en el que César había partido para las Galias, el aristócrata Clodio, de quien ya he hablado antes, fue tribuno de la plebe. Para ello había dado el salto jurídico para poder ser admitido entre los plebeyos y presentarse a las elecciones para tan importante magistratura. Tenía en cartera varias reformas de tipo populista, que fueron llevadas a cabo. Pero lo que más nos interesa ahora es que durante su tribunado rescató y actualizó ciertas leyes que ponían a Cicerón en una situación difícil. En particular, me refiero al exilio para quien hubiera ajusticiado a un ciudadano romano sin juicio previo. Cierto era que César había manifestado su oposición al *senatus consultum ultimum* contra Catilina y ahora no iba a echarse para atrás. Pompeyo no movió un dedo al respecto, y Clodio tenía, además, apoyo entre los cónsules de aquel año 58.

Cicerón vio las orejas al lobo y decidió marcharse de Roma, aunque Clodio logró sancionar otra disposición expresamente dedicada a su gran enemigo: se confiscaron sus bienes y se demolió su mansión en el Palatino. Sobre el solar se erigió un templo dedicado, con toda la intención, a *Libertas*, Libertad. Pero las políticas promovidas por Clodio desde su tribunado de la plebe erosionaron algunas de las decisiones de Pompeyo en Oriente, motivo por el cual Clodio se fue ganando la enemistad de Pompeyo.

Al tiempo, ese factor decantó al tribuno por incentivar la actividad de las bandas armadas callejeras que había ido reuniendo en torno a su figura. Así que la violencia se fue extendiendo en las calles de Roma. De hecho, se supo que un esclavo de Clodio había intentado asesinar a Pompeyo. La atmósfera se había vuelto favorable para el regreso de Cicerón, que regresó de su exilio en Grecia ya muy avanzado el año 57. Se entregó a Pompeyo un *imperium* con poderes proconsulares para articular el abastecimiento de cereal a Roma, que era realmente problemático, con una población de cientos de miles de almas, rondando probablemente ya el millón.

En 56, Pompeyo, Craso y César renovaron su acuerdo de amistad (*amicitia*) política en la ciudad de Lucca. Pompeyo y Craso se presentarían a las elecciones para ser cónsules en 55, como así sucedió. Durante su mandato consular, se aseguraron bien de conseguir los tres poderes proconsulares que pretendían. Uno era la prórroga de los poderes proconsulares de César en la Galia para otros cinco años, hasta el 1 de marzo de 50. Otro era para Craso, puesto que deseaba emprender la guerra contra los partos en Oriente. El tercero para Pompeyo con mando en Hispania. En todo caso, se trataba de poderes para cinco años.

Pompeyo decidió quedarse en Roma, y envió a Hispania a sus legados Afranio y Petreyo al mando de las tropas. Con la excusa de que aún retenía el mandato especial para el abastecimiento de cereal, se aseguraba de que no le sucediese lo que le había ocurrido cuando había marchado a Oriente. Quería estar en la cocina de las decisiones relevantes y tener controlados a sus opositores.

Por su parte, Craso sí salió a toda velocidad hacia Siria, empeñado en obtener el prestigio militar del que carecía. Recuérdese, por ejemplo, que cuando venció a Espartaco solamente había sido reconocido con una *ouatio*, pero no con un triunfo. Estaba lejísimos, a años luz, del prestigio militar de un Pompeyo o del propio César, que ya llevaba varios años de éxitos en las Galias. Y, por lo tanto, también lo estaba, a pesar de sus inconmensurables riquezas, empresas, y clientes civiles, del caudal político y de las clientelas militares que sí tenían sus compañeros de alianza.

La campaña de Craso lo llevó a los límites del mundo romano y, como diría el célebre personaje de películas animadas de *Toy Story*, «y más allá». ¡Y tanto que más allá! Nada menos que a Mesopotamia. Allí, precisamente entre los dos cursos altos o iniciales de los dos grandes ríos, Tigris y Éufrates, encontró la derrota en la batalla de Carras (53), y la muerte en unas trifulcas y negociaciones inmediatamente posteriores a la batalla en sí.

Alguna de las versiones de las fuentes que han llegado hasta nosotros se recrea en cómo los partos vertieron oro líquido en la cabeza y la lengua de Craso, a efectos de machacar sus ansias y su codicia. La campaña supuso la deshonra de las legiones romanas, la pérdida de miles de vidas de legionarios y la cautividad de otros muchos. Las noticias llegaron a Roma y pronto corrió la idea de que se trataba de una de las peores derrotas en toda la historia de Roma.

En esos momentos, la situación se había complicado para los dos aliados restantes, César y Pompeyo. El primero continuaba en las Galias y el segundo en Roma, pero sus opositores dentro del Senado habían logrado eliminar políticamente a varios de los principales apoyos que habían tenido en los últimos años. Por otro lado, falleció Julia, hija de César que había sido esposa de Pompeyo en el contexto de la alianza. Se perdió así uno de los vasos comunicantes, puesto que, al parecer, el matrimonio había sido un éxito.

En todo caso, entre 53 y comienzos de 52 estalló una violencia inusitada en las calles de Roma. Las bandas armadas de Clodio, enemigo absoluto de Cicerón y de los sectores *optimates* del Senado, y de Milón, que pretendía canalizar los deseos de estos últimos, se enfrentaron a muerte en las afueras de Roma. Clodio resultó muerto y, en sus funerales, la plebe incendió nada menos que la Curia, el edificio en el que se reunía el Senado. Los políticos de tendencias populares capitalizaron las protestas, y la violencia callejera se extendió junto a las peticiones de juicio contra Milón.

El Senado decidió entregar poderes extraordinarios a Pompeyo, pero se discutió bajo qué fórmula. Mantenía su condición de procónsul con facultad para reclutar tropas, y se barajó la posibilidad de la dictadura, pero esta opción contaba con fuertes resistencias dentro de la cámara. Así que se optó por una fórmula extraña y novedosa. En ese año, 52, Pompeyo fue *consul sine collega*, cónsul único, con la principal función de acabar con la violencia callejera de las bandas movilizadas respectivamente en los bandos de los seguidores del fallecido Clodio y de Milón. Este poder peculiar conferido a Pompeyo suponía una anomalía, una concentración unipersonal, un paso más en la ruptura de los equilibrios internos del sistema republicano romano. Al tiempo, César, muy ocupado nada menos que con la sublevación general de las Galias, logró que Pompeyo accediese a que se aceptase, a su debido tiempo, su candidatura en ausencia para el consulado, tal y como estaba acordado en la renovación de la alianza.

Durante el consulado único de Pompeyo se llevó a cabo el encausamiento a Milón, a quien defendió Cicerón en el proceso judicial. Pompeyo y sus apoyos comprendieron que era un precio a pagar para acercarse a la tranquilidad que tanto deseaban: Milón fue declarado culpable de la muerte de Clodio y marchó al exilio, al tiempo que se serenaba el ambiente en las calles de Roma.

En los últimos meses de aquel año 52, Pompeyo sacó adelante dos leyes que, con complejos pormenores en los que no voy a entrar ahora, nos interesan porque, en esencia, ponían las cosas difíciles a César. Y se las ponían porque planteaban dificultades para que pudiera presentar *in absentia*, en ausencia, su candidatura al consulado. De todo esto se venía hablando desde hacía tiempo, puesto que si César era obligado a presentar su candidatura personalmente y como *priuatus*, como ciudadano sin cargo y sin ejércitos, estaba muy expuesto a la acusación judicial por sus enemigos. Que Pompeyo impulsara ambas leyes, por más que se incluyeran cláusulas que parecían favorecer excepciones para César, suponía una muestra del inicio del distanciamiento entre los dos aliados. Pompeyo tenía nuevos apoyos dentro del Senado. Me refiero a la tendencia de los *optimates*, prueba de lo cual fue su matrimonio con Cornelia (tras el desastre de Carras, viuda del hijo de Craso), hija de Metelo Escipión, que reunía dos de las principales avenidas de los segmentos más tradicionales de la *nobilitas*.

Dentro del Senado, acaso el opositor más furibundo a César fuera Catón. Estaba decidido a retirarle el proconsulado o, como mínimo, a impedirle la presentación de su candidatura a cónsul y, a ser posible, llevarlo a juicio. Uno de los cónsules de 51, Claudio Marcelo, propuso leyes para concretar esos deseos anticesarianos del bando liderado por Catón, pero no salieron adelante. Se impuso la vía de Pompeyo, que argumentó que el asunto de la licenciatura de las tropas cesarianas y la presentación de la candidatura al consulado por parte de César debía quedar relegado para marzo de 50, que era la fecha de caducidad de los poderes del procónsul, que seguía en las Galias.

Llegado el momento, en el 50, los dos apoyos principales que César tenía en Roma, el tribuno Escribonio Curión y el cónsul Emilio Paulo, lograron bloquear las iniciativas de los anticesarianos para que licenciase a sus tropas y se presentase como *priuatus* en Roma. Algunas lenguas contaban que ambos políticos debían a César enormes cantidades de dinero que había donado para, respectivamente, pagar sus deudas y sufragar la Basílica Emilia.

A finales de año, concretamente el día 1 de diciembre, el Senado votó por amplísima mayoría que ambos procónsules depusieran sus poderes. Pero ninguno de los dos, ni Pompeyo ni César, lo hicieron. El cónsul Marcelo, que había hecho correr la falsa noticia de que César avanzaba hacia la Galia Cisalpina con numerosas legiones, logró que se entregase a Pompeyo el mando de todas las tropas de Italia para hacer frente al peligro, es decir, a César.

En aquel mismo mes de diciembre del 50, los tribunos Casio Longino y Marco Antonio (sí, la futura mano derecha del César dictador, futuro triunviro y futuro amante de Cleopatra) hicieron correr propaganda a favor de César y en contra de Pompeyo, de manera que este no tuvo problema para ocupar la ciudad y militarizar la situación.

Ante la presión de la ocupación militar decretada por Pompeyo, el día 1 de enero del año 49, el Senado se decantó, a propuesta de Metelo Escipión, en el sentido de que César licenciase a sus legiones. Los dos tribunos cesarianos, Casio Longino y Marco Antonio, interpusieron su veto. En los días posteriores, hubo negociaciones: César parecía estar dispuesto a licenciar a la mayoría de sus legiones y quedarse con un mando más reducido, especialmente en el Ilírico. Su principal objetivo no era otro que presentarse a las elecciones consulares en ausencia. A la luz de los datos disponibles, uno tiene la impresión de que la mayoría del Senado no quería ni en pintura que César pudiera volver a ser cónsul. De hecho, se forzó la máquina al respecto y no se aceptó ninguna de las propuestas que llegaban desde los cuarteles generales cesarianos y a través de sus hombres de confianza en Roma.

En la situación de bloqueo, con el veto de Casio Longino y de Marco Antonio en vigor, el 7 de enero el Senado decretó un *senatus consultum ultimum* contra César, si hacemos caso de la versión del propio César en su obra sobre la guerra civil. Antonio y Casio abandonaron Roma y acudieron al encuentro de César en la Galia Cisalpina, lo que supuso un ingrediente esencial en la argumentación cesariana para ir a la guerra.

En un discurso a la legión XIII, que es la que tenía con él en esos momentos a punto de entrar en Italia, justificó el paso que iba a dar, que era, precisamente, la guerra. Acto seguido, uno de estos días, 10/11/12 (la fecha es discutida y no es segura) de enero de 49, cruzó el Rubicón, frontera natural que separaba la Galia Cisalpina de Italia. La versión de Suetonio menciona la famosa frase atribuida a César en tan simbólico momento, *Iacta alea est*, o *alea iacta est*, «los dados ya están tirados», «lancemos los dados», «el juego ha empezado». El sentido de «la suerte está echada» en la frase no apunta a algo acabado, como suele creerse hoy en día, sino, al contrario, como un inicio; idea que se transmite, más o menos y con variantes, en otras versiones, como la de Plutarco, por ejemplo.

Era el comienzo del *Bellum Ciuile*, la guerra civil. Ya había habido otras, en particular la de Sila contra sus enemigos en los años ochenta. Y habría más, como la de los triunviros contra los cesaricidas, o la de Antonio contra Octavio. Pero la que comenzó en enero de aquel año 49 fue, acaso porque contamos con el testimonio del mismísimo César, el *Bellum Ciuile* por antonomasia.

Es indiscutible que la imagen de César sopesando los pros y los contras de cruzar aquel pequeño río ha quedado en el imaginario occidental. En cierto modo, se reprodujo míticamente una imagen similar en la historia contemporánea, como en el caso del paso del río Delaware por las tropas de George Washington entre el 25 y el 26 de diciembre de 1776 para atacar las posiciones de los mercenarios alemanes contratados por el

Gobierno británico. Cruzar un río como acto trascendental en una guerra era demasiado goloso como símbolo mítico para las narrativas posteriores, que usualmente se recreaban en detalles cuya historicidad no podemos siempre asegurar.

Se trataba de un enfrentamiento personal entre dos *imperatores*, dos políticos y generales que disfrutaban de *imperium*, y que arrastraban a distintos sectores en su apoyo. El Senado estaba mayoritariamente del lado de Pompeyo, aunque César tenía algunos seguidores en la cámara. A menudo, quizás por la influencia de los textos de Cicerón, se ha pensado que César tenía solamente el apoyo de amplios sectores de la plebe. Pero esto, según la crítica especializada actual, es una lectura superficial e interesada. César tenía apoyos, por descontado, entre la mismísima *nobilitas*, también entre los ecuestres. La clave, con todo, eran las fuerzas militares. Pompeyo, con las últimas decisiones del Senado, estaba al mando de las tropas de Italia, que no eran muy numerosas. Y, sobre todo, contaba con las legiones en Hispania, de las que era procónsul desde hacía años, por más que hubiera decidido quedarse en Roma. La estrategia de Pompeyo consistió en plantear una guerra de amplio escenario, a modo de tenaza, para presionar a César desde el Mediterráneo oriental y desde Hispania. Por eso, en los primeros compases de aquel 49, marchó, junto a numerosos senadores, hacia el Epiro, en la actual Albania. Esto dejaba a César la vía expedita para entrar en Roma.

Lo primero que hizo César al llegar a Roma, de la que llevaba ausente nueve años, fue tomar el tesoro que se custodiaba en el templo de Saturno. Semejantes arcas públicas le proporcionaron una gran fortuna para los gastos militares y civiles que se avecinaban. A sus hombres de confianza les entregó mandos en la ciudad (Emilio Lépido, el futuro triunviro), en la Cisalpina, en el Ilírico, así como la preparación de una gran flota. César se dirigió a Hispania, logrando la rendición de los legados de Pompeyo, Afranio y Petreyo en la batalla de *Ilerda*, actual Lérida.

Desde el punto de vista de su poder político, ese año 49 César fue dictador, y elegido cónsul para el año siguiente. A finales de 49, ya depuestos sus poderes como dictador y asumidos los de cónsul para la anualidad que tenía por delante, embarcó desde Brindisi en dirección al Epiro, la región al otro lado del Adriático a la que habían ido Pompeyo y numerosos senadores. Estos sufrieron una derrota colosal en Farsalia, al norte de Grecia, en el año 48, y Pompeyo huyó a Egipto. Se contaba que César había pronunciado tras la batalla de Farsalia, y contemplando la multitud de cadáveres, la frase «ellos lo han querido». Al parecer, aclaró de inmediato que había emprendido la guerra porque, de no hacerlo, sus enemigos lo hubieran condenado. Plutarco cita a Asinio Polión como supuesto testigo y transmisor de la misma, como sucede en otras frases que se atribuyen a César.

El extenso reino helenístico de Egipto se hallaba inmerso en desavenencias entre los Ptolomeos, la familia reinante. El político romano fue asesinado, algo de lo que tuvo conocimiento César cuando, pocos días después, llegó a aquellas tierras. En los combates internos por el trono egipcio, Julio César tomó partido —y lecho— por Cleopatra. Solucionada la cuestión egipcia, ya en 47, César marchó hacia Siria y Judea en un viaje relámpago, para, en una guerra inusitadamente vertiginosa, vencer en Asia Menor a Farnaces, rey del Ponto. Es la campaña prodigiosamente rápida que, según algunas tradiciones, motivó que César acuñase la célebre frase: *ueni, uidi, uici*, es decir, «llegué, vi y vencí».

En su ausencia de Roma, en aquel año 47, se le había renovado la dictadura, con Marco Antonio como ayudante. Pero, una vez más, para el año siguiente fue elegido como cónsul. Los pompeyanos aún tenían importantes ejércitos, sobre todo en el norte de África, dirigidos por Metelo Escipión, Catón, y los hijos de Pompeyo. Hubo una nueva victoria de César, en este caso en la batalla de Tapso en el año 46. Catón decidió suicidarse en Útica antes que caer en las manos de su viejo enemigo. Por su parte, los hijos de Pompeyo reunieron fuerzas en Hispania, pero fueron derrotadas y masacradas (varias decenas de miles) por César en la batalla de Munda, en el sur de Hispania, en el año 45. Cneo Pompeyo murió muy poco después, mientras que Sexto Pompeyo aún viviría para ser un actor político relevante en años sucesivos.

Había acabado la guerra civil. Al menos, de momento. César había derrotado a sus principales oponentes, con batallas decisivas en cada anualidad desde que había cruzado el Rubicón en los primeros compases del año 49.

* * *

César ejerció alternamente, durante los años que duró la guerra civil entre 49 y 45, los poderes propios de dictador y de cónsul. Como vamos a ver, en la ultimísima fase todo eso quedó marginado en favor de una dictadura vitalicia. Desde el principio, al asumir la dictadura, consulado, de nuevo dictadura, estaba mostrando que pretendía acumular los máximos poderes que la República contemplaba.

Otra cosa es el debate, que perdura desde aquellos mismos días hasta la actualidad, sobre si pretendía además poderes nunca vistos desde la monarquía. Sobre esto volveré enseguida. Lo que me interesa explicar ahora es que esos poderes recordaban a los de Sila. Y la dictadura de Sila se había caracterizado, entre otras cosas, por las proscripciones, esto es asesinatos de sus enemigos, sin juicio alguno y confiscaciones masivas de bienes. Para contrarrestar esa imagen, César insistió en un lema que quedaría asociado a su figura y a la de los gobernantes posteriores, la *clementia Caesaris*, la clemencia de César, el perdón a sus enemigos, que su propaganda iba a hacer rodar con intensidad.

A partir la victoria de Tapso, en África, en 46, parece que pudo haber recibido ya una dictadura peculiar por diez años, pero en todo caso volvió a ser cónsul en 45 y en 44, acumulando de ese modo consulados para acrecentar la *dignitas*, vinculada en este caso a los cargos, de su dimensión política. En febrero de este último año, 44, recibió algo nunca visto, el cargo de *dictator perpetuus*, dictador vitalicio.

La dictadura le otorgaba el poder militar, el *imperium*, superior al de todos los gobernadores y comandantes dispersos por las provincias, y el civil, controlando los procesos electorales y la actividad política. Así que utilizó ambos pilares del poder con intensidad, regados con muchísimo dinero obtenido, directamente, de los Tesoros y las cajas fiscales del Estado. En lo religioso, ya era, con anterioridad, *pontifex maximus*. Cercana a esta esfera, ya en el plano moral, disfrutó de la *praefectura morum*, la supervisión de las costumbres, lo que le daba mano en la intervención en asuntos de moralidad pública, un asunto lo suficientemente ambiguo como para que pudiera interferir en vidas privadas y en temas como matrimonio, lujo, natalidad, entre otros.

César reformó el calendario anual para ajustarlo al astronómico. Aumentó el número de magistrados y llevó a cabo una intensísima política colonizadora, fundando numerosas ciudades, aunque es muy difícil saber cuántas de ellas fueron realmente ya acabadas en los días de Augusto. La clave fue asentar a decenas de miles de veteranos legionarios y de la plebe de Roma, que constituía un grave problema de abastecimiento. Por este motivo, también fomentó los repartos de cereal al populacho. Las grandes construcciones públicas cesarianas, como la nueva Curia senatorial (la anterior estaba en ruinas por haber sido arrasada en los incidentes del funeral de Clodio), o el Foro, que se empezaron en vida del dictador, por ejemplo, supusieron trabajo para numerosos *proletarii*.

* * *

Si por algo es conocido Julio César en nuestra mentalidad colectiva es, sin duda, por su muerte. Por el asesinato en los Idus de marzo del año 44. Por el Cesaricidio.

César había concentrado poderes extraordinarios, en el sentido político romano del concepto *extra ordinem*, fuera del sistema habitual. Y tenían que ver con todas las esferas: militar, civil, institucional, religiosa y moral. Pero, institucionalmente, todo se desbordó con la proyección temporal de la dictadura. Se sobrepasó cualquier límite con la concesión de la dictadura para diez años en 46, pero de modo absoluto cuando, a comienzos de 44, César asumió ser *dictator perpetuus*, dictador vitalicio.

Todo esto reactivó los cenáculos de oposición dentro del Senado, que veían la opción real del final de la República y el inicio de una autocracia. En esa línea, se desataron rumores, extendidos también por la propia propaganda anticesariana, sobre las supuestas aspiraciones de César en torno a la realeza. La institución monárquica era algo maldito desde la expulsión de Tarquinio el Soberbio casi medio milenio antes. Como ya he explicado páginas atrás, el concepto aristocrático de *libertas* era, en esencia, lo opuesto a *regnum*. Se trataba del gobierno del conjunto de la *nobilitas* y de sus *gentes* (*gens* en singular), en la articulación del Senado y las magistraturas, además de los comicios. La autocracia monárquica era, por decirlo de algún modo, en clave *Star Wars*, algo así como *el lado oscuro de la fuerza* en el concepto político de la aristocracia senatorial.

Al parecer, Marco Antonio le ofreció la diadema, símbolo de la realeza, en las fiestas de los Lupercalia, el 15 de febrero de aquel año, 44. Según algunas versiones que han llegado hasta nosotros (como Plutarco y Apiano, por ejemplo, que escribían mucho tiempo después), el dictador la apartó, arrancando la ovación de los presentes. Cicerón, contemporáneo a los hechos, se cebará en la crítica a Antonio por semejante gesto. Proporciona el detalle de que el dictador se hallaba vestido con la toga púrpura y con la corona de laurel, sentado en trono o silla de oro.

Ha de tenerse en cuenta que César recibió múltiples honores, además de las esferas de poder que ya he mencionado. Su efigie apareció reiteradamente en monedas, así como en estatuas, sistemas ambos diferentes de imágenes en metal y en piedra, lo que sería el Instagram del momento. Entre ellos se encontraba precisamente la posibilidad de vestir como los triunfadores en las ceremonias de los triunfos, lo cual incluía el uso de la púrpura y la corona de laurel. A César, por cierto, le iba muy bien porque le permitía disimular su calvicie. Cuenta Suetonio que ese rasgo físico había sido objeto de mofa entre sus enemigos y que, por ese motivo, de entre todos los honores que recibió, ninguno le fue más grato que el de la corona de laurel. El título de *imperator*, que siempre había estado ligado a generales en triunfo y a aclamaciones específicas, quedó incorporado a su nombre. También recibió el título de *pater patriae*, padre de la patria. O el cambio de nombre del quinto mes, *Quinctilis*, por el de *Iulius*, Julio. O la especial asociación que cultivó con la diosa Venus como supuesto origen de su familia y de su persona. De hecho, en su Foro, que no le dio tiempo a acabar, había un templo dedicado a Venus.

César proyectaba una magna campaña contra los partos, principal enemigo del mundo romano. El poderoso gigante oriental ya había derrotado a las legiones romanas en los días de Craso. Da idea de la magnitud de la campaña la movilización de unas quince legiones, además de miles de efectivos auxiliares. Los conjurados, deseosos de acabar con lo que consideraban una autocracia y una tiranía contraria al concepto de *libertas* senatorial que he mencionado más arriba, decidieron actuar antes de que el dictador marchase a Oriente. Porque la fecha prevista para su partida era el día 18 de marzo.

La ocasión elegida fue la cita senatorial en los idus de marzo, el 15 de marzo. Toda vez que la Curia, el edificio del Senado, se hallaba en obras encargadas precisamente por César, la sesión se celebraba en el Teatro de Pompeyo. Allí, los conjurados asesinaron al dictador, se suele mencionar que con el resultado de 23 heridas. Los testimonios, desde Nicolás de Damasco (varias décadas después, pero conocedor de versiones orales) hasta Suetonio, dan la impresión de cierta improvisación y escaso acierto, con heridas incluso entre los conjurados. Un desastre, por decirlo con claridad. Desastre que, en todo caso, logró el objetivo final. Aunque, como veremos, no había previsto algo así como un plan B.

Al parecer, habría sido Casca el primero en golpear, y Marco Junio Bruto, hijo de Servilia, antigua amante de César, el último. Se ha especulado mucho sobre si podría tratarse de un hijo biológico del dictador, toda vez que su madre y él habían sido amantes. Nunca se sabrá con certeza, claro. Según algunas versiones, que por ejemplo recoge Suetonio, fue Címber el primer senador que se acercó a César, tal como estaba planeado, con la excusa de un ruego personal. Al tiempo, Servilio Casca le propinó la primera puñalada, a la que César respondió contratacando con su estilo, su utensilio para escribir. Pero, al recibir los ataques de los demás conjurados, habría optado por cubrirse el rostro para mostrar una posición decorosa en lo que entendía era ya el final, *su* final. Eso sí, no sin interpelar en griego a Bruto, según el testimonio recogido por el propio Suetonio mucho tiempo después, con la expresión, pronunciada en griego, «¡Tú también, hijo!». El *Et tu, Brute?*, «¿Tú también, Bruto?», es cosa de Shakespeare, por cierto.

Políticamente, Bruto y Casio, otro de los líderes de la conjura, tenían magistraturas elevadas con César, que los había perdonado (*clementia Caesaris* al canto) a pesar de sus antecedentes pompeyanos. La arqueología actual muestra al público el yacimiento de la zona de Torre Argentina, en Roma, en el que se sitúa el teatro de Pompeyo, y el emplazamiento que los arqueólogos identifican como el lugar más o menos exacto en el que Julio César fue asesinado.

Las horas siguientes fueron, al principio, de máximo pavor para los cesarianos, con Antonio a la cabeza, temerosos de que las masas emulasen a los cesaricidas y fueran a por ellos. Cuando, pasadas unas horas, se percataron de que esto no era así, comenzaron algunas negociaciones. Sabemos que los cesaricidas se fueron al Capitolio. Allí fueron visitados por Cicerón, que buscaba algún tipo de entendimiento. En la línea de negociación, Antonio y Lépido enviaron a sus hijos como muestra de que no deseaban asaltar la colina, sino entablar conversaciones. Sabemos que en ese primer día hubo reuniones, una cena… Antonio y Lépido, referentes del bando cesariano, y los cabecillas de la conspiración, con Marco Bruto y Casio Longino a la cabeza, tuvieron sus encuentros a la búsqueda de alguna solución de compromiso.

Pero todo iba a naufragar a partir de los días 16 y 17.

Marco Antonio logró hacerse con el testamento del dictador y capitalizar su memoria. De ese modo, los cesaricidas, que no tenían un plan B, tuvieron que encerrarse en sus casas y finalmente huir. Los asesinos no se quedaron allí para potenciar su propia imagen. Más bien, salieron pitando, huyendo, literalmente, *por patas*.

Quedaba abierta la posibilidad inminente de una nueva guerra, un *bellum ciuile* entre ciudadanos romanos.

La muerte de César, del pintor Vincenzo Camuccini (1771–1844), captura el momento del asesinato de Julio César el 15 de marzo del 44 a. C.

X
EL ESTALLIDO DE LA REPÚBLICA

Los asesinos de César perdieron la batalla de la propaganda en Roma casi desde el principio. Y eso a pesar de que intentaron ganarla, proclamándose defensores de la libertad. Bruto, de hecho, se esforzaba en recalcar su parentesco con su antepasado, aquel Bruto, uno de los líderes del bando aristocrático que había expulsado al último rey de Roma y había traído la República.

El 15 de marzo de 44, después del asesinato, unos cuantos esclavos transportaron como pudieron el cuerpo de César hasta su casa en mitad de las idas y venidas del gentío. Unos salían atropelladamente de un espectáculo cercano; otros se unieron al jaleo general movilizados por Lépido, que andaba a la búsqueda de soldados acantonados en el entorno de la ciudad; los cesaricidas, con Bruto y Casio al frente, intentaban tranquilizar a la muchedumbre. Ya he anotado al final del capítulo anterior que entre la noche del asesinato y el día 16 hubo negociaciones entre los dos bandos.

Pero Antonio logró hacerse con notas y con el testamento de César. Hay dificultades para saber exactamente dónde lo hizo público. Alguna de nuestras fuentes, como Suetonio, apunta a la propia casa de Antonio. Lo cierto es que se leyó el testamento de César, y que para el día 18 el Senado lo asumió como oficial. Aunque había más beneficiarios, nombraba como principal heredero a Cayo Octavio, su sobrino nieto. Y, entre otras disposiciones, legaba a la plebe y abría al público sus extensísimos jardines personales, y una dotación personal en monedas para cada ciudadano.

Aproximadamente un par de días después de la lectura del testamento, en torno al día 20, Antonio organizó una ceremonia fúnebre espectacular en honor de César. Y aprovechó la atmósfera popular en favor del dictador asesinado. Si ya en vida César había cultivado con éxito el apoyo entre las capas populares de Roma, el conocimiento de su testamento agigantó la sensación de afecto hacia su memoria y de odio a sus asesinos.

El *funus*, el funeral, estuvo presidido por los restos del dictador, aunque se colocó una reproducción suya en cera para que el populacho se percatase de las heridas que los asesinos habían provocado. Se exhibía, además, la vestimenta del dictador asesinado, mostrando la sangre emanada de sus heridas. Antonio supo capitalizar el funeral, encendiendo la ira de la gente. La plebe no se contuvo y también encendió, en este caso, la pira mortuoria, de un modo desorganizado y repentino, puesto que la oficial estaba ya prevista en el Campo de Marte. Echaron mano de las maderas y telas que les quedaban más cercanas.

En semejante frenesí, los cesaricidas huyeron. Porque se percataron de que, de haberse quedado en sus casas, hubieran sido linchados por las muchedumbres que, efectivamente, fueron a buscarlos. Sin embargo, Bruto y Casio, de hecho, seguían siendo pretores. En esos días, Cicerón logró que el Senado emitiera una suerte de tercera vía pactista, consolidando decisiones del dictador, pero contemplando el perdón a los cesaricidas. Se ganaron unas semanas de aparente paz.

Fue entonces cuando irrumpió en escena un joven. Se llamaba Cayo Octavio y tenía 18 años; cumplía los 19 en septiembre. Era sobrino nieto de César. Pero, sobre todo, era su hijo adoptivo, tal y como el dictador había dispuesto en su testamento, además de su principal heredero personal.

El muchacho, por lo que sabemos, no daba apariencia de fortaleza alguna. De naturaleza enfermiza, debía echarse multitud de capas de ropa encima cada vez que hacía frío. Puramente por su apariencia, en modo alguno podía ser nadie inquietante ni para unos (Bruto, Casio), ni para otros (Antonio, Lépido), y muchísimo menos para Cicerón, como este se encargó de señalar en sus cartas de aquellos meses.

Cuando se produjo el cesaricidio, se encontraba en Apolonia (en la actual Albania), estudiando y, también, esperando a que llegase su tío abuelo para comenzar los preliminares de la campaña contra los partos. De hecho, allí había ya tropas destacadas y César esperaba que el muchacho se fuera familiarizando en el ambiente del mando militar. Es probable que fuera durante aquella estancia cuando el joven Octavio consolidó una amistad estrecha previa con sus coetáneos Agripa y Mecenas, que iban a ser personas muy determinantes en el futuro del muchacho.

Fue allí donde se enteró del asesinato de César. Marchó hacia Italia, desembarcando en los últimos días de marzo o, acaso, en los primeros de abril. Se entrevistó con Cicerón, que se encontraba en sus posesiones en el sur. Y llegó a Roma en el mes de abril o ya en mayo.

De inmediato, quiso presentarse como lo que el testamento de César había propuesto que fuera: su hijo adoptivo. En consecuencia, asumió el nombre: precisamente eso, César. Aunque había algunos problemas por la cuestión de adopción testamentaria, hizo valer que la disposición de su tío abuelo consistía, además del legado económico, en que lo adoptaba como su hijo. Jurídicamente, Octavio pasaba a ser hijo de César. Cambió su nombre, Cayo Octavio, al de Cayo Julio César. Y se esforzó en que le llamasen así, César. Quienes se mofaban de él, o simplemente recelaban, le llamaban Octaviano, un nombre que jamás convenció al joven.

Aquel muchacho enfermizo y de apariencia frágil, que comenzaba a nadar entre tiburones de la altísima política romana que le ganaban por goleada en experiencia, terminaría, años después, siendo conocido por otro nombre más: Augusto.

El primer emperador.

* * *

Sigo con el símil de nadar entre tiburones. En una de las múltiples cartas a su amigo Ático, un tipo rico y muy hábil para nadar en las procelosas aguas de la República tardía sin ahogarse, Cicerón cuenta lo que esperaba del chico. Aunque dejaba claro que valoraba su inteligencia y su energía, da la impresión de que Cicerón no percibía en el muchacho ninguna amenaza. Todo lo contrario. A tenor de las referencias de Cicerón al chico en aquellos meses, uno piensa que el viejo tiburón estaba más que convencido de que iba a dominar al muchacho sin mucha dificultad.

Eso sí, consideraba útil —y así lo dice claramente— que fuese apartado de Antonio en la medida de lo posible. De ser así, estaba convencido de que pensaría lo que a ellos les conviniese (y cito casi textualmente) sobre «nuestros héroes», es decir, sobre los cesaricidas. La carta es del 10 de junio de aquel año 44, apenas tres meses después del asesinato de César, y unas semanas después de que Octavio llegase a Italia. Leyendo la carta una y otra vez, uno sospecha, efectivamente, que Cicerón estaba convencido de que tenía bastante controlado al chico.

Semanas antes, el 24 de mayo, en otra carta a Ático, Cicerón dejaba claro a su amigo que estaba convencido de lo inevitable que era la guerra si se les quitaban los mandos que los cesaricidas tenían asignados. No esconde que se identifica con estos, que le parecía correcto por lo tanto que hubieran liquidado a

César, pero hace una observación interesante, que reproduzco en el tono que usa Cicerón. Lo que él llama en esa misiva el «consuelo de los Idus de marzo», se había hecho con un ánimo viril, pero con una estrategia pueril.

Está apuntando a esa ausencia de un plan B a la que antes me refería. Y a que el bando cesariano tenía mucha base. De hecho, Cicerón anota una metáfora sobre esa idea: habían cortado el árbol, pero no lo habían arrancado por completo.

En noviembre, por el contrario, Cicerón expresa su temor a que si Octavio, a quien llama despectivamente Octaviano, consiguiera mucho poder, las decisiones del tirano (por el dictador asesinado en marzo) serían definitivas. Pero que, por el otro lado, Antonio le parecía una opción indeseable.

Estas inquietudes personales de Cicerón, agudo observador de la situación, nos ponen en situación sobre lo que estaba ocurriendo días, semanas, y meses después del asesinato de César.

Voy a intentar ofrecer una síntesis lo más breve posible de un ciclo muy difícil de seguir y que, como en la película *Los Inmortales*, acabó con un único vencedor.

Se trata de un ciclo de trece años, que va desde el año 44 hasta el 31. Y que, en esencia, se dividió en dos partes. La primera, la guerra entre los cesarianos (Marco Antonio, Octavio y Lépido, entre otros) contra los cesaricidas (Casio, Bruto, también entre otros).

La segunda, entre Antonio y Octavio.

Se trata de más de una década de guerras civiles, similares a la que había tenido César contra Pompeyo y, muerto este, contra los pompeyanos. Estos ciclos de guerras civiles iban a desembocar en el epígrafe que sustenta este capítulo: el estallido de la República.

Ya hemos visto que Antonio había intentado capitalizar la ira de la plebe contra los cesaricidas, que habían tenido que huir de Roma. Y también he mencionado la llegada de Octavio a la capital en el mes de abril o inicios de mayo. Pocos meses después, Antonio forzó que le fuera concedido un proconsulado para la Galia Cisalpina, por lo tanto, muy cerca de Italia, mientras que Bruto y a Casio fueron enviados a provincias en Oriente.

Octavio logró hacerse con un ejército reclutando tropas cesarianas y pagando mucho más que lo que lo hacía el mismísimo Antonio. Algunas versiones mencionan unos quinientos denarios por soldado, lo que suponía en torno a dos años de paga regular, además de varios miles de denarios prometidos cuando llegase el momento del retiro, de licenciar a esas tropas. Octavio asumió cuantiosas deudas por los préstamos que recibió, pero los invirtió de tal modo que, de ser un muchacho sin respaldo militar alguno, comenzaba a tener algunas tropas leales a su persona. También pagó a sus nuevos ejércitos con dinero del testamento de César, de algunas cajas fiscales, y de los fondos para la guerra que este proyectaba contra los partos.

En septiembre, Cicerón comenzaba a pronunciar sus *Filípicas*, los discursos contra Antonio. Todavía hoy, cuando alguien «pone a parir» a un adversario, se suele decir que le está soltando una «filípica». En realidad, el título derivaba de los discursos del gran orador Demóstenes en Atenas contra la amenaza que suponía Filipo II de Macedonia, padre de Alejandro Magno.

Avanzado aquel otoño, y con los dineros que he mencionado arriba, Octavio, que acababa de cumplir diecinueve años, había logrado hacerse con dos legiones que estaban teóricamente del lado de Antonio. La oferta de Octavio era muy superior a la de Antonio. La situación entre ambos era sumamente tensa. Se le acusaba al joven César, a Octavio, de ser, literalmente, «un muchacho que se lo debe todo a un nombre»: es decir, que no era nadie en sí mismo, sino solamente por ser heredero de César y llamarse ahora así.

Antonio marchaba al norte, a la Galia Cisalpina, y sitiaba a las tropas de Décimo Bruto (uno de los cesaricidas, pero no lo confundamos con el otro, Marco Bruto) en *Mutina*, Módena. Mientras, desde diciembre, Cicerón retomó sus discursos contra Antonio, las Filípicas que había comenzado en septiembre, que continuarían durante los meses siguientes, a comienzos del 43.

Los cónsules de ese nuevo año, 43, Hircio y Pansa, partieron hacia el norte frente a las tropas de Antonio en Módena, durante marzo y abril. Octavio, alineado con el bando senatorial que había enviado a los cónsules contra Antonio, logró del Senado cobertura legal para un mando militar. A finales de abril, Antonio tenía que levantar el asedio por haber sido derrotado por las tropas de los cónsules que, sin embargo, perecieron. Aprovechando la caída en combate de Hircio y Pansa, Octavio logró hacerse con las legiones consulares, aumentando de ese modo las tropas con las que se había hecho en los meses anteriores. Por esos días, Cicerón pronunciaba sus últimos discursos (al menos, de los que tengamos conocimiento) contra Antonio, las últimas *Filípicas*.

Para mediados y finales de julio, Cicerón deja entrever en algunas de sus cartas que teme los deseos de poder de Octavio y reclama la ayuda de Marco Bruto para salvar la situación. Efectivamente, en aquel mismo verano del 43, Octavio envió una delegación de soldados al Senado para exigir que se le permitiese ser considerado para cónsul. No crea usted que envió a un heraldo acompañado por tres o cuatro soldados, no. Octavio mandó al Senado a varios centenares de sus legionarios. Uno de ellos, se cuenta, amenazó a los senadores. «Si no lo hacéis vosotros, lo hará esto», se cuenta que les dijo, señalando la empuñadura de su espada. Ante la negativa senatorial, Octavio hizo valer la presión de sus ocho legiones, a las cuales condujo a Roma desde el norte. Ante semejante coacción, el Senado accedió y Octavio fue elegido como cónsul. Corría el mes de agosto del año 43 a. C. Tenía solamente diecinueve años, cumplía los veinte en el mes siguiente.

Entre las decisiones de Octavio como cónsul quisiera destacar el levantamiento de las condenas que pesaban sobre Antonio y Lépido, que habían sido declarados *hostes publici*, enemigos públicos, por el Senado, así como, por el contrario, la proclamación oficial de la condena definitiva a los asesinos de César.

A finales de octubre, o ya a inicios de noviembre, Antonio, Lépido y Octavio se reunieron en una isla en mitad de un río en las cercanías de Módena y Bolonia. Estaban rodeados por las legiones —no todas— de cada uno de los tres. Allí pactaron el mal llamado Segundo Triunvirato. Digo «mal llamado» porque ya he explicado páginas atrás que el Primer Triunvirato no lo fue tal, puesto que Pompeyo, Craso y César no fueron revestidos como una magistratura «triunviral», como tales triunviros. Ahora sí sucedió. El acuerdo de Marco Antonio, Lépido y Octavio sí dio como resultado un triunvirato con revestimiento institucional y jurídico.

Y fue así porque a finales de noviembre se sacó adelante, en asamblea del pueblo, la *Lex Titia* que nombraba a los tres con el título de *tresuiri rei publicae constituendae*, tres hombres para constituir, para restaurar o para articular la República. Los tres compartían una suerte de magistratura suprema, por encima de cualquier otra, con poder para nombrar cargos, mando militar, poderes extraordinarios, en definitiva. Se les concedía por cinco años, hasta finales del año 38. El reparto territorial, por resumirlo mucho, quedaba así: Lépido a Hispania y Galia Narbonense, Antonio a Galia Cisalpina, y Octavio al norte de África e islas, mientras que Italia era zona compartida. Lo más urgente, en todo caso, era trasladar tropas a las provincias orientales para llevar la guerra a los cesaricidas, que se encontraban mayoritariamente en el Mediterráneo oriental.

Los triunviros imitaron a Sila en algo. En lo más terrible. Me refiero a las listas de proscritos. Apostaron por las *proscriptiones*, de modo que se publicaron listas de personajes que debían ser asesinados en cuanto asomasen la cabecita. Cabecita que, una vez asesinado el tipo cuyo nombre aparecía en los listados, pasaba a ser expuesta en el foro. Y sus bienes, por descontado, confiscados. Se ha calculado que estamos hablando de varios cientos en las primeras rondas de asesinatos, y entre dos y tres mil aproximadamente en las semanas siguientes. El «número uno» de la lista era un viejo conocido de los tres, pero sobre todo de Antonio: Marco Tulio Cicerón.

Antonio se la tenía jurada, como mínimo, desde septiembre del 44, cuando Cicerón había comenzado a pronunciar sus discursos incendiarios contra él, las *Filípicas*. Aunque la enemistad entre ambos venía de más atrás. Así que, una vez acordadas las listas negras, porque de eso se trataba, los sicarios de Antonio fueron a buscar al senador, que se encontraba en una de sus fincas. Esto ocurrió el 7 de diciembre de aquel 43. Cicerón ya había intentado huir a Grecia, pero una tempestad le obligó a regresar. A la luz de los datos de los que disponemos, uno tiene la impresión de que un cúmulo de calamidades impidió que lograra escapar.

Se cuenta que estaba siendo transportado en litera por sus esclavos hacia la costa para un último intento de embarcarse y huir, cuando los hombres de Antonio lo alcanzaron. Plutarco proporciona el detalle de que acercó su mano izquierda a la mandíbula, en un ademán pensativo muy característico en él. Como casi siempre, no sabemos si cierto o mera recreación literaria. Y se dice que, desde la litera, les ofreció su cuello y su cabeza.

Así fue.

Le cortaron la cabeza. Se la llevaron a Fulvia, la esposa de Antonio. Su primer esposo había sido Clodio, enemigo mortal de Cicerón, y ya vemos cómo se las tuvo con su último esposo, Antonio. De creer las versiones que circularon, cuando les llevaron la cabeza y las manos del senador, la dama se sacó las agujas que sujetaban su pelo y las clavó en la lengua de Cicerón.

Antonio ordenó que, como las cabezas de los demás proscritos, la testa y la mano derecha del orador fueran expuestas en los Rostra (la zona de la tribuna de oradores) del Foro. Allí permanecieron la cabeza y la mano (en algunas versiones, las dos manos) que, respectivamente, habían pensado y escrito los discursos contra él.

* * *

Lépido permaneció en Occidente mientras los otros dos triunviros movilizaban a decenas de legiones hacia el este. La prioridad no era otra que derrotar a los ejércitos numerosos que Bruto y Casio habían logrado reunir en Oriente. Algunas fuentes transmiten que Octavio cayó enfermo, aunque pudo incorporarse a las operaciones, al menos parcialmente. La mención a la mala salud del joven es algo recurrente en las fuentes, y también para etapas posteriores de su vida.

Para hacerse una idea de la magnitud cuantitativa de la contienda que se iba a librar, los especialistas en historia militar romana han calculado que las fuerzas de los dos triunviros sumaban más o menos lo mismo que las de los dos bandos, César y Pompeyo, enfrentados en Farsalia seis años antes. Es una proporción muy gráfica de la escalada militar desaforada en la que estaba inmersa la República. Las tropas de Antonio y Octaviano lograron vencer a las de Bruto y Casio en la batalla de Filipos, al nordeste de Macedonia, en octubre de 42. Los cesaricidas se suicidaron. Se contaba una historia al respecto. Al parecer, se ordenó que la cabeza de Bruto fuera enviada a Roma… pero nunca llegó a su destino, puesto que el barco se hundió por el camino.

Antonio permaneció en Oriente, mientras que Octavio regresó a Italia. Había fuertes problemas de abastecimiento, toda vez que Sexto Pompeyo, hijo de Pompeyo Magno, cercenaba con su flota las rutas marítimas de cereal desde el norte de

África y Sicilia hacia Italia. Además, Octavio debía solucionar el asunto de la concesión de tierras a decenas y decenas de miles de veteranos de las legiones.

Desde 41, se abrió una nueva fase en la guerra civil. Las estrategias de Lucio Antonio, cónsul aquel año y hermano del triunviro, iban dirigidas a alinearse en favor de las comunidades itálicas que habían visto confiscadas sus tierras, que iban a ser entregadas a los veteranos por orden de Octavio. La situación entre este y Lucio Antonio se agravó de tal manera, que Fulvia, la esposa de Marco Antonio, puso todo su empeño en el reclutamiento de soldados para la causa de su cuñado. Lucio Antonio se impuso en Roma a los escasos ejércitos de los que disponía el triunviro Lépido. Pero se acercaban los mucho más poderosos de Octavio, y Lucio Antonio tuvo que partir hacia el norte. Allí se refugió en la actual Perugia, siendo asediado por las tropas de Octavio.

La arqueología ha recuperado algunos proyectiles, balas o materiales arrojadizos con hondas, del tamaño aproximado de una almendra, según los casos, en su mayor parte en plomo. Suelen tener inscripciones de los lanzadores contra los destinatarios. En el caso del invierno del 41 al 40, los del bando de Octavio escribían cosas tales como: *L ANT CALVE*, «Lucio Antonio, calvo», *FVLVIA, CVLVM PAN(DITE)*, «Fulvia, enséñanos el culo», *PETO LANDICAM FVLVIAE*, «busco/pido el clítoris de Fulvia». Aunque, por cierto, lo más probable es que Fulvia no estuviese en Perugia.

Claro que, del otro lado, tampoco se quedaban callados. Estas *perlitas*, entre otras, estaban escritas en los proyectiles lanzados por los asediados, las tropas de Lucio Antonio, a las de Octavio: *LAXE OCTAVI SEDE*, «Siéntate [aquí/sobre esto], culo abierto de Octavio», *SALVE, OCTAVI, FELLAS*, «Hola, Octavio, chupa la polla». La batalla de Perugia concluyó con la victoria de las tropas del joven triunviro. Marco Antonio, hermano del derrotado, no intervino en el conflicto. Aunque, cuando este concluyó, en febrero del año 40, se iba disponiendo para el viaje de regreso a Italia, que tuvo lugar aquella primavera.

* * *

Para entonces, Marco Antonio ya había comenzado su romance con Cleopatra. Sucedió durante aquel invierno del 41 al 40, al mismo tiempo que las tropas de su hermano y de su joven colega triunviro se lanzaban esos dardos y proyectiles tan convenientemente ilustrados con frases de afecto. Fruto de aquel inicio del contacto amoroso entre ambos, nacerían meses más tarde una niña y un niño. Los rumores, naturalmente, ya habían llegado a Italia… y a la esposa de Antonio, Fulvia.

El regreso del triunviro desde Oriente podía hacer pensar en una guerra abierta con su joven colega, a la espera de la posición muchísimo más débil del tercero en discordia en la institución del triunvirato, Lépido. Pese a lo que pudiera parecer, se llegó a una pausa en las hostilidades entre el entorno de Antonio, y este mismo, con Octavio, llegándose a un acuerdo en Brindisi en 40.

Las negociaciones no las llevaron los jefes de filas, sino dos de sus representantes. Y no se trataba de dos individuos menores: nada más y nada menos que, por el lado de Antonio, Asinio Polión; por el de Octavio, Cayo Mecenas. El primero había sido uno de los más relevantes hombres de César: había estado con él en el paso del Rubicón y en Farsalia, entre otros muchos lugares y momentos axiales. Fue, además, historiador y, con el tiempo, terminó siendo algo así como director de una biblioteca pública en Roma: un viejo proyecto de su jefe, César, que Polión terminó llevando a cabo. El segundo, Mecenas, era amigo personal de Octavio. En el futuro tendría un papel clave en la trastienda de la propaganda del futuro Augusto y en la pléyade de intelectuales y artistas que orbitaban en torno a la figura del primer emperador.

Pero volvamos a aquellas negociaciones de Brindisi del año 40. Como consecuencia de aquel pacto, Antonio retenía las provincias orientales, Lépido el norte de África y Octavio controlaba Occidente. Además, toda vez que Fulvia falleció y Antonio quedaba libre, se acordó el matrimonio de este con Octavia, hermana de Octavio. Este, por su parte, que había estado casado muy efímeramente, había contraído matrimonio con Escribonia, lo que le aproximaba a los entornos familiares de Sexto Pompeyo, quien, con su flota, seguía siendo un agente militar y político a tener en cuenta.

El invierno de 39 a 38, Antonio y Octavia se encontraban en Atenas. El principal objetivo militar de Marco Antonio era preparar la guerra contra los partos en el este. Mientras, Octavio permanecía en Italia.

Fue por aquella época cuando Octavio comenzó su relación con Livia Drusila. Pertenecía a las estirpes de rancio abolengo senatorial. Por un lado, a los Claudios, una *gens* importantísima desde los tiempos antiguos de Roma, ya citada en las primeras páginas de este libro. Y, por otro, a los Livio Druso, que habían dado durante generaciones políticos muy relevantes; su padre había apoyado a los cesaricidas, fue proscrito por el triunvirato y terminó suicidándose tras la batalla de Filipos.

A otra rama de los Claudios pertenecía también su esposo, Tiberio Claudio Nerón. Este había apoyado en su momento a Julio César, pero luego a sus asesinos; después, a Lucio Antonio durante la guerra de Perugia. Así que, como era de esperar, estaba en las listas negras de los proscritos. Como tantos otros, partió para el exilio a Sicilia y, luego, a Grecia. Finalmente, el matrimonio, que ya tenía un bebé (el futuro emperador Tiberio), que se llamaba como su padre, regresó a Roma, aunque en condiciones mucho peores a las que habían disfrutado años atrás. Más adelante, tendrían otro hijo, Druso.

Mientras, Octavio y Escribonia también tuvieron descendencia, una hija, a la que llamaron Julia. La insistencia de

Octavio en su vinculación con los Julios no era casual ni caprichosa, desde luego. Y los nombres, en dicha estrategia, eran esenciales.

No obstante, consolidada su relación, el divorcio dio paso al matrimonio de Livia con el triunviro. La dama aportaba sus raíces y conexiones directísimas con las familias más aristocráticas del Senado, así como dos hijos varones, Druso y Tiberio.

Las fuentes concuerdan en la extraordinaria belleza de Livia, así como en su inteligencia. Su bisnieto, el emperador Calígula, se referiría muchos años más tarde a ella como «Ulises con estola», en alusión a su perspicacia.

Nada más nacer Julia, Octavio se divorció de Escribonia. Tiberio Claudio Nerón, informado de todo, hizo lo propio, de manera que en el otoño de 39 Octavio y Livia estaban ya unidos, por más que esta estuviera embarazada de su segundo hijo con su anterior esposo. El recién nacido (enero de 38), Druso (futuro padre de Germánico y del emperador Claudio, y abuelo de Calígula), fue enviado con su padre. De esta guisa, en enero de 38 —por lo tanto, nada más nacer Druso— se celebró el matrimonio entre el triunviro y Livia.

En 37, en los acuerdos adoptados en Tarento, se renovó el triunvirato —que ya estaba caducado meses atrás— por otros cinco años. Antonio, desde Oriente, preparaba la guerra contra los partos. Mientras, Octavio tenía entre ceja y ceja eliminar definitivamente a Sexto Pompeyo, cuya flota cercenaba el abastecimiento a Roma. Lépido había perdido la mayor parte de sus recursos militares, por lo que, a efectos prácticos, quedaba anulado como agente político relevante en el juego que se estaba dirimiendo. La tarea de disponer una gran flota fue encargada a Agripa, el amigo de Octavio desde su época de adolescentes. El resultado final, ya en el año 36, fue la victoria total sobre la escuadra de Sexto Pompeyo en la batalla de Nauloco (Sicilia).

De manera casi simultánea, Antonio había comenzado sus ataques contra el poderoso vecino del este: el imperio de los partos. Octavio, por su parte, emprendió una serie de campañas en el Ilírico, los Balcanes, en 35-33. Antonio logró controlar Armenia y, para entonces, ya llevaba siete años de relación amorosa con Cleopatra, descendencia incluida. La relación con Cleopatra había coincidido con sus matrimonios con Fulvia y con Octavia, la hermana de su colega en el triunvirato.

Desde entonces, el ambiente era de prolegómenos de una nueva guerra civil. Desde Roma, la propaganda de Octavio cargó duramente contra Antonio. La imagen de este como un borracho mujeriego, entregado a los placeres orientales, y seducido por Cleopatra, proliferó por doquier en relatos, chistes y mofas. Se contaban detalles que resultaban impactantes. Una de esas historias, por citar solamente una, insisto, contaba que la reina de Egipto había disuelto en vinagre una perla carísima y se la había bebido. Fiestas, orgías, borracheras, frenesí, lujo a todo trapo... todo eso era lo que, fuera cierto o no, llegaba a las calles de Roma en cuanto a lo que Antonio hacía en Egipto. Se llegó incluso a rumorear que pretendía llevar la capital del mundo romano a la mismísima Alejandría.

Claro que la «publicidad» de Antonio tampoco se contuvo, enviando desde Oriente noticias sobre los frecuentes adulterios de Octavio o cómo había llegado a engatusar al mismísimo dictador para que lo nombrase heredero. De todos modos, Octavio se esforzó no solamente en vituperar a su colega, sino también en afianzar su imagen en Roma. Había encargado a su fiel y competente Agripa que emprendiera importantes obras de infraestructura (especialmente en abastecimiento y reparto de agua) en Roma, que incluyeron además la consolidación de proyectos y obras iniciadas por Julio César, como el Foro o el templo de Venus, entre otros.

Durante el año 32, Octavio había desplegado la idea de una guerra contra Cleopatra. Naturalmente, el objetivo último era Marco Antonio, pero la legitimidad y justificación de la empresa se acomodaba mucho mejor a una enemiga extranjera.

Logró que las comunidades de Italia le juraran lealtad al respecto, *iuratio Italiae*, que, con el tiempo, ocurriría también en las provincias. El episodio militar final será la batalla naval de Actium, en las costas del Epiro, frente a la actual Albania y noroeste de Grecia, el 2 de septiembre del año 31. La escuadra de Octavio, comandada por Agripa, derrotó ampliamente a la de Cleopatra y Antonio.

Las fuentes dejan entrever que Cleopatra inició una aproximación a Octavio en la búsqueda de indulgencia. Sea como fuere, Antonio decidió suicidarse, aunque hay quien baraja que su amante pudo tener alguna influencia al respecto. Ciertas versiones dejan entrever que Antonio se suicidó con la idea de que su amante hacía lo mismo, cosa que, en un primer momento, desde luego no sucedió. Los planes de Octavio, entrado ya el año 30, eran llevarla a Roma para exhibirla en el triunfo correspondiente por las calles centrales de la ciudad, pero la reina se suicidó.

Cayo Octavio, es decir, Cayo Julio César, hijo adoptivo de Cayo Julio César, el dictador asesinado en 44, quedaba como único hombre fuerte del mundo romano.

Disponía de decenas y decenas de legiones, resultado de las movilizaciones masivas durante los años de guerras civiles.

La cuestión que quedaba por delante era cuál iba a ser su siguiente paso político.

¿Actuaría como su padre adoptivo y se proclamaría dictador? ¿Iría incluso más lejos y acariciaría la diadema como rey? ¿Depondría sus poderes y se retiraría de la política?

No iba a suceder nada de eso.

Aquel joven enfermizo a quien Cicerón creía que iba a poder manejar cuando el muchacho llegó a Italia al conocer la noticia del asesinato de César, iba a dar forma a un nuevo sistema de poder.

XI
UN NUEVO PODER: AUGUSTO

Horacio, el célebre poeta, tuvo una vida azarosa. Pasó de la pobreza casi absoluta a formar parte del selectísimo círculo cultural de Mecenas, el amigo de Augusto. Naturalmente, el concepto «mecenas» en la actualidad ha cambiado un poco, pero el término procede de aquel personaje y de su patronazgo cultural, importantísimo pilar de la política propagandística del primer emperador.

Decía que Horacio tuvo una vida azarosa. Y tanto. De hecho, había participado en la batalla de Filipos, en la que Bruto y Casio habían sido derrotados por los ejércitos triunvirales y se habían terminado suicidando. Al parecer, Horacio, en el bando perdedor, no tenía intención alguna de hacer eso, y huyó de aquello como alma a la que persigue el diablo. Con el tiempo, terminaría entre la pléyade de intelectuales que rodearían a Mecenas o, lo que es casi decir lo mismo, a su jefe de filas, a quien desde 27 a. C. podemos llamar Augusto.

En este capítulo, por cierto, matizo ya la cronología antes (a.) o después (d.) de Cristo (C.), puesto que nos vamos a mover en los ultimísimos años de lo que nosotros (no los romanos, que fechaban de otro modo) llamamos el siglo I a. C y los primerísimos del siglo I d. C. Así que es necesario, ya, matizar ese detalle.

Lo cierto, y por eso comienzo por esta alusión, es que Horacio había conocido muy bien, de primera mano de hecho, los desastres del *bellum ciuile* de la guerra entre ciudadanos, entre *ciues*, esto es, la guerra civil. Por eso, tiempo después se lamentaba. Venía a decir que otra generación de romanos (*altera aetas*: más que en el sentido de edad, de generación) había sucumbido con la guerra civil (en el verso horaciano, en ablativo plural, *bellis ciuilibus*), que era víctima del propio poder de Roma: *suis uiribus*, por su poder, sus fuerzas, *ruit*, en el sentido de romperse. Este *Epodo* 16 continuaba con la tristeza de cómo ni los peores enemigos de Roma la habían destruido, y eran ellos mismos, los romanos, los que la machacaban desangrándola en guerras intestinas.

He elegido esta reflexión horaciana para ilustrar la primera idea de este capítulo. Roma, y con ella todo el mundo romano, había estado en guerra civil desde que César cruzase el Rubicón en aquel mes de enero del año 49. Cuando Octavio logró vencer a Antonio en 31, y controlar Egipto en 30, era el único señor de la guerra, quedando Lépido muy apartado.

Y fue entonces cuando comenzó a ocurrir.

No se trató de una agenda diseñada al detalle con antelación, pero se fueron dando los pasos para la construcción del Imperio como sistema político, con lo que nosotros llamamos un emperador a la cabeza. No ocurrió desde luego de la noche a la mañana. Se trata, más bien, de un muro que se va alzando ladrillo a ladrillo, como veremos en los siguientes párrafos.

Pero el suelo sobre el que se levantó fue el de las generaciones de romanos muertos en las guerras civiles. Y Octavio comprendió que la primera proyección de su imagen, vencidos todos sus enemigos importantes, era, precisamente, la del contraste con todo lo anterior.

La paz, la *Pax*. En el mes de enero de 29, estando aún Octavio en la parte oriental del mundo romano, que acababa de incorporar nada menos que Egipto, el Senado ordenó que se cerrasen las puertas del templo de Jano. Se trataba de un ceremonial religioso que implicaba la constatación de que, efectivamente, había llegado la paz. Se trata de un elemento axial en la propaganda del que, dos años después, iba a ser llamado Augusto.

Fue, por lo tanto, terminar las guerras civiles en 31, incorporar Egipto en 30 y comenzar la escalada de proyecciones propagandísticas para divulgar esa imagen de la nueva era de paz. Era la base para la preeminencia absoluta de quien debía eludir su imagen de matarife, muy alentada —no sin base—, desde luego por sus enemigos durante años.

El *campeón de las guerras civiles* se iba a presentar, ahora, como el *campeón de la paz*.

Octavio recaudó cantidades ingentes de dinero y propiedades durante aquellos meses en Egipto. Las fuentes cuentan que visitó la tumba de Alejandro Magno: al parecer, ordenó que sacasen el cuerpo del sarcófago y, al ir a tocarle la faz, le rompió la nariz. La asociación —como máximo vencedor militar— con el famoso conquistador, ya había sido iniciada por Pompeyo (incluyendo su iconografía) y, en cierto modo, propagada por César, de quien se contaban anécdotas al respecto.

Los gigantescos recursos con los que Octavio se hizo en Egipto fueron aumentados con su estancia en Siria y la decisión de confirmar a Herodes como rey de Judea. Después de todo, le había ayudado suficientemente en la campaña contra Antonio y Cleopatra. También recibió donaciones, impuestos y regalos desde el resto de provincias romanas de Oriente y de los reinos clientes de Roma.

En el verano de aquel año 29 a. C., celebró triunfos por sus victorias en el Ilírico y sobre Antonio y Cleopatra, así como por la anexión de Egipto. Dio estipendios de cientos de sestercios por cabeza a todos los ciudadanos romanos, así como pagas extra a sus decenas de miles de soldados veteranos, que regresaban exhaustos de las guerras civiles.

En aquellas mismas semanas, se inauguró el templo que, desde hacía años, se estaba construyendo dedicado al *Diuus Iulius*, el Divino Julio: porque Julio César había sido divinizado probablemente ya en 42. Se trataba de un aspecto que Octavio había ya explotado con profusión: porque se hacía llamar «Hijo del Divino Julio». Hacía ya algún tiempo habían comenzado las obras de su mausoleo en el Campo de Marte. Disfrutaba de su quinto consulado y para el año siguiente comenzaba su sexta magistratura regular suprema.

En este sexto consulado, que ejerció con su gran amigo Agripa como compañero, retomó las obras de reforma que ya había emprendido antes de la guerra contra Antonio. En el conjunto de su trayectoria, y por hacernos una idea, fueron más de ochenta templos los que se beneficiaron de obras de restauración, lo que se traducía, además de en la consiguiente propaganda, en tarea y paga para miles de operarios. Al tiempo, pisó el acelerador de las dádivas de cereal a las decenas o cientos de miles de ciudadanos que estaban en las condiciones exigidas para poder optar a ellas.

En el Palatino, la tradicional colina de residencia de las casas aristocráticas romanas, erigió su complejo residencial. De hecho, esa tradicional asociación entre el nombre de la colina y el concepto áulico de residencia en ella es el origen de nuestro concepto «palacio». Sobre todo, cuando, desde la dinastía Julio-Claudia y luego con los Flavios (muy especialmente con Domiciano), se consolidó como un auténtico palacio. También fue en el Palatino donde dedicó un templo a Apolo, acaso su divinidad preferida y a quien achacaba algunas de sus victorias: Actium, sin ir más lejos.

* * *

En la construcción de los poderes institucionales de Octavio, el principal punto de inflexión es, probablemente, lo que ocurrió en el mes de enero del año 27 a. C.

Acababa de comenzar su séptimo consulado. Y, en una sesión en el Senado, depuso todos sus poderes, quedándose como un *priuatus*, esto es, un ciudadano cualquiera, sin magistratura alguna. Muchos años después, ya anciano, redactó sus memorias. O, más bien, una acumulación de datos y de hechos, *Res Gestae*, es decir, «mis hazañas», «las cosas logradas», «mis logros», «todo lo que he hecho», que fueron colocadas delante de su mausoleo y que fueron copiadas por doquier en textos en piedra, bronce y otros soportes. A día de hoy, afortunadamente, se han podido reconstruir gracias a una de esas copias que es la principal de la que disponemos, en un templo situado en la actual Turquía.

Por descontado, se trata de la visión propagandística que el propio Octavio quiso que el mundo romano, al que había gobernado durante décadas, tuviera de su persona y de su vida. Pero, dejando asentado que se trata de su visión interesada, no deja de ser un testimonio fascinante.

Para la sesión de aquel mes de enero del año 27 a.C. disponemos de varias versiones. Una de ellas es la del historiador Dion Casio, que escribió un poco más de dos siglos después. También tenemos, como he dicho, las palabras del anciano Octavio en las *Res Gestae* que acabo de mencionar. Para el caso que nos ocupa de la sesión senatorial de enero de aquel año, hacía mención expresa a que, una vez que se habían acabado las guerras civiles y habiéndose adueñado de todo, dice que transfirió (habla en primera persona, «transferí»), *transtuli*, nada menos que el Estado, la República, *rem publicam*, al Senado y al pueblo de Roma. La transfirió, aclara, desde su poder, desde su potestad, *ex mea potestate*. Es decir, Octavio dejaba claro que había sido dueño «de todo» después de vencer en las guerras civiles, y que se despojaba de sus poderes en Roma, en las provincias, en el ejército... y los entregaba al SPQR, al Senado y al pueblo de Roma.

La versión de Dion Casio, con matices y diferencias, es muy similar. La idea central de la misma es exactamente esa: que depuso sus poderes, que gozaba en todo el mundo romano. Y que fue después cuando recibió el revestimiento como cabeza del Estado, del sistema político.

Dion Casio deja entrever que todo fue mera retórica o, como la célebre canción, *Lo tuyo es puro teatro*. Es posible. Nunca lo sabremos. Lo cierto es que Octavio disponía de decenas de legiones y era el hombre fuerte de la moribunda, o ya muerta, República. La mayor parte de los senadores, a buen seguro, deseaban evitar otra guerra civil a la que, quizás, ya no hubieran podido sobrevivir. Así que la reacción fue la entrega del poder, de una autocracia, a aquel cónsul de treinta y tantos años que había sobrevivido a todos sus enemigos y a muchos de sus amigos.

A partir de aquellos días de enero de 27 a. C., hubo más sesiones senatoriales y se le concedieron varios honores que no puedo recopilar aquí de modo exhaustivo, puesto que concluiría el libro entero con ellos. Solamente destacaré alguno. La mayor parte de las decisiones emergieron desde el Senado, pero fueron ratificadas por los comicios populares.

En aquellas sesiones del mes de enero fue cuando se le concedió un nombre: Augusto. El propio Cayo Julio César Augusto lo explicará, a su manera, claro, en su vejez. Dice en las *Res Gestae* que recibió el nombre de Augusto *pro merito meo*, es decir, por todo lo que acababa de decir, por semejante mérito suyo. Y que el Senado, a través de una decisión y decreto senatorial, *senatus consultum*, le había otorgado el nombre de Augusto, *Augustus apellatus sum*. Y muy, muy, pero que muy importante: Augusto —ya podemos llamarlo así— quiso anotar que fue desde entonces, *post id tempus*, cuando aventajó a todos en autoridad, *auctoritas*, en el sentido de autoridad (de ahí viene nuestra palabra), sí, pero en el léxico político romano tiene que ver especialmente con algo similar a lo que nosotros llamaríamos «prestigio». Decía Octavio, ya Augusto, que desde entonces no superaba a los demás, aludiendo a los poderes institucionales.

Esto último, naturalmente, era una suerte de brindis al sol. Claro que, en la práctica, superaba a todos. Pero mantenía la ficción de la existencia del consulado y las demás magistraturas de la República. Porque, en verdad, poco a poco acumuló poderes que lo situaron como lo que terminó siendo: el primer emperador de Roma, el creador del Imperio romano como fórmula política e institucional.

Desde el punto de vista más práctico y funcional, el Senado le concedió, para un período de diez años, el mando directo de las provincias menos pacificadas, aquellas que precisaban de más presencia militar. Entre ellas, se trataba de provincias distribuidas en zonas de Hispania, Galia, Siria y por supuesto el recién anexionado Egipto, que siempre iba a tener un régimen un tanto peculiar en la administración romana. Se organizó un sistema de legados de Augusto, literalmente, para que representasen a este en los territorios y ejércitos que le habían sido adjudicados. El Senado controlaba, entre otras, provincias en África, Asia, Galia Narbonense o la nueva provincia de la Bética, en el sur de Hispania, llamada así por el río *Baetis*, Betis, al que nosotros llamamos Guadalquivir. Los hinchas del Real Betis Balompié son, por tanto, de un club con nombre absolutamente romano.

El *imperium* con el que comandaban las legiones era, por supuesto, solamente delegado desde el auténtico *imperium*, el de Augusto. El Senado conservó el control del resto: eran procónsules quienes ejercían esos mandos provinciales senatoriales con *imperium* propio. Pero, a distancia sideral, era Augusto quien tenía el mando directo del mayor número de legiones. Y, hablando de legiones, Augusto se reservó unas cohortes de soldados, los famosísimos pretorianos, que estaban bastante mejor pagados que los legionarios. Creó, por lo tanto, las cohortes pretorianas, que iban a estar funcionando hasta la época de Constantino, a comienzos del siglo IV d. C.

En fin, desde enero del 27 a. C. aquel Cayo Octavio, que había pasado a ser Cayo Julio César por adopción en el 44, se convirtió en *Imperator* Cayo Julio César Augusto, *diui filius*, esto es, hijo del Divino Julio. Porque, como ya he anotado antes, se intensificó la idea de la divinización de Julio César que llevaba ya años en funcionamiento y, por tanto, la filiación divina del propio Augusto en cuanto que hijo (adoptivo, pero hijo a todos los efectos) del Divino Julio. Aunque, insisto, esto ya lo había usado convenientemente desde hacía bastantes años. «Augusto», en realidad, no quería decir nada: estaba vinculado a cuestiones sagradas, al verbo *augere*, «aumentar», al radical léxico de los augures. En fin, «las cosas sagradas se llamaban augustas», como dirá el poeta Ovidio.

Pero no tenía mucha más concreción. Traducirlo al español, de hecho, es muy complicado, pero la idea general es algo así como «el Venerado», algo así, insisto. Porque la clave era la propia ambigüedad del término, que huía de asumir títulos más concretos en la tradición como Dictador o, incluso, como Rey, que era algo aborrecible en la tradición de la *nobilitas*. El manejo de la ambigüedad le permitió ir engrosando en los siguientes meses y años la panoplia de poderes que definen al primer emperador y a los poderes que irían pasando a sus sucesores.

* * *

Aunque Augusto recibió varios honores más, el otro punto de inflexión en la organización de sus poderes tuvo lugar en el año 23 a. C. Fue entonces cuando cuajó una conjura contra su autoridad, además de una enfermedad que, de nuevo, casi se lo lleva por delante.

Ya he dicho páginas atrás que Octavio siempre, desde muy joven, tuvo una salud endeble. Eso sí, no le iba a impedir llegar a sobrepasar con holgura los setenta. Como consecuencia de las conjuras de Murena y de Cepión de aquel año, decidió dar un giro de tuerca a sus poderes.

Asumió desde 23 a. C. la *tribunicia potestas*, esto es, una suerte de jefatura civil, adalid y cabeza del *populus romanus*, de por vida. Esto le daba poderes casi absolutos en todas las materias civiles, incluida la propuesta de magistrados. La novedad estribaba en que era perpetua, vitalicia, renovándose año a año.

Por eso, con sus sucesores, se pueden fechar con exactitud los epígrafes imperiales cuando se menciona la cuarta o quinta potestad tribunicia de tal o cual emperador, porque gracias a eso sabemos que se trataba del cuarto o del quinto año de su estancia en el poder.

El otro gran pilar del giro de tuerca al que me refiero fue que su *imperium proconsulare*, esto es, el poder militar máximo y mando supremo de tropas, que le fue ampliado también para siempre. En otros términos: Augusto disponía ahora de un *imperium* perpetuo y superior al de cualquier otro que tuviera mando sobre legiones en un momento determinado.

Estas novedades del año 23 son absolutamente esenciales. Los dos grandes pilares del poder en Roma, el civil y el militar, estaban literalmente adheridos a la persona de Augusto para siempre.

Todos sus demás poderes y honores, que fueron muchísimos, siendo importantes, simbólicos, funcionales también, eran una consecuencia de lo anterior. La clave para estar al frente de lo que ya era un imperio en términos políticos era el poder político y el militar.

Y los tenía los dos.

Para siempre.

Augusto era *Princeps*, un título muy querido por él, en cuanto que *Princeps senatus*, el tipo más importante del Senado, del que va a tener además el *ius agendi*, es decir, el derecho de organizar lo que se debía discutir y lo que no. De esa idea romana viene nuestro concepto «agenda»: literalmente, lo que vamos a hacer. La proyección de *Princeps* desde el significado senatorial al político general, al conjunto del sistema, *res publica*, significaba que Augusto era, por decirlo de algún modo, «el primero de los romanos». Fue uno de sus títulos más queridos, el de *Princeps* y, de hecho, el sistema que estaba creando suele ser conocido como el *Principatus*, el Principado.

También iba a recibir la *cura morum*, esto es la supervisión de las costumbres. Suponía esto un enorme poder moral, ético, de vigilancia, de intrusión en las vidas privadas y públicas de los ciudadanos. Recogía de ese modo el testigo de los censores tradicionales de la República, y su capacidad para elaborar *album* senatorial, la lista de senadores, censos, y demás inventarios de ciudadanos, que permitían un amplio margen de discrecionalidad.

Unos años después, cuando murió Lépido, asumió el título de *Pontifex maximus*, el sacerdocio de mayor prestigio en la *religio* romana. Pasaría de sucesor en sucesor, es decir, de emperador en emperador, hasta muy avanzado el siglo IV, cuando el emperador cristiano Graciano fue el primero que lo depuso. Ni quiera Constantino lo hizo. Ya hablaremos de eso. Lo cierto es que adquiría la preeminencia religiosa, que iba a ser otro de los mecanismos básicos del poder de los emperadores.

Estos son solamente algunos de los poderes de Augusto, los más esenciales. Pero se le otorgaron otros, además de menciones honoríficas y simbólicas, tales como *pater patriae*, padre de la patria, entre otros. Por ejemplo, el mes *Sextilis* fue renombrado como el de Augusto, de ahí nuestro «agosto», emulando la transformación que en su día había tenido *Quinctilis* en el mes dedicado a Julio, en honor de César.

Para comprender su gobierno como primer emperador, hay que partir de la base de que, ante todo, el poder de Augusto se había formado sobre el del Octavio vencedor de las guerras civiles. Puede parecer un enredo, puesto que se trata de la misma persona, pero no lo es. Quiero decir que disponía, acabadas las guerras civiles y controlando también lo que quedaba de las de sus enemigos, de varias decenas de legiones. Algunos especialistas en las guerras civiles de la República calculan unas cincuenta o sesenta, no al completo todas, por supuesto. Las fue reduciendo hasta dejarlas en unas 26/27 aproximadamente, que sería, con excepciones, el número más o menos frecuente durante varios siglos.

* * *

Desde el punto de vista militar, se llevaron a cabo importantes campañas en los Balcanes, en la zona del Danubio y en la del Rin. Hubo extensión de la estrategia militar romana más allá, hacia el Elba. Sin embargo, pasados los años, el resultado final de todas esas campañas, en las que se distinguieron los hijos de su esposa Livia, Druso y Tiberio, fue la consolidación del *limes*, la frontera del mundo romano, en esos dos grandes ríos, el Rin y el Danubio. Semejante idea fue absolutamente confirmada con el desastre de Quintilio Varo en Germania en el año 9 d. C. Las fuentes se recrean en los detalles sórdidos de la catástrofe, así como en la reacción del ya anciano Augusto, que se daba de cabezazos, literal y físicamente, contra las paredes de palacio, gritando «¡Varo, devuélveme mis legiones!».

Lo cierto es que *sus* legiones fueron masacradas y la estrategia que Augusto recomendó para el futuro fue mantener las fronteras y no intentar llevarlas mucho más allá. Estableció además la estabilidad de las legiones desde el punto de vista económico, con salarios al alza que, según algunos cálculos, rondaban o incluso superaban la mitad de los ingresos del Imperio.

Hubo varios cambios en el mapa geopolítico del mundo romano. Voy a citar solamente algunos ejemplos. Entre 29 y 19 a. C. tuvo lugar la guerra de conquista contra Astures y Cántabros, en el norte de Hispania. Se trataba de los territorios en la Submeseta Norte (en las actuales provincias de Burgos, Palencia, León…), y más allá de la cordillera Cantábrica (actuales Cantabria, Asturias), lo último que quedaba por someter a Roma en la península ibérica. En el otro extremo del mundo romano, cabe anotar que Judea pasó a ser provincia romana, como también lo fueron, entre otras, zonas del entorno alpino, tanto al sur como al norte de los Alpes (incluyendo espacios del actual Tirol), o en el entorno danubiano, tales como Panonia o Mesia.

* * *

Augusto explotó como casi nadie antes la propaganda a su disposición. Se rodeó de artistas, intelectuales, poetas, con su amigo Mecenas como aglutinador. Nombres como Horacio o Virgilio suenan a casi todo el mundo incluso en pleno siglo XXI. A Horacio ya me he referido antes. Virgilio compuso la *Eneida* que, en cierto modo, era un canto al origen mítico de Roma, pero también al inicio de una nueva época. Ovidio, que también estuvo en su entorno, terminó desterrado cerca del mar Negro. Allí escribiría los *Tristia*, en español decimos las *Tristes*, en las que se quejaba de que nadie le comprendía y que en aquellas tierras el bárbaro era él. No se sabe a ciencia cierta el motivo del destierro. Siempre se habló de la posibilidad de que fuera por sus textos sobre el amor y el erotismo. El propio Ovidio, sin embargo, deja caer que vio o se enteró de algo que no debía haber sabido… Se ha pensado en varias posibilidades, incluyendo que fuera testigo de alguno de «los asuntos» de Julia, la hija de Augusto, o de alguien más dentro de la casa del emperador. Incluso, algunos especialistas defienden hoy en día que todo fue un mero artificio literario del poeta.

Más allá de los poemas y de las frases lapidarias, Augusto incluyó en esa propaganda un enorme plan de construcciones. Ya me he referido a él para la etapa en la que Antonio permanecía en Egipto. Por descontado que, a partir de su encumbramiento como tal Augusto, insistió en él. Del conjunto de su gobierno, incluyendo ambas etapas, y sin afán de ser exhaustivo, debo anotar que concluyó la Curia Julia, el edificio del Senado, que César había iniciado. El Teatro de Marcelo o la restauración de decenas de templos, son solamente algunos ejemplos más. El Foro de Augusto era un gran complejo porticado, con decenas de estatuas de romanos prominentes, eso sí, con la del propio Augusto en el centro. En uno de los extremos se hallaba el Templo a Marte Vengador, *Mars Vltor*, en la idea según la cual se había logrado vengar a todos los enemigos de César y, a la larga, a los del propio Augusto. Entre otros edificios, cabe recordar el Altar de la Paz de Augusto, *Ara Pacis Augustae*, que fue construido en el Campo de Marte una vez terminadas las guerras en el norte de Hispania contra cántabros y astures. En relieve pétreo, a modo de imagen proyectada, desfila la familia imperial. También en el Campo de Marte se levantó, de la mano de su querido Agripa, lo que suele conocerse como el Panteón, que mucho tiempo después iba a ser reconstruido en época de Adriano. Y también en ese entorno se había edificado el mausoleo para el propio Augusto, en el que iban a ser depositados los restos no solo del primer emperador, sino de varios de los miembros de su familia. A modo de lema publicitario, cabría recordar la frase que Suetonio recogería más tarde, según la cual, Augusto afirmó que había recogido una ciudad de ladrillo y había legado una en mármol.

Pese a todas estas luces, acaso la sombra que más le pudo preocupar fue la de su sucesión. No había heredero biológico varón. Tenía una hija, Julia, de un matrimonio previo con Escribonia. Julia le dio muchos quebraderos de cabeza porque el propio Augusto había impulsado leyes contra el adulterio, por más que se contaban a escondidas sus infidelidades a Livia especialmente al inicio del matrimonio.

Livia aportaba dos hijos, Druso y Tiberio, engendrados con su anterior esposo, Tiberio Claudio Nerón. Utilizaron a Julia como mecanismo sucesorio, casándola varias veces: con Marcelo, con Agripa y con Tiberio. Al final, fue desterrada a una isla, se contaba que por sus escarceos sexuales. Las fuentes se recrean en algunos detalles, como el hecho de mantener relaciones sexuales con sus amantes nada menos que en el mismísimo Foro.

De entre la descendencia disponible, y una vez fallecidos Marcelo y Agripa, que habían sido posibles candidatos, Augusto puso sus ilusiones en Cayo y Lucio, hijos de Julia con Agripa. Este había sido, además de Mecenas, acaso el gran amigo de Augusto y quien le había sacado las castañas del fuego en situaciones militares muy delicadas. A través de imágenes de ambos en piedra y sobre todo en monedas, se proyectó la imagen de ambos muchachos como *principes* (plural de *princeps*) *iuuentutis*, príncipes o primeros entre la juventud. Pero los dos murieron con dos años de lapso.

Augusto falleció el 19 de agosto del año 14 d. C. en Nola, Campania. A su pesar de su proverbial mala salud, había logrado rebasar con holgura la condición de septuagenario. Se contó que había padecido unos fuertes dolores de estómago; otras versiones culpaban a Livia, que lo habría envenenado (lo sitúo en condicional, nunca lo sabremos) con unos higos «sabiamente» preparados.

Entre estas versiones, también se contaba que, ya moribundo, pidió un espejo y fue peinado. También se dijo que dio un beso a Livia y que pidió a sus amigos que, en el caso de que hubiera representado bien su papel en el mundo y en la comedia de la vida, lo aplaudieran. Lo cierto es que sus poderes, la mochila que había llenado en sus años de triunviro pero, sobre todo, desde 27 y desde 23 a. C., pasó a Tiberio, hijo de Livia y adoptado por el propio Augusto.

Más o menos un mes después de su muerte, Augusto fue declarado dios. Fue divinizado, como su padre adoptivo.

* * *

Escribiendo un siglo después, el aristócrata e historiador Tácito comenzaría sus *Annales* con una reflexión crítica, en la medida, claro, en la que era posible hacerlo en los días de los emperadores. Observó que Augusto se había ganado a los legionarios con donativos, con pagas, al pueblo con cereal y a todos con la paz. Y que sobre esa base fue capaz de ir acumulando lo que hasta entonces había estado en manos del Senado, de los magistrados y de las leyes. Y, como síntesis, parece bastante acertada.

De hecho, Augusto mezcló la tradición con la innovación de la autocracia absoluta. Se seguiría llamando *res publica* en el sentido del sistema político, del conjunto de instituciones, pero, en la práctica, ya no era lo que suele entenderse como una República, sino un Imperio, con un autócrata, un emperador, al frente del mismo.

He explicado varias veces el origen del término *imperator* e *imperium*. Ya se había añadido al nombre de César en su momento por parte del dictador, pero con Augusto se consolidó ligado a su persona y a su nombre y como tal iba a ser heredado por su sucesor propuesto. Y de este, Tiberio, al siguiente... Por eso hablamos de emperadores: porque acumulan un conjunto de poderes, esa «mochila» a la que me refería antes, reunidos por Octavio (Augusto), que pasaron al primer sucesor, que fue Tiberio, al igual que el propio nombre de Augusto: *Imperator*,

Caesar y *Augustus* pasaban a formar parte del nombre personal del sucesor y conformaban una suerte de titulación de lo que conocemos como «emperador». Sin embargo, el propio Octavio se prodigó en el uso de *princeps*, ese «primero entre iguales» o «primer ciudadano». De ahí el término *Principatus*, Principado, para referirse al nuevo sistema.

Sí, desde luego, siguió habiendo cónsules, pretores, Senado, asambleas... Pero, por encima de todas esas esferas institucionales, el sol del emperador iluminaba todo.

Augusto construyó un poder personal por acumulación de vectores que, tradicionalmente, habían estado repartidos.

Asentó una autocracia, un Imperio. Que se había ido formando geopolíticamente desde hacía dos siglos antes de la muerte de Augusto, en la medida en la que había dominado extensísimos territorios desde Hispania hasta Siria o desde las Galias hasta el norte de África. Pero que, a nivel institucional, como tal sistema político, se formó con Cayo Octavio y su acumulación de poderes.

Fue, efectivamente, el primer emperador.

Veamos algo sobre sus sucesores.

XII
«¡MUERO COMO ARTISTA!». LOS SUCESORES DE AUGUSTO

Octavio había sido el vencedor de las guerras civiles y el último político poderoso de la República. Esa misma persona, nacida el 23 de septiembre de 63 a. C., el año del consulado de Cicerón, fue Augusto, el primer emperador. No deja uno de tener la sensación de un Jano bifronte, el dios de las dos caras, con ese gozne o bisagra que supone Octavio, por un lado, y Augusto, por otro. Siendo ambos, claro, la misma persona.

Verdaderamente, Augusto es el primer emperador, quien fue acumulando los poderes militares (*imperium*) y civiles (*tribunicia potestas*), así como religiosos (*pontifex maximus*), censores, honoríficos, de por vida. Esa mochila de la que vengo hablando hasta ahora, cargada del nuevo poder, define el perfil del emperador.

Y fue esa misma mochila la que pasó a su sucesor y al sucesor de su sucesor. Y así fue ocurriendo consecutivamente, con algunas variaciones importantes, hasta finales del siglo v d. C., momento en el que desapareció el Imperio romano de Occidente y concluye este libro. Aunque el Imperio romano de

Oriente persistiría hasta 1453 con la toma turca otomana de Constantinopla, Bizancio, actual Estambul.

* * *

El mundo del Imperio romano, ya con un emperador al frente, del que se ocupan estas páginas hasta el final del libro, impresiona por sus dimensiones. Sobre todo, si hacemos un esfuerzo de abstracción y nos evadimos de las magnitudes de nuestro tiempo. Durante los siglos imperiales que vamos a ir mencionando en las siguientes páginas, hubo algunas incorporaciones territoriales en la frontera oriental (zonas del entorno Alta Mesopotamia, por ejemplo), o en el norte, como es el caso de la anexión de Britania (Gran Bretaña) y de la Dacia (más allá del Danubio, en la actual Rumanía).

En conjunto, se ha calculado que los siglos que ahora nos van a ocupar engloban ese mundo romano de unos sesenta millones de habitantes, muy aproximadamente. También *un poco por encima*, desde Augusto el ejército tendrá en torno a un cuarto de millón de efectivos, unos trescientos mil según otros cálculos, doscientos mil en las cuentas más bajas.

Dada la necesidad de organizar por capítulos una secuencia de medio milenio de Imperio, en este capítulo me voy a ocupar solamente de la primera dinastía de emperadores. El siguiente ya entrará en dinastías posteriores. Se trata de lo que académicamente solemos llamar Alto Imperio, para diferenciarlo del llamado Bajo Imperio o, más correctamente, etapa tardorromana: cubre esta desde avanzado el siglo III hasta el final del Imperio occidental dos siglos después. Así que, de aquí a la dinastía de los Severos, que concluyó en 235, nos movemos en el Alto Imperio.

Este capítulo está dedicado a la primera dinastía, la Julio-Claudia, desde Tiberio, que accedió al poder tras la muerte de Augusto en 14, hasta Nerón, muerto en 68. Desde ahora, todas las fechas serán d. C., así que omito la abreviatura.

Hablamos de dinastía Julio-Claudia porque Augusto, en cuanto que sobrino nieto y, sobre todo, hijo adoptivo de César, pertenecía a la *gens Iulia* y su esposa Livia a la *gens Claudia*, tanto por una de sus ramas propias como por la de su anterior esposo y padre de sus hijos Druso y Tiberio. Por ser este el sucesor de Augusto y habiendo sido adoptado por el primer emperador, encarnaba en su persona ambas *gentes*. Por eso, inaugura esa dinastía que iba a perpetuarse en el linaje hasta la muerte de Nerón.

* * *

Tiberio, hijo de Livia y de su anterior esposo, Tiberio Claudio Nerón, se llamaba como su padre biológico. Este había tenido cargos políticos y militares a las órdenes de César. Tras el cesaricidio, se había puesto del lado de Antonio. Por ese motivo, tuvo que huir junto a su esposa Livia y el primero de sus hijos, el futuro emperador Tiberio, por Sicilia y por Grecia, aunque la familia pudo regresar merced a una amnistía. No estaba en una posición de fuerza, precisamente, para oponerse a los deseos de Octavio para que se divorciara de Livia.

Tiberio hijo, como su hermano Druso, creció en la casa de Augusto y Livia en el Palatino, y sirviendo a su padrastro en importantes campañas militares en el Ilírico (Balcanes), Germania, los Alpes, entre otros lugares. Se había distinguido como un general capaz, como su hermano Druso.

Había decidido exiliarse a Rodas, en lo que parece haber algún tipo de relación con sus desavenencias con Augusto. No debe perderse de vista que su padrastro le había obligado a divorciarse de Vipsania y a casarse con Julia, hija del *princeps*. A la luz de las fuentes, este matrimonio fue un desastre y Tiberio odiaba profundamente a su esposa. Entre los recelos de

Augusto, el desastre que para él parece que supuso la renuncia a Vipsania y el enlace con Julia, la muerte de su hermano Druso en 9 a. C., las preferencias de Augusto hacia sus nietos, su situación personal parece que resultaba complicada e inestable. A pesar de sus triunfos en Germania, que pudo celebrar en Roma en 7 a. C., se retiró a Rodas en 6 a. C.

Sea como fuere, los fallecimientos de los nietos del emperador, Lucio y Cayo, en 2 d. C. y 4 d. C., hijos de la propia Julia y de Agripa, terminaron despejando el camino a Tiberio. Era el único candidato posible dentro de la familia imperial. Augusto lo adoptó como hijo, aunque le obligó a hacer lo propio con Germánico, hijo del fallecido Druso y, por lo tanto, sobrino de Tiberio.

Cuando Augusto expiró en el mes de agosto del año 14, fue Tiberio quien asumió sus poderes. Además de todos los honores (aunque rechazó algunos, como *pater patriae*), heredaba las dos bases esenciales del poder: la potestad tribunicia y el *imperium* proconsular superior. No solo eso, en su testamento, el primer emperador le transmitía el nombre y título de Augusto. Así sería hasta el final del Imperio romano: el emperador era Augusto. Podía designar a un emperador con rango menor, que usualmente recibía el nombre de César, pero no de Augusto. Salvo algunas excepciones, que veremos en su momento, además de César, Augusto quedó como nombre y título incorporado al emperador en ejercicio.

El segundo emperador llegó al poder supremo ya muy avanzado en la cincuentena, con una vida intensa y altamente exitosa en lo militar y extremadamente azarosa y amarga en lo personal. Las fuentes se ceban con su carácter retraído, que habría ido derivando en depravación. Gregorio Marañón le dedicó una biografía en la que se centraba en los aspectos psicológicos y en un marcado resentimiento labrado a fuego en sus años infantiles y adolescentes. Nunca sabremos, desde luego, si todas estas cuestiones son ciertas o no. Sucede con todos los emperadores. Las fuentes, a veces, se ceban en detalles hiperbólicos, que no sabemos si son ciertos o si, más bien, obedecen a rumores propagados en ambientes senatoriales en los que tal o cual emperador fueron considerados algo así como el ejemplo a no seguir. Esto solía suceder, como puede sospecharse con facilidad, con los emperadores que no se habían llevado precisamente bien con el Senado.

Al poco tiempo del fallecimiento de Augusto, fue declarado *Diuus Augustus*, es decir, fue divinizado por decisión senatorial. La senda iniciada en su momento con la divinización de Julio César continuaba siendo transitada en el caso de Augusto en el año 14. Era el inicio del culto a los emperadores, el culto imperial, que fue muy practicado tanto en Roma como en las provincias y ciudades, con templos y sacerdocios como los *augustales*, presentes en multitud de ciudades en todo el mundo romano.

El primer gran problema surgió con las legiones de Panonia, en la frontera danubiana. Tiberio tuvo que enviar un ejército al mando de su propio hijo Druso (nacido del matrimonio con Vipsania), que logró sofocar la rebelión, originada por los problemas de pago y los largos servicios militares. Pero también habían estallado revueltas entre los legionarios de Germania, cuyo general era Germánico, sobrino del emperador y adoptado como hijo por este por decisión de Augusto. En este caso, y de hacer caso al historiador Tácito, Germánico logró revertir la situación con una treta. Fomentó la lástima entre los legionarios al despedir a su esposa Agripina (hija de Agripa y de Julia) y a su hijo Cayo —aún poco más que un bebé—, el futuro emperador Calígula. Y, según Tácito, la cosa funcionó y el motín fue desactivado.

Tiberio fomentó al inicio de su mandato la colaboración con el Senado, atribuyéndole nada menos que las competencias en elección de magistrados que tradicionalmente tenían los comicios. Aunque Tiberio, desde luego, retenía las decisiones finales tal y como había hecho su padre adoptivo. Con el tiempo, y siendo tanto el *princeps* como el Senado conscientes de que lo que Augusto había construido, en consecuencia de lo que Tiberio había heredado, era una autocracia, hubo recelo y distanciamiento mutuos.

Augusto había impuesto a su sucesor que, a su vez, adoptase a Germánico, como he anotado antes. Había heredado de su padre Druso la facilidad para ser popular entre las tropas, aunque su misión para aplacar el motín legionario había tenido sus luces y sus sombras. Especialmente durante las campañas entre los años 15 y 17, Germánico logró victorias sobre los germanos, recuperando dos de las tres águilas perdidas por Quintilio Varo en el desastre de Teutoburgo del año 9. De hecho, en algunas de las batallas se había enfrentado al mismísimo Arminio, el caudillo germano que había masacrado a las legiones de Varo. En cualquier caso, Arminio no fue apresado. Una vez conocidas las victorias, Tiberio reclamó su presencia en la capital del Imperio.

El regreso supuso para Germánico la concesión del triunfo en Roma, por más que el dominio sobre esa Germania extendida en modo alguno estuviera ni mucho menos consolidado. Ni lo iba a estar jamás. La frontera romana en el mundo germánico iba a ser siempre el Rin. Las fuentes, y en particular Suetonio, achacan a Tiberio el mal de la envidia hacia su sobrino, justificando incluso que le concediese el honor del triunfo en Roma y el consulado como una mera estratagema para desviar el foco de su auténtico resentimiento. Sin embargo, no pocos especialistas actuales en la dinastía Julio-Claudia valoran más bien la prudencia de Tiberio en la cuestión germánica, apuntando a que el llamado precisamente así, Germánico, estaba poniendo en riesgo tal geoestrategia con sus campañas más allá del Rin.

En todo caso, el triunfo de Germánico fue celebrado aquel año 17 con el consiguiente desfile por las calles principales de

Roma. Formaban parte del botín nada menos que la esposa de Arminio y uno de sus hijos.

La siguiente misión tenía un destino muy diferente: Oriente. Se le confirió un *imperium maius*, un mando militar supremo, sobre el de todos los gobernadores y comandantes militares de las provincias orientales, con el objetivo de reorganizar toda aquella zona del Imperio. Para allí iba también Calpurnio Pisón, miembro destacado de la aristocracia romana y amigo de Tiberio, que había sido nombrado nuevo gobernador de la importantísima provincia de Siria. Tiberio lo había colocado, además, como agregado a la misión de Germánico en Oriente.

La comitiva de Germánico partió a finales del 17 e incluía a su esposa Agripina y a su hijo Cayo, el futuro emperador Calígula. Hizo paradas en lugares señeros, tales como el de la batalla de Actium, en el que rindió honores a Augusto y a Marco Antonio, puesto que de ambos descendía: de hecho, eran sus abuelos.

Debo explicar esto. Augusto era su abuelo adoptivo por línea paterna, toda vez que Germánico era hijo de Druso, y este, a su vez, de Livia. Pero es que, además, Augusto era abuelo biológico de la esposa de Germánico, Agripina, a la sazón hija de Agripa y Julia, la hija del primer emperador. Y, por el lado materno, rendía honores a su abuelo Marco Antonio, puesto que Germánico era hijo de Druso con Antonia, hija de Marco Antonio y Octavia.

También visitó, entre otros lugares, el sitio de Troya, o la ciudad de Atenas. Las fuentes se recrean en la teatralidad, el sentido del *show*, que se diría hoy, de Germánico al realizar rituales y homenajes en todos esos lugares, tal y como ya había hecho en Germania con el lugar de la batalla de Teutoburgo entre Quintilio Varo y Arminio, por ejemplo.

Entre finales del 17 y el año 18, Germánico tomó decisiones que formaban parte de su misión, esto es, reorganizar la política oriental. Entre otras cosas, puso un rey títere en el reino de

Armenia y transformó en provincias zonas clientes de Roma en Asia Menor, como Capadocia y Comagene, zona esta ya en transición hacia Siria por el sur y, algo más lejos, a la Alta Mesopotamia por el sudeste. Hizo además un viaje por Egipto, que al parecer pudo desagradar sobremanera a Tiberio, puesto que Egipto tenía, desde su anexión unas décadas antes por Augusto, un estatuto muy peculiar.

Ya en Siria, Germánico se puso muy enfermo. Enseguida se cimentó la idea de un envenenamiento y rumores de que Livia podía estar detrás, con la mano directa de Pisón y de su esposa Plancina, gran amiga de Livia. Según las fuentes, ya había habido algún choque, o varios, entre Plancina y Agripina. En lo que respecta al empeoramiento de Germánico, se contaba que se habían encontrado rastros de magia negra en la casa de Pisón y Plancina. De hecho, de creer a Tácito, el propio Germánico, en el lecho de muerte, habría responsabilizado del crimen a Pisón y a Plancina.

Germánico moría en Siria el 10 de octubre del 19. Las sospechas recayeron en Calpurnio Pisón y, en última instancia, en el mismísimo Tiberio y en su madre, Livia. Hubo un juicio, aunque Pisón murió durante el proceso: al parecer, por suicidio, aunque no pocos sospecharon que la mano de Tiberio también estaba detrás de su muerte. Así que se llevó a cabo una auténtica operación de limpieza de cualquier mácula sobre el emperador.

Prueba de ello es el decreto senatorial (*senatus consultum* redactado exactamente el día 10 de diciembre del año 20), del cual se conserva una muestra excepcional que se encuentra en el Museo de Arqueología de Sevilla. No olviden contemplarlo en sus próximos viajes a la maravillosa ciudad hispalense.

Como Pisón se había suicidado, no era muy difícil tirar las culpas encima de su cadáver. El decreto es una lección vívida, directa, de historia de Roma, una auténtica ventana hacia el pasado. Pero también es toda una muestra de la ironía, la retórica y la capacidad del poder, en cualquier época, para retorcer la realidad y proyectarla según sus intereses. Como lo es la *tabula Siarensis*, que se conserva en el mismo y extraordinario Museo hispalense, en la que se anotan honores que por orden del emperador se debían otorgar al difunto Germánico.

* * *

El mandato de Tiberio estuvo durante un tiempo dominado por la figura de Sejano, prefecto del pretorio, es decir, jefe de los pretorianos, el cuerpo militar creado por Augusto para el control de la situación en Roma y alrededores. En el año 23, murió su hijo Druso en extrañas circunstancias. Entre dicho impacto, y las intrigas palaciegas, el emperador decidiría más tarde retirarse a la isla de Capri, junto a Nápoles. Años después, sobre la base del testimonio de la viuda de Sejano, se supo que este había estado detrás de dicha muerte, de la del hijo del emperador. De hecho, el prefecto del pretorio dedicó la mayor parte de sus esfuerzos a apartar cualquier posibilidad de rivalidad hacia su propia candidatura a la sucesión de Tiberio.

La liquidación del mismísimo hijo de Tiberio había sido la primera. Además, Sejano y Livila, la esposa y ahora viuda de Druso, nuera del emperador, estaban *liados*. Téngase en cuenta que Livila era hermana de Germánico y del futuro emperador Claudio, por el momento apartado de todo este juego por su aparente debilidad mental y física.

Una vez liquidado el *hijísimo*, Sejano podría aspirar a casarse con su amante y entrar, de ese modo, en la familia imperial. O esa era su estrategia, que nunca llegaría a cumplirse. Después de la muerte de Druso, vendrían las purgas de la mayor parte del entorno de Agripina, la viuda de Germánico.

El emperador tenía un nieto (Tiberio Gemelo), fruto del matrimonio de su hijo con la propia Livila, pero aún era demasiado pequeño. Así que sus esperanzas sucesorias estaban puestas en dos de los hijos de Agripina y Germánico, esto es, Nerón y Druso (otro Druso más y van tres).

La estrategia de Sejano pudo acelerar sus movimientos cuando Livia, la viuda de Augusto, falleció en el año 29. La ofensiva se desató ya abiertamente contra Agripina y sus hijos Druso y Nerón. Los dos primeros fueron exiliados a islas, mientras que el tercero fue encarcelado.

Sin embargo, cuando todo parecía sonreír a Sejano, Tiberio decidió hacer caer a su prefecto del pretorio. Y a este, desde luego, no le faltaban enemigos entre la aristocracia romana, a no pocos de cuyos miembros señeros había asesinado. Así que, desde Capri, Tiberio logró que el Senado fuera destinatario de su acusación hacia Sejano. No había ninguna esperanza para el prefecto del pretorio: era acusado por el *princeps* de traición y de conspirar contra él. Sejano fue ejecutado, durante los siguientes meses la sangre corrió por doquier y los cuerpos de quienes fueron acusados de participar en las conjuras de Sejano se acumulaban por las calles de Roma.

La ausencia de Tiberio de Roma durante años favoreció que sus enemigos, en particular el entorno de Agripina, hiciesen correr rumores sobre su depravación. Nunca sabremos si las anécdotas que nos refieren fuentes como Suetonio o como Tácito son exactas o si, por el contrario, están abultadas y exageradas e, incluso, si son completamente falsas.

Me refiero, entre otras cosas, a las tendencias depravadas de Tiberio en materia sexual, como los famosos «pececillos». Según las fuentes, el emperador se refería con esa palabra a niños a los que introducía en los baños para que le mordisqueasen y lamieran sus genitales. Esa es una, pero las hay por doquier en las fuentes sobre los emperadores que aparecen en este capítulo. Pero, insisto, nunca sabremos si se trata de realidad, de distorsión o, simplemente, de falsedad.

Sea como fuere, la sucesión a Tiberio era cosa de los dos candidatos principales: el nieto del emperador, Tiberio Gemelo, y el hijo de Germánico y Agripina que aún no había sido purgado, Cayo.

Cuando Tiberio murió en la zona de Nápoles en marzo del año 37, su sucesor fue este último: Cayo, conocido como «el botitas» o «el sandalitas» entre los cuarteles de las legiones de Germania cuando, siendo un niño, acompañaba a su padre Germánico y portaba minúsculo traje militar, incluyendo las sandalias o *caligae*.

Es decir, Calígula.

* * *

Se acumularon varias versiones sobre la muerte de Tiberio. Alguna de ellas achacaba el magnicidio al propio Calígula o al prefecto del pretorio Macrón, que había sustituido a Sejano en su momento. Se hablaba de ahogamiento con el colchón o con la almohada, entre otros procedimientos. También circulaba la versión de la muerte natural, de la que se haría eco Séneca, por ejemplo. Sea como fuere, Calígula se hizo con las riendas del poder y poco después se encargó de liquidar a su posible rival, Tiberio Gemelo, el nieto del anterior emperador.

Cayo César Augusto Germánico, es decir, Calígula, emerge incluso hoy en día en el subconsciente de la civilización occidental como el representante de la depravación de Roma, de las orgías, de los asesinatos indiscriminados, de las tendencias más oscuras de la humanidad. Hay que apresurarse a decir, aunque ya lo he deslizado en el caso de Tiberio, que ignoramos si los rasgos más radicales que dibujan nuestras fuentes, en particular Tácito y Suetonio, son ciertos o no. Sabemos que las corrientes de opinión senatoriales eran adversas hacia emperadores que, en un momento dado, se habían apartado del Senado. Le ocurre a Tiberio, le sucede a Calígula y también a otros emperadores como, sobre todo, Nerón, Domiciano y Cómodo.

El muchacho, una vez muerto su padre, se había criado en casas lideradas por damas palaciegas, tales como su madre Agripina y, después, sus abuelas Antonia y Livia, la viuda de Augusto. En dichas casas, escuchó durante su infancia y adolescencia los ecos de las tramas que se habían llevado por delante a su padre y, luego, a su madre y a sus hermanos mayores, Druso y Nerón. Quedaba él como único superviviente varón en condiciones de poder emerger como figura imperial, aparte de Tiberio Gemelo, el nieto del emperador recién fallecido, y de Claudio, hermano de Germánico y por tanto tío del propio Calígula, que permanecía apartado de las grandes dinámicas políticas. En última instancia, Cayo había sido reclamado por Tiberio desde Capri. Allí asistió a los últimos tiempos del emperador y, según algunas versiones, tomando buena nota de las depravaciones sexuales y morales del anciano *princeps*.

Con la ayuda del prefecto del pretorio, Macrón, Calígula logró primero que el Senado le reconociera a él como *Princeps* y todos los poderes que había tenido Tiberio, apartando a Tiberio Gemelo, que poco después sería asesinado. De ese modo, el testamento de Tiberio había quedado en agua de borrajas. Por más que no se inclinase por ninguno de los dos, o más bien por ambos, la elección única en la persona de Cayo era un incumplimiento evidente del mismo.

Cayo, de la mano del prefecto del pretorio Macrón y de algún senador que tenía cierta influencia en él, intentó subrayar la memoria de su padre Germánico y su propio vínculo con el primer emperador. En ese contexto, renombró el mes de septiembre con el de su padre, además de dedicarle varios honores, así como a su madre, Agripina. En paralelo, inauguró el templo a Augusto, que se había venido construyendo durante el gobierno de Tiberio. En fin, intentó ganarse el apoyo absoluto de los pretorianos con importantísimas pagas y donativos, así como regalos a la plebe de Roma, junto con un verdadero despliegue de espectáculos.

Pasado un tiempo, el emperador sufrió una enfermedad. Sobre la base de los síntomas que las fuentes describen, ha habido incluso tratados de especialistas en neurología y en psiquiatría explicando posibles diagnósticos. Sea como fuere, los relatos que contienen las fuentes se ceban en la depravación del emperador para con las esposas de los senadores, sus orgías, los asesinatos sin justificación alguna, o el célebre caballo Incitato. El emperador era fanático de los caballos y de las carreras de carros con caballos en el circo, acaso el espectáculo preferido por los romanos.

Hay que apresurarse a aclarar que Calígula no nombró cónsul a Incitato. Se deja entrever en algunos textos que o bien bromeó con esa posibilidad o bien se llegó a rumorear que planeaba hacerlo. Pero, pese a lo que se puede leer en ocasiones en nuestros días, no, no lo hizo.

Lo que sí hizo fue liquidar a sus dos colaboradores principales, el prefecto del pretorio Macrón y el senador que además había sido su suegro. Porque Calígula estuvo casado en cuatro ocasiones. Lo que, de hacer caso a los textos a nuestro alcance, no le impidió cometer incesto con sus hermanas, prostituirlas, violar a esposas de senadores, tener multitud de amantes de ambos sexos y frecuentar todo tipo de prostitución, al punto incluso de montar un auténtico burdel en palacio. Se decía que una de sus mejores amigas era precisamente una prostituta, Piralis.

En fin, haciendo una lectura moderada y crítica de las fuentes, y por resumir muchísimo, podemos estar relativamente seguros de que desató sus tendencias al lujo, a las vestimentas estrafalarias, a los gastos desmedidos. Con todo, en la óptica de las fuentes, lo que más aceleró ciertas tendencias hacia la conjura fue sin duda su trato a los senadores y a sus esposas. Eso facilitó que hubiera planes contra él y también explica el retrato monstruoso que recibió de una historiografía manifiestamente senatorial.

Como reacción en algunos grupos del Senado, así como entre el entorno familiar que había quedado desplazado por el siguiente matrimonio del emperador, se urdieron conspiraciones. En ese entorno la principal cabecilla era su hermana Agripina (la Menor), que veía cercenadas sus esperanzas de que la sucesión recayese en su propio hijo, Nerón, fruto de su matrimonio con Domicio Enobardo.

La conjura se data en el año 39, el emperador decidió controlarla y desviar la atención hacia su campaña en las Galias y en Germania. Problemas fronterizos le animaron a capitalizar una enorme movilización de tropas que, sin embargo, no tuvieron ningún resultado digno de mención.

Suetonio se recrea en la disparatada expedición a Britania, actual Gran Bretaña. Es sabido que César había llevado a cabo expediciones en la isla, pero sin lanzarse a una conquista. Ahora, entre 39 y 40, Calígula llevó allí algunas tropas, con sus acompañamientos logísticos y las máquinas de guerra habituales. Y, sin embargo, de hacer caso a esa tradición historiográfica senatorial de la que Suetonio se sirve, puso a sus legionarios a recoger conchas. Y poco más.

Calígula aprovechó su estancia en la Galia para recaudar fondos con los que pagar los gastos que había provocado la movilización de tropas. Y, al tiempo, se incentivaron en Roma de nuevo las purgas, las delaciones, las confiscaciones.

El emperador regresó a Roma a finales del verano del 40. Tuvo que hacer frente a otra conspiración más, con las consiguientes purgas y confiscaciones. El servilismo de la mayor parte de los círculos aristocráticos, también el miedo, estuvieron en la base de la presunta divinización en vida de Calígula.

La conspiración definitiva se urdió en aquel mismo año 40 y en ella participaron tanto miembros destacados de la guardia pretoriana como algunos senadores. La voz cantante del magnicidio la llevó Casio Querea. Era un militar veterano, que había participado en campañas en años anteriores, bajo las órdenes, entre otros, del propio Germánico, el padre de Calígula. En la época de la conjura pertenecía a la guardia pretoriana.

Según las fuentes, había sido objeto de mofas constantes por parte de Calígula, que se reía de él puesto que Querea recelaba de asistir a los tormentos a los que el emperador sometía a sus víctimas. También se contaba que Calígula aprovechaba consignas a la guardia para reírse de Querea. Así que los textos, además de poner el foco en la participación de personajes palatinos y sobre todo senatoriales, insisten en el rencor de Querea a la hora de culminar la conjura. El 24 de enero del año 41, aprovechando un pasadizo por el que el emperador regresaba de los espectáculos teatrales, le dieron muerte. Y, al poco, hicieron lo mismo con su última esposa, Cesonia, y con la pequeña hija del matrimonio, Drusila.

* * *

Conocida la noticia, no faltó quien propuso, en ambientes senatoriales, eliminar la figura de un *Princeps* con poderes autocráticos y regresar a la tradición republicana. Otros se decantaban por tal o cual candidato a la sucesión imperial. Fueron los pretorianos quienes colocaron como nuevo *Princeps* al tío de Calígula, que resultó asumir, como emperador, el nombre de Tiberio Claudio César Augusto Germánico, esto es, Claudio.

Es este uno de los momentos más personales de este libro. Porque, más allá de los libros y artículos científicos que escribo habitualmente por mi trabajo académico como profesor universitario, estas páginas están escritas en un tono diferente.

Digo esto porque, para muchas personas de mi generación, el nombre de Claudio evoca recuerdos de la infancia. De aquellos años setenta del siglo XX —¡qué lejos quedan! — en los que aparecían dos rombos para anunciar que los niños debíamos ir a la cama si no lo habíamos hecho ya. Y los malditos dos rombos aparecían en pantalla al inicio de la emisión de cada capítulo de la Serie *I Claudius*, *Yo Claudio*, de la TV británica, basada en los libros de Robert Graves.

En los ecos de mi memoria, de la añorada infancia riojana, emerge la serpiente que, en la cabecera de cada capítulo, se deslizaba amenazante sobre el mosaico con la efigie del emperador y el título en inglés, acompañada de los compases de aquella música inquietante. Para cuando la serpiente se deslizaba, los chavales de aquella época estábamos —al menos yo lo hacía y me consta que muchos otros también— intentando fisgar algo por las rendijas de la puerta del salón.

Los avatares de la vida, quizás influidos, quién sabe, por el morbo de aquellas intrigas que los rombos nos escamoteaban, me han llevado profesionalmente a la Historia Antigua, que, lógicamente, aborda la historia de Roma con metodología científica y académica. Pero he leído la obra de Graves y he visto la serie, aunque ciertamente hace ya bastantes, demasiados años. He de adelantar al lector mi impresión profesional y académica, sobre la base de las fuentes que nos han llegado y del análisis profesional de la bibliografía y del estado actual de la cuestión científica sobre este asunto. El personaje de Claudio en los libros de Graves y en la serie protagonizada por el grandísimo Derek Jacobi, es eso, un personaje... de ficción. El emperador Claudio no fue, en modo alguno, el venerable anciano o el astuto joven que no participa de las dinámicas del poder ni de la moral de la época que le había tocado vivir. Fue, por supuesto, un miembro de la casa Julio-Claudia. Y, cuando tuvo oportunidad de ejercer el poder, lo ejerció, a veces con clemencia y en otras muchas ocasiones de modo despiadado. Como sus antecesores y como sus sucesores.

Claudio era hijo de Druso: como se recordará, este era hermano de Tiberio e hijo de Livia. Ya he mencionado páginas atrás las altas capacidades de Druso como general y los servicios que hizo a Augusto. La madre de Claudio era Antonia la

Menor, a su vez hija de Marco Antonio y de Octavia, hermana de Augusto.

Con estas credenciales gentilicias, Claudio formaba parte con pleno derecho de la familia imperial. Sus hermanos fueron Germánico y Livila, de quienes ya he hablado también anteriormente. A la sazón, era tío de Calígula. Aunque las fuentes difieren en los detalles sobre sus enfermedades y sus defectos físicos, suelen coincidir en el temblor de cabeza, de manos, los balbuceos, tartamudeos, debilidad en las piernas y propensión a los espumarajos.

Como en el caso de Calígula, existen ensayos médicos al respecto y se ha llegado a barajar que Claudio, en realidad, padecía lo que hoy se conoce como «enfermedad de Little», compatible con la sintomatología enunciada en varias fuentes. Estos defectos le depararon los desprecios y mofas de su propia familia, comenzando por su abuela Livia, la esposa de Augusto. Para continuar, se contaba que su madre Antonia se refería a él como «infame aborto de la Naturaleza» y que, cuando deseaba insultar a alguien, solía recurrir a la muletilla «es más imbécil que mi hijo Claudio». Tales defectos, además, le apartaron de la vida política o al menos de la primera línea. Y, quizás por eso mismo, le permitieron ir escapando a las distintas oleadas de conjuras y purgas que acontecieron desde su más tierna infancia.

Las fuentes, como Suetonio o Dion Casio, con distintos matices, insisten recurrentemente en los dos grandes placeres de la vida de Claudio: la gastronomía y el sexo con mujeres. Además, como les sucedía, por otra parte, a la mayoría de los romanos, también era muy aficionado a los dados y a los espectáculos de gladiadores. Otra de sus pasiones fue la historia. Sabemos que en su juventud aprendió nada menos que de la mano de Tito Livio. Durante su vida, escribió una historia de etruscos y de cartagineses, así como una historia romana, aunque nada de eso ha sobrevivido hasta nosotros.

Algunos textos dejan entrever que Claudio fue designado como *princeps* poco menos por casualidad, a pesar de que otras tradiciones pudieran apoyar que ni siquiera estuviese en Roma cuando se produjo el asesinato de su sobrino. Otras, sin embargo, se recrean en el detalle de que los pretorianos lo descubrieron escondido detrás de unas cortinas y dominado por el miedo. Esto puede tener parte de verdad, pero un análisis detallado de las fuentes no debe descartar la opción de que Claudio tuviese un papel más activo de lo que parece para hacerse con el poder. Sabemos, por ejemplo, que entregó miles de sestercios a pretorianos y cohortes urbanas en pago por su apoyo. Al poco de ser reconocido como emperador por el Senado, ajustició a los principales implicados en la muerte de Calígula y dio pasos de acercamiento al Senado.

Una vez asentado en el poder, no obstante, su principal estrategia política fue el reforzamiento de la administración central en detrimento, precisamente, de los senadores. Puestos estratégicos en el control de los puertos, en las cancillerías imperiales o los cargos producto de su profunda reforma de la administración y de los departamentos que hoy diríamos «funcionariales» fueron puestos en manos de ecuestres y de libertos, es decir, exesclavos.

Desde el punto de vista general de la historia de Roma, además de la reforma administrativa que fortalecía los departamentos centrales, el otro gran punto del gobierno de Claudio fue la conquista de Britania. ¡Todo lo contrario a un Brexit, justamente en la dirección contraria! Se llevó a cabo durante varios años y se consolidaría después de su mandato, pero supuso la entrada de la mayor parte de la isla en el mundo romano, cosa que seguiría siendo así hasta comienzos del siglo v, el último de la existencia del Imperio en Occidente. Britania fue abandonada por la administración y el ejército imperiales varias décadas antes del propio final del Imperio.

Claudio se casó en cuatro ocasiones y tuvo varios hijos. Cuando accedió al poder, su esposa era Mesalina. Las fuentes coinciden en la dimensión ninfómana de Mesalina, bastante más joven que Claudio, y dan detalles morbosos sobre las costumbres que tenía de enrolarse en lupanares y prostituirse, organizar orgías, y acumular amantes. Nada menos que Plinio llega a anotar que compitió con una famosa prostituta para ver quién de las dos fornicaba más en un día completo, noche incluida: ganó Mesalina con veinticinco coitos.

Es probable que haya mucho de exageración en este perfil, si bien no podemos perder de vista que las fuentes que inciden en ese retrato son prácticamente todas las que han llegado hasta nosotros. Políticamente, Mesalina fue depurando numerosas posibilidades de cualquier rivalidad para Británico. Era el hijo que había tenido con el emperador y se ocupó de que no quedara fuera de la sucesión. Conocemos varios nombres de los purgados.

Pero, al final, la propia Mesalina fue ejecutada. Al parecer, uno de sus romances había fraguado con tintes políticos, con alguien que por entonces tenía fama de ser el tipo más bello de Roma: Silio. De hecho, llegaron a casarse y los libertos imperiales, que tenían gran influencia en Claudio, lograron que este diera visto bueno a la ejecución de su propia esposa.

Pocos meses después, Claudio volvía a casarse, esta vez nada menos que con su sobrina, Agripina la Menor. Era hija de Germánico y tenía un muchacho, Nerón, fruto de su matrimonio con Domicio Enobardo, descendiente de Marco Antonio y Octavia, hermana de Augusto. Había estado desterrada en la época de Calígula, su hermano, acusada de conjuras.

Ahora, se puso a los mandos de las estrategias palaciegas para lograr que su hijo, Nerón, desbancase al de Claudio, Británico, como eventual sucesor. Así que logró que Nerón se casase con Octavia, hija de Claudio: la boda se celebró en el 53. Y, además, obtuvo lo que tanto deseaba: la adopción de Nerón por parte del emperador y la progresiva acumulación de títulos que lo anotaban como previsible sucesor, apartando de ese modo a Británico. Agripina rescató del destierro al filósofo Séneca, a quien encargó la tutela y educación de Nerón. Otro pilar de su estrategia fue Afranio Burro, a quien colocó como prefecto del pretorio, es decir, el jefe de los pretorianos, que ya habían sido determinantes en la elevación de Claudio al poder.

Las fuentes, con la excepción de Séneca, que le debía su rescate político y personal, acusan a Agripina de la muerte de Claudio, que aconteció en octubre de 54. Son varias las versiones al respecto, pero la idea más o menos consolidada es que se valió de los conocimientos en veneno de una experta, Locusta. Algunas tradiciones mencionan a uno de los médicos de palacio que, ante la eventualidad de que Claudio superase el trance, le clavó una pluma con veneno rápido. Sea como fuere, Nerón fue aupado al poder. Como había hecho su antecesor, se deshizo en donativos de miles de sestercios para los pretorianos y fue ratificado por el Senado.

* * *

Nerón fue emperador entre 54 y 68. Se suele hablar de un quinquenio dorado para los primeros cinco años de su gobierno, tutelados hasta cierto punto por dos personajes ya mencionados, Afranio Burro como jefe de los pretorianos y Séneca en la trastienda de la educación y tutela del ahora emperador. Y, por supuesto, la omnipresente Agripina, su madre.

Al poco del inicio de su mandato, se deshizo de Británico, si bien la versión oficial mencionaba un ataque repentino de epilepsia. Aunque Nerón estaba casado con Octavia, —hija de Claudio y Mesalina—, mantuvo un romance muy intenso con Actea, una liberta imperial. A pesar de que Agripina recelaba de dicha relación, protegió a los amantes en no pocas ocasiones. No obstante, las relaciones entre madre e hijo se fueron deteriorando, a tal punto que Nerón decidió apartarla de palacio.

El apartamiento de Agripina permitió a Nerón entregarse a una vida licenciosa, que incluía, si hacemos caso a Tácito, escapadas nocturnas y de incógnito en las que no faltaban el desenfreno y la violencia. Por otro lado, Séneca y Afranio Burro no impidieron, más bien al contrario, y quizás como estrategia para tener al emperador entretenido, la afición neroniana por la lírica en todas sus facetas, como la poesía y el canto.

Fue en el año 58 cuando comenzó su relación con Popea, famosa en los ambientes aristocráticos por su belleza, como ya lo había sido su madre. Estaba casada con Otón, uno de los amigos de Nerón y compañero frecuente de sus correrías. Algunas fuentes dejan entrever que, en realidad, su matrimonio con Otón, posterior a otro anterior con Crispino (que había sido prefecto de los pretorianos en la época de Claudio), fue una cortina de humo para desviar la atención del romance con el propio Nerón. Sea como fuere, el emperador envió a su amigo de juergas lejos de Roma, a Hispania, concretamente como gobernador de la provincia de Lusitania, para dejar expedito el camino.

Se suele atribuir a la influencia de Popea la decisión última de Nerón de eliminar a su propia madre en el año 59. Acusada de conspirar contra su hijo, sufrió un atentado a bordo de una embarcación en una trampa urdida en la costa cercana a Nápoles, del que pudo escapar nadando. Pero, a la postre, terminó siendo ejecutada.

Las siguientes etapas del gobierno neroniano estuvieron caracterizadas por el exhibicionismo cultural, los certámenes literarios y líricos (así, por ejemplo, los festivales conocidos como los *Neronia*), y la nueva camarilla en su entorno palatino. Entre este círculo destacaba Petronio, al que fuentes como Tácito atribuyen elegancia y un cierto contrapunto con respecto a las habituales compañías del emperador. De hecho, es el autor de uno de los textos narrativos más originales de toda la historia de Roma: el *Satiricón*, una novela que conjugaba el entretenimiento con la crítica social.

Entre 60 y 61, tuvo lugar una potente revuelta en Britania. Los britanos del sur, liderados por la reina Boudica, se sublevaron contra el dominio romano, que estaba próximo a cumplir dos décadas. Los britanos fueron finalmente derrotados en una batalla terrible, seguida de una durísima represión: algunas fuentes indican que Boudica se suicidó y otras que jamás se halló su cadáver.

A partir del 62, el año de la muerte de Afranio Burro, se aceleró la tensión con el Senado. Nerón había apostado claramente por un despotismo autocrático, que le alejaba definitivamente de cualquier entendimiento con el Senado. La influencia que había tenido Afranio al frente de los pretorianos la tuvo ahora Tigelino. Hubo purgas de algunos de los senadores más conocidos. Fue por aquel tiempo cuando Nerón se casó con Popea, una vez que había ordenado el exilio y el suicidio o más bien el asesinato de su anterior esposa, Octavia, acumulando múltiples acusaciones contra ella.

Roma era una ciudad acostumbrada a los incendios. Juvenal dirá un poco más adelante, refiriéndose al interior de la ciudad de Roma, que «hay que vivir allí donde no hay incendio alguno», en su habitual tono satírico. Téngase en cuenta que, aunque para aquel entonces ya proliferaban los edificios en piedra, las grandes construcciones iniciadas sobre todo con César y especialmente con Augusto, la amplísima mayoría de sus estructuras eran abigarradas, trazados callejeros estrechos y viviendas en las que primaba la madera. Sin embargo, en julio del año 64 se declaró un terrible incendio, que empezó en el entorno del Circo Máximo y las proximidades del Palatino, y que durante varios días afectó a una gran extensión de Roma: se ha calculado que en torno a dos tercios de la ciudad.

Suele flotar en nuestro imaginario colectivo la imagen de Nerón tocando la lira mientras Roma ardía. Las fuentes no dejan —ni mucho menos— claro ese aspecto. En 2020, Dan Scavino Jr., Jefe de Comunicaciones y de Medios, desde la propia Casa Blanca (se supone que por asumir la broma) tuiteó un meme (la RAE ya admitió tanto «tuitear» como «meme») del Presidente Donald Trump tocando el violín con los ojos cerrados, y una frase en la que, sin mencionarlo, se comparaba a Nerón en esa famosa actitud, con respecto a Trump durante los primeros días de pandemia de COVID. De hecho, numerosos comentarios al tuit de Scavino iban por esa línea. Uno de ellos, por ejemplo, señalaba explícitamente a Nerón, con la variación de que, en el caso de Trump, estaba jugando al golf. Este tuit corrió a cargo de Frank Figliuzzi, que perteneció en su día al FBI y luego fue analista de seguridad nacional para medios periodísticos de Estados Unidos.

No estamos seguros de la culpabilidad del emperador, porque las fuentes divergen al respecto. Suetonio es la fuente más cercana a la opción de la culpabilidad de Nerón. De hecho, supone un enfoque hostil a él, puesto que, sin ambages, le atribuye la responsabilidad del incendio para transformar la ciudad a su antojo. Dice que, mientras Roma ardía, el emperador se fue a un punto alto (menciona la Torre de Mecenas) y comenzó a cantar la toma de Troya. La versión de Tácito, sin embargo, aclara que Nerón se encontraba en Anzio cuando se tuvo la primera noticia del inicio del incendio. Y que abrió sus huertos y el Campo de Marte para que la población pudiese refugiarse, al tiempo que bajó el precio del trigo. Pero también apunta que corría el rumor —no lo da por hecho seguro— de que el emperador había subido a un punto elevado y había cantado, efectivamente, la caída de Troya. También recoge el otro rumor, según el cual Nerón proyectaba construir una ciudad nueva. Suetonio también apunta esa idea, en el sentido de que se contaba que deseaba cambiar el nombre de Roma por el de

Nerópolis. Dion Casio, que escribía bastante tiempo después de Tácito y de Suetonio, es aún más hostil a Nerón y le atribuye directamente un plan perfectamente programado para quemar la ciudad, al tiempo que recoge la cuestión del, digamos, «recital lírico» sobre la caída de Troya.

En cualquier caso, Tácito sí deja entrever que, al menos, había rumores sobre dicha culpabilidad neroniana. En ese pasaje alude a que, para desviar la atención sobre dichos rumores, se responsabilizó a los seguidores de Cristo, mencionando ejecuciones. La ciencia filológica ha discutido y discute si se trata de líneas escritas por Tácito o de una interpolación cristiana posterior.

Sin embargo, de ser cierto que Nerón usó a los cristianos para centrar en ellos la culpa del incendio, en modo alguno se trató de una persecución con base en edictos generales, cosa que sí ocurrirá ya desde mediados del siglo III. Las tradiciones cristianas insistirían en Nerón como ejecutor de cristianos y, de hecho, atribuyen a su época las ejecuciones, en distintas fases, de Pedro y de Pablo. Una vez extinguidas las llamas, se emprendieron costosos trabajos de reconstrucción, al tiempo que una nueva residencia imperial, la famosa *Domus Aurea*, Casa Áurea, Casa Dorada.

En 65, tuvo lugar la conjura de Calpurnio Pisón, que en realidad tenía vasos comunicantes y no se trataba de un movimiento unívoco. Una vez conocidos los detalles gracias a la información de confidentes, Nerón, de la mano de Tigelino, llevó a cabo una durísima represión. Uno de los condenados fue Séneca, que se terminó suicidando. La dignidad de su adiós impresionó en los ambientes senatoriales, tal y como quedó recogido por Tácito unas décadas después. Su relato se recrea en la serenidad de Séneca y en las distintas fases de su suicidio. Se abrió las venas, ingirió veneno y, finalmente, pidió que se le introdujese en el baño de agua caliente.

Las purgas continuaron con un sinfín de ejecuciones, inducciones al suicidio y confiscaciones de bienes. Otra de las víctimas fue precisamente Petronio, que se abrió las venas durante un convite, no sin dejar constancia en una carta remitida al emperador con detalles sobre sus atrocidades y nombres de los implicados.

En 66, Nerón se encontraba en Grecia en un viaje trufado de excentricidades. Acaso las más destacadas fueron su participación y triunfos, claramente amañados, en los principales certámenes helénicos, así como el inicio de unas obras para llevar a cabo un canal en el istmo de Corinto. Fue en Grecia donde le sorprendieron las noticias del levantamiento en Judea en aquel año 66. Allí envió como general a Vespasiano, futuro emperador y padre de la dinastía Flavia, de la que se tratará en el siguiente capítulo. No llegó a Roma hasta inicios del año 68.

Cuajó una nueva conjura, en este caso liderada por Julio Víndex en la Galia quien, además, había contactado con Sulpicio Galba. Pertenecía este a la aristocracia romana de rancio abolengo. Protegido nada menos que de Livia, la esposa de Augusto, había hecho carrera bajo Tiberio y Claudio con mandos militares estratégicos importantes.

Galba se encontraba en la Hispania Tarraconense. Al parecer, en el momento de tomar la decisión última, se hallaba en *Clunia* (en la actual provincia de Burgos), momento en el que anunció que se levantaba contra Nerón. Se contaba que había recibido algún tipo de mensaje de legitimidad desde los ambientes del templo de Júpiter en Clunia y que exhibió retratos de algunos de los ciudadanos que habían sido condenados por Nerón para ilustrar el discurso con el que anunció que se rebelaba.

Por su parte, Víndex fue derrotado por las legiones del Rin, que se habían manifestado leales al emperador. A la revuelta se unió también Otón, gobernador de Lusitania y antiguo amigo de Nerón, a quien el emperador, como se recordará, le había *quitado* a Popea. Cabe decir ahora que esta había muerto, se decía, por culpa de las patadas que Nerón le había dado, estando ya embarazada en su matrimonio con el emperador.

Galba reclutó más fuerzas para añadir a las que ya tenía, como la *Legio VI Victrix*, logrando activar una nueva legión, *Legio VII Galbiana*. Con el tiempo y con los avatares de guerras civiles que se avecinaban, sería la base de la *Legio VII Gemina* (Gémina, en español) que sería instalada por Vespasiano en el espacio que hoy ocupa la actual ciudad de León. Era el mismo solar en el que durante varias décadas había tenido su cuartel general la *Legio VI Victrix*. León, el nombre actual de la ciudad, deriva de la evolución de la palabra *legio*. Otra cosa es que, siendo reino medieval, sus reyes asumieran el león como emblema. Pero el origen etimológico del nombre de la ciudad es el que acabo de explicar.

Abandonado por casi todos y acompañado de un escuetísimo séquito de colaboradores, Nerón se suicidó en junio de 68, poco antes de caer en manos de sus enemigos, bien por su propia mano o, según alguna fuente, por la de alguno de sus servidores, habiendo sido citada como otra de las posibilidades la de su antigua amante Actea que, al parecer, tuvo un papel clave en los ritos funerarios con los restos del emperador.

Se contaba que, en sus últimos instantes, Nerón había exclamado algo así como: *Qualis artifex pereo!*, es decir, «¡Muero como artista!», en el sentido de «¡Qué artista muere conmigo!».

Con él terminaba la dinastía Julio-Claudia, el resultado político de la unión de la *gens Iulia* y de la *gens Claudia* en los días de Augusto y Livia.

XIII
«EL SECRETO DEL IMPERIO»

La muerte de Nerón y el ascenso de Galba no dieron paso a una etapa de paz, sino todo lo contrario. En sus *Historiae*, Tácito, que escribía varias décadas después, señalaba que comenzaba una fase terrible de guerras en la que hubo nada menos que cuatro emperadores.

Por ese motivo, conocemos el período de 68-69 como el «Año de los Cuatro Emperadores». El propio Tácito anotaba que, con todo aquello, se había descubierto el *arcanum imperii*, «el secreto del Imperio».

¿A qué se refería el gran historiador romano? ¿Cuál era ese secreto?

Pues no era otro que el siguiente: se podía llegar a ser emperador desde fuera de Roma. Uno podía proclamarse emperador desde las provincias. Y los levantamientos de los cuatro mandos militares que hicieron exactamente eso entre 68 y 69 lo probaron con contundencia.

Galba no concedió a los pretorianos los donativos que estos esperaban, conocidos los dispendios de sus antecesores al llegar al poder. Además, intentó deponer al general de las legiones del Rin, Rufo, que había sido el vencedor de Víndex, y lo único que logró fue que las tropas de tan crucial frontera se pusieran en su contra y apoyasen como emperador a otro tipo, Vitelio. Este era hijo de un personaje muy conocido en la época de Claudio. Las fuentes nos dan un retrato de él caracterizado por la obesidad casi mórbida, el alcoholismo y la glotonería.

Tampoco tuvo Galba el apoyo de Otón quien, de hecho, logró que los pretorianos lo asesinaran y le apoyasen a él como emperador, siendo reconocido por el Senado.

Vitelio no aceptó esta situación, de manera que se abría una guerra civil. A ella se sumaba otro emperador más, en este caso Vespasiano, cuya proclamación se había originado en las provincias orientales. Recuérdese que se hallaba desde 66 en Judea sofocando la revuelta judía.

Las tropas de Vitelio, que venían del norte en número de varias decenas de miles, vencieron a las de Otón en el valle del Po, de modo que este último terminó suicidándose aquella misma primavera de 69. Lo que sucedió después fue un terrible paseo de desmanes y saqueos en el resto de Italia y en la propia Roma. En pocos meses, en verano de aquel mismo año, cuajó la proclamación de Vespasiano en Oriente, con el apoyo explícito del gobernador de Egipto y del de Siria. También se logró el apoyo de las legiones del Danubio, lideradas por Primo y Cerial.

Semejante convergencia de fuerzas desnivelaba cualquier balanza. Vitelio fue derrotado en el norte de Italia y finalmente asesinado a finales de año. El Senado reconoció a Vespasiano a finales del 69. Este terminaría dejando la fase final de la guerra judía en manos de su hijo mayor, Tito, y llegó a Roma ya muy entrado el año 70.

* * *

Comenzaba la dinastía de los Flavios. Se trata, en realidad, de una dinastía absolutamente familiar y mínima: tanto que la vemos formada por un padre, Vespasiano, y dos hijos, Tito y Domiciano, hasta el año 96.

La familia no pertenecía a la aristocracia senatorial, como sí había sido el caso de los Julio-Claudios en la dinastía anterior. Procedían de estratos de la oligarquía local de la Sabina, que habían logrado promocionar hasta el orden ecuestre, el segundo en importancia por debajo del senatorial. Fue la propia trayectoria personal de Tito Flavio Vespasiano la que los encumbró en el sistema, en especial por sus logros militares durante los mandatos de Claudio y de Nerón. Había participado durante el primero en la invasión de Britania, después de haber obtenido mando sobre una legión en el Rin. En cuanto al segundo, se contaba que, habiendo acompañado a Nerón a su periplo por Grecia, se quedó dormido en una de las interpretaciones líricas del emperador.

Vespasiano reforzó el poder autocrático del *Princeps*, subrayando la titulación *Imperator Caesar Augustus* y dotándola de contenido jurídico específico sobre la base de una ley al respecto. Al tiempo, reforzaba el ideario dinástico dejando muy claro que eran sus hijos, Tito y Domiciano, por ese orden, sus sucesores. Como se recordará, Nerón le había encargado que comandase la guerra para sofocar la revuelta de los judíos. Por cierto, fue entonces cuando Josefo se pasó del bando rebelde al romano, incorporándose como traductor al séquito de Vespasiano. Primero en condición de esclavo y, tiempo después, siendo manumitido por su dueño. Ya como liberto (ex esclavo y liberado), asumió el *nomen* Flavio, conocido desde entonces como Flavio Josefo. Es, acaso, nuestra principal fuente para la situación de Judea en tiempos romanos.

Fue Tito quien concluyó la guerra en Judea. En el año 70, llevó a cabo el asalto a Jerusalén con graves consecuencias. Entre ellas, la destrucción del Templo y las muertes de multitudes de judíos, además del exilio de quienes pudieron escapar.

Vespasiano reforzó la recaudación fiscal, al tiempo que emprendió un programa de obras públicas entre las que destacó el inicio de las del Anfiteatro Flavio sobre la zona en la que había parte de las residencias y plazas megalómanas de Nerón. Precisamente porque había una estatua colosal de Nerón definido como Helios, el dios Sol, el edificio será conocido posteriormente como *Colosseum*, Coliseo, aunque su nombre, insisto, es Anfiteatro Flavio.

Puso especial énfasis en el control de la propaganda y sabemos que personajes que a la larga serían historiadores muy relevantes, gozaron en su etapa de buena posición, tales como el propio Flavio Josefo, pero también Tácito. Hablando de este último, su suegro Agrícola fue enviado a Britania en la fase final del gobierno de Vespasiano, comandando las tropas romanas también en el de Tito y a comienzos del de Domiciano. Agrícola no solamente consolidó las conquistas de la etapa de Claudio de los años cuarenta, sino que extendió la presencia romana hasta Caledonia, actual Escocia, instalando fuertes romanos en lugares muy septentrionales. Aunque esos territorios serían evacuados más adelante, lo cierto es que el mandato de Agrícola durante la dinastía Flavia fue determinante para la inclusión de oligarquías britanas en las coordenadas romanas en las esferas políticas, administrativas, fiscales, culturales y especialmente en la difusión del latín.

La época de Vespasiano tuvo gran impacto en Hispania por dos motivos.

El primero, porque concedió el *ius Latii*, el derecho latino, que suponía promoción social y jurídica para las oligarquías locales. Se discute en la historiografía actual el alcance de esa extensión de derechos. Se ha pensado que, previsiblemente, la concesión de derecho latino a las comunidades que no tenían privilegio alguno supuso, por su parte, el ascenso a derecho romano, la plenitud de derechos también políticos, para las comunidades que ya tuvieran el derecho latino con anterioridad.

El otro motivo es el establecimiento de la *Legio VII Gemina*, la Legión Séptima Gémina, en lo que hoy es León, como se ha adelantado hace pocas páginas. Aunque hubo destacamentos militares complementarios repartidos por Hispania, supuso la única legión estable consolidada en Hispania hasta el último siglo del Imperio occidental.

* * *

Vespasiano murió en junio de 79, siendo sucedido por su hijo mayor, Tito. Este había logrado acabar con la guerra judaica, si bien a costa del asalto y saqueo de Jerusalén, con la destrucción del Templo y las muertes de miles de judíos. En conmemoración de su victoria, se levantaría, ya con su hermano y sucesor Domiciano, el Arco de Tito que aún puede verse en la vía Sacra del Foro romano. Son proverbialmente famosos los relieves en los que aparecen los legionarios desfilando en triunfo y portando los tesoros sagrados de los judíos expoliados de Jerusalén, entre ellos la menorá o candelabro de los siete brazos.

Durante su gobierno, tuvieron lugar varias catástrofes, en particular la erupción del Vesubio que se llevó por delante Pompeya y Herculano (79), un incendio tremendo en Roma (80), y una epidemia ese mismo año. En cualquier caso, tuvo tiempo de inaugurar oficialmente el Anfiteatro Flavio que había comenzado su padre.

Fue sucedido por su hermano Domiciano (81-96). Al parecer, este pudo estar implicado en una conjura contra Tito, pero salió airoso del asunto. Sus primeros años de gobierno fueron de cierto entendimiento con el Senado, aunque insistió en la promoción de ecuestres que ya había llevado a cabo su padre.

Domiciano viajó a las Galias y emprendió campañas en Germania, enfrentándose a los catos y celebrando posteriormente triunfos que las fuentes —generalmente muy hostiles a él— consideraron exagerados. Al tiempo, en esos primeros años de gobierno, Agrícola continuaba sus campañas en el norte de Britania, con logros en Caledonia, actual Escocia e, incluso, valorando la posibilidad de invadir lo que nosotros llamamos Irlanda. Pero la incorporación de Irlanda al Imperio jamás se llegaría a producir.

El emperador tuvo que hacer frente a la sublevación de Saturnino en el año 89. Gobernador en Germania Superior, controlaba legiones del Rin y tenía el apoyo de los catos, contra los cuales Domiciano había llevado una campaña en los inicios de su gobierno. Pero la revuelta fue sofocada con apoyo de otros ejércitos. Domiciano envió para allí los que comandaba Trajano en esos momentos, es decir, la *Legio VII Gemina*, de la cual era el *legatus Augusti*, el general por delegación imperial, de dicha legión acuartelada, como ya hemos visto, en la actual León. En cualquier caso, estudiando las fuentes da la impresión de que apenas entró en combate, toda vez que el peso de la victoria del lado imperial sobre Saturnino corrió a cargo del gobernador de la Germania Inferior, Aulo Bucio Lapio. Lo que no evitó que, años después, Plinio el Joven, en el derrame de elogios con el que compuso su *Panegírico* a Trajano, mencionase este asunto. Plinio, muy interesado para entonces —es decir, siendo ya Trajano emperador— en machacar el recuerdo de Domiciano, señalaba en su elogio que este había recurrido a Trajano para ayudar en la campaña contra Saturnino.

Domiciano llevó a cabo purgas de decenas de aristócratas, entre los que se citan algunos (como Clemente y Domitila) que la tradición cristiana achacará a una hostilidad abierta hacia el cristianismo. En cualquier caso, las fuentes son contradictorias al respecto y algunas de ellas, que sí recogen la purga, no afirman que fuera por cristianismo. Tradiciones cristianas también vincularán con esa atmósfera anticristiana de la fase final del gobierno de Domiciano la redacción del *Apocalipsis* atribuido a Juan.

El siguiente período de la historia de Roma, entre 96 y 192, se ha visto por la historiografía tradicional como el de más estabilidad. Hasta tal punto que se le ha llegado a conocer como «Edad de Oro» o «Siglo Feliz», por comparación a las guerras civiles y las purgas anteriores y posteriores. Maquiavelo hablaba de «los cinco emperadores buenos», excluyendo a Cómodo de entre los que vienen en los siguientes párrafos. Por poner otro ejemplo de admiración hiperbólica hacia aquel siglo II, ya en la Ilustración, Gibbon lanzaba flores a dicha época anotando que había sido la más feliz que se había conocido.

Por descontado que todo esto no son sino juicios de valor y opiniones. La época tan elogiada viene a coincidir con otra dinastía a añadir a las que hemos visto ya: la Antonina. Puede ser computada desde el mismo encumbramiento de Nerva, tras la conjura que liquidó a Domiciano, o ya desde Antonino Pío. Los especialistas en Alto Imperio no se ponen de acuerdo al respecto y es un asunto que dista de quedar resuelto.

Nerva, que fue el nuevo emperador tras el asesinato de Domiciano, era ya anciano. Para entonces se ha detectado la influencia de senadores que habían prosperado con los Flavios, y que eran de origen hispano, en especial M. Annio Vero y L. Licinio Sura. Es muy probable que ambos estuvieran detrás de la adopción de Trajano por parte de Nerva. Dicha adopción y el nombramiento como eventual sucesor, se produjo en el otoño del año 97. Trajano, nacido en Itálica, en la actual provincia de Sevilla, también pertenecía a la aristocracia de Hispania: su padre ya había tenido muy altas responsabilidades bajo los Flavios y el propio Trajano, para ese año, ya tenía una larga experiencia política y militar.

Cuando el anciano Nerva falleció, Trajano fue emperador en enero de 98. En estos movimientos, reitero, se han visto por parte de la historiografía académica las influencias de Sura y de M. Annio Vero. De hecho, este último fue, a la sazón, abuelo del futuro emperador Marco Aurelio y suegro de otro futuro emperador, Antonino Pío. De ese modo, las conexiones familiares y por vía femenina son muy potentes y tienen base en ese grupo de influencia de senadores de Hispania. A tal punto que este telón de fondo explicaría la adopción de Trajano por Nerva, la sucesión de aquel en Adriano y, finalmente, tanto el encumbramiento de Antonino Pío como, en última instancia, el de Marco Aurelio.

Trajano (98-117) fue el último emperador verdaderamente conquistador. Amplió la frontera del Imperio con la conquista de la Dacia (zona de la actual Rumanía), dando por tanto el salto al norte en la frontera del Danubio. Además, logró anexiones territoriales en forma de provincia de Arabia y de modo similar en Armenia. Se enfrentó en una guerra a la gran potencia del este, los partos, logrando incorporar territorios en Mesopotamia, igualmente provincializados. En el viaje de regreso desde el Este, falleció por una enfermedad y sus cenizas fueron trasladadas a la capital del Imperio.

Llevó a cabo importantes obras en Roma, especialmente todo el complejo del llamado Foro de Trajano, de mayores dimensiones que los de César y Augusto, a los cuales quedó asociado, aunque hubo que hacer obras de ensanchamiento de las explanadas disponibles. Fue el gran arquitecto Apolodoro de Damasco, que acompañó al emperador en sus campañas en Dacia, quien diseñó todo el complejo. Incluía, entre otros puntos de referencia, la Basílica Ulpia y la Columna de Trajano. La cinta de relieves narra las campañas del emperador en la conquista de Dacia, y la base tenía función funeraria, con una celda interior en la que fueron depositadas sus cenizas. Se construyeron además, en otro lateral del Foro, los Mercados de Trajano, parte de los cuales se pueden visitar hoy en día.

Adriano (117-138) sucedió a Trajano, de quien era pariente, además de estar casado con una sobrina nieta del emperador. Aunque algunas fuentes dejan entrever que fue Plotina, la esposa de Trajano, quien urdió la adopción. Este le había confiado a Adriano cargos de relevancia y, como se ha apuntado más atrás, es muy probable que hubiera una estrategia senatorial en un principio dirigida por Licinio Sura y por M. Annio Vero para que, más tarde, se ligasen las sucesiones que ocupan esta dinastía.

Adriano fue, ante todo, en emperador viajero. Se ha calculado que sus viajes suman, al menos, la mitad o más de la mitad de sus años de gobierno.

Se suele pensar que fue Apolodoro de Damasco, el gran arquitecto del Foro de Trajano, quien estuvo detrás de la restauración o verdadera reconstrucción del Panteón. Adriano ordenó igualmente el inicio de la construcción de su Mausoleo, hoy Castel Sant'Angelo en Roma, cuyas obras concluyeron ya con su sucesor Antonino Pío. El mausoleo, después de otros destinos temporales, terminaría albergando sus cenizas y las de varios de sus sucesores.

También corresponde a este emperador el Muro de Adriano, al norte de Britania. Hoy es visitable, con museos excelentes en algunos de los fuertes del itinerario, que puede ser seguido con el autobús cuyo luminoso reza «122 A. D.», en alusión al año en el que se iniciaron las obras. No se trata tanto (o no solo) de una muralla, sino de todo un complejo estratégico de costa a costa al norte de Britania frente al mundo de los caledonios y los pictos, en la actual Escocia.

Para hacerse una idea de la trascendencia no solo del Muro de Adriano, sino de la vida de los legionarios romanos en la frontera más septentrional del Imperio, aconsejo vivamente la visita al Museo de Vindolanda, que forma parte del itinerario que el viajero puede seguir hoy en día en aquellas latitudes. Debo destacar las tablillas de Vindolanda, verdaderas ventanas al pasado, en las que se recogen multitud de detalles de la vida cotidiana de aquellos soldados. Aunque se conservan en el Museo Británico, en Londres, hay una selección en el Museo Vindolanda. Suelo contar en conferencias una sensación personal que he tenido cuando he visitado aquellos horizontes. Porque, en aquel punto remoto del mundo romano, mientras se pasa frío y se piensa en las nuevas provincias de Mesopotamia o de Arabia que había incorporado recientemente Trajano, o en las costas de la Bética en Hispania, o en el norte de África, o en Siria o en Judea, uno siente desde allí la extraordinaria dimensión del Imperio.

Volviendo a Adriano: fue, además de viajero, un emperador extremadamente culto, muy versado en el estudio de la filosofía. En ese sentido, mantenía una posición intelectual claramente filohelenista, que tradujo políticamente, además de potenciar santuarios como Zeus Olímpico o en Eleusis, en Grecia, o los cultos helénicos en Judea. Su idea de renombrar Jerusalén como Aelia Capitolina, o de instalar un templo a Júpiter en la zona de lo que había sido el Templo, provocó una revuelta judía (132-135), liderada por Simón bar Kokhba. No es ajena a esa tendencia filosófica y filohelenista que el emperador se hiciera representar con barba de filósofo. Lo mismo harían posteriormente otros emperadores, en particular Marco Aurelio y Juliano, el mal llamado «Apóstata».

Adriano estaba casado con Sabina, emparentada con Trajano y con la esposa de M. Annio Vero. Ya he dicho que había múltiples conexiones familiares femeninas en las entretelas de la estrategia que en su día habían puesto en marcha el propio Annio Vero y Licinio Sura. De todos modos, Adriano se prendó del efebo Antínoo. Pero el joven se ahogó en el Nilo, habiendo varias versiones sobre el asunto, que van desde el accidente hasta la mano de Sabina, esposa de Adriano, o el suicidio. Había estatuas del bello Antínoo repartidas por todo el mundo romano, algunas de las cuales han sobrevivido hasta nuestros días.

Adriano adoptó a Tito Aurelio Arrio Antonino —e hizo que este hiciera lo mismo con Lucio Vero, hijo de quien en principio iba a ser sucesor de Adriano, pero falleció antes— y a Marco Annio Aurelio Vero, el futuro Marco Aurelio.

Antonino, más tarde conocido como Pío, fue emperador entre 138 y 161. Estaba casado con Faustina, hija del ya mencionado Marco Annio Vero. Su gobierno se caracteriza por unas décadas de estabilidad y paz. Levantó otro dispositivo defensivo, el Muro de Antonino, más al norte del Muro de Adriano, pero a la larga tuvo que ser abandonado. En la cimentación de las bases dinásticas, Faustina la Menor, hija del emperador y de Faustina la Mayor, se casó con el futuro emperador Marco Aurelio.

A la muerte de Antonino, tal y como estaba previsto, fue sucedido por Lucio Vero y por Marco Aurelio, que gobernaron de manera conjunta desde 161 hasta la muerte de aquel en 169, aunque da toda la impresión de que Marco Aurelio tenía la preeminencia en la pareja imperial. De hecho, cuando los partos atacaron intereses romanos en la frontera oriental, envió a Lucio Vero hacia allí. Las campañas duraron varios años y concluyeron favorablemente para las legiones, en cuya comandancia destacó Avidio Casio.

Desde allí y en el regreso se manifestó una epidemia que iba a extenderse rápidamente, dando lugar a la etiqueta de «Plaga Antonina». Se discute hoy sobre la base de la sintomatología perceptible en detalles de las fuentes, y se ha barajado que pudiera tratarse de una variante de viruela. En los siguientes años, iba a llevarse por delante, se ha especulado, a varios millones de personas en el conjunto del Imperio.

En el frente septentrional, hubo infiltraciones en la Galia que fueron controladas, pero el principal problema vino con la invasión de los marcomanos, que cruzaron el Danubio en 166. Marco Aurelio tuvo que movilizar un notable contingente militar a pesar de los estragos que la epidemia comenzaba a causar. Hubo derrotas romanas, pero se logró contener la mayor parte de la amenaza. En aquellos años murió Lucio Vero.

Según algunas versiones pudo tratarse de un envenenamiento; según otras, falleció como consecuencia de la epidemia.

En 175, Avidio Casio se rebeló en el este. La revuelta había comenzado como consecuencia de informaciones que afirmaban que Marco Aurelio había fallecido. Al parecer, era cierto que había estado gravemente enfermo y próximo a la muerte, pero finalmente se había recuperado. No obstante, cuando los mandos militares en Oriente tuvieron constancia de que el emperador sí vivía, liquidaron a Avidio Casio en aquel mismo año.

Poco después, Marco Aurelio y Faustina emprendieron un viaje por las provincias orientales, especialmente en Grecia, dada la afición del emperador por la filosofía: de hecho, impulsó las escuelas de pensamiento en su estancia en Grecia. Él mismo, durante sus campañas militares, escribió las célebres *Meditaciones*, una muestra de su adhesión a la línea estoica que tanto había influido en la aristocracia romana desde el siglo II a. C.

En sus últimos años, tuvo que hacer frente a las incursiones de marcomanos y otros grupos germánicos en el Danubio. Para entonces, hacía tiempo que había asociado a su hijo Cómodo al poder. Es probable que fuera la epidemia mencionada la que provocó su enfermedad, que terminó con la vida de Marco Aurelio en Vindobona, actual Viena, en 180.

Cómodo, que llevaba varios años asociado como césar al poder imperial de su padre, le sucedió en aquel mismo año 180, y fue emperador hasta su asesinato a finales del año 192. Había acompañado a su padre en las campañas en el Danubio y en el viaje por las provincias orientales. Sin embargo, una vez en el poder, suscribió un acuerdo con los marcomanos para poner fin a las largas series de campañas y centrarse en su vida palaciega en Roma.

El hecho de que Dion Casio, que fue contemporáneo de Cómodo, al cual sobrevivió varias décadas, considerase que la época de Cómodo marcó el paso de una etapa dorada a otra de hierro, ha hecho que habitualmente se haya visto como una suerte de gozne entre la fase de apogeo y de decadencia del Imperio. Así fue desde la Ilustración y así ha sido en nuestros tiempos. Después de todo, no fue por casualidad que Anthony Mann dirigiera la película *La caída del Imperio romano* centrándola en Cómodo, con el gran Christopher Plummer como Cómodo y sir Alec Guinness como Marco Aurelio. Como es bien sabido, una versión más reciente es *Gladiator*, de Ridley Scott, con Joaquin Phoenix y el genial Richard Harris en esos mismos papeles.

Hubo varias conjuras contra Cómodo, en las que existió implicación senatorial y militar. Algunas acontecieron en Roma, y otras en territorios provinciales, como sucedió, por ejemplo, en la Galia y en Britania. En una de ellas, en ambientes senatoriales en Roma, pudo estar implicada su hermana Lucila.

Había estado casada con Lucio Vero, quien, hasta su muerte en 169, había compartido el poder imperial con el padre de Lucila, Marco Aurelio. Después, había estado casada con Claudio Pompeyano, que fue un general destacado en la etapa de Marco Aurelio. La implicación en la conspiración estuvo en la base del confinamiento de Lucila en la isla de Capri, en la que finalmente iba a ser asesinada en torno a 182. Todo esto ocurrió, por lo tanto, en los primeros momentos del gobierno de Cómodo.

El aficionado al cine se habrá percatado ya, por lo tanto, de que Lucila no vivió tanto tiempo en la corte de Cómodo como da a entender *Gladiator*. No le dio tiempo. Su conjura fue muy temprana, al poco de iniciarse el mandato de su hermano: fue primero apartada y, finalmente, asesinada poco más que a las primeras de cambio.

Por descontado, Máximo Décimo Meridio, el personaje que en la película interpreta Russel Crowe, es una creación de la ficción. Suele decirse que la inspiración cinematográfica se basa en Marco Nonio Macrino. Acaso la única similitud entre ambos personajes sea que este participó, efectivamente, en las campañas de Marco Aurelio, y que formaba parte de su Consejo de amigos y asesores. Pero hasta ahí. En modo alguno Nonio Macrino fue gladiador y tampoco era emeritense, sino originario de lo que hoy es Brescia.

En 2008, los arqueólogos descubrieron en las proximidades de la Vía Flaminia y el río Tíber la que interpretaron como la tumba de este personaje histórico y se pusieron manos a la obra, con toda razón, para aclarar al gran público que Nonio Macrino y Máximo Décimo Meridio no tienen nada que ver. Tuvieron que esforzarse, puesto que la noticia corrió como la pólvora en las principales agencias de noticias, periódicos y cadenas de TV del planeta, presentada, en no pocos casos, como el hallazgo de la auténtica tumba del personaje de Crowe. Naturalmente, al final se impusieron los argumentos de la ciencia arqueológica e histórica y los medios de comunicación serios aclararon el asunto para el público. Después de todo, el cine es cine; no es Historia Antigua. Y a la inversa. Aunque, como escribió y cantó Luis Eduardo Aute, «que todo en la vida es cine… y los sueños, cine son».

Regresemos a Cómodo. No al personaje de J. Phoenix, claro, sino al auténtico. Manifestó una fuerte tendencia autocrática de corte oriental, al tiempo que incurría en lo que a ojos de la tradición senatorial eran extravagancias y aberraciones. De ahí su mala prensa en la historiografía que ha llegado hasta nosotros. Se menciona entre ellas, por ejemplo, su afición desmedida por los espectáculos de gladiadores, de modo que combatía de esa guisa en multitud de ocasiones, y lo mismo como arquero. Se contaba que, con frecuencia, solía disparar a las fieras desde una posición elevada en el Anfiteatro. En su afición a participar como gladiador, según algunas versiones, no era infrecuente que lo hiciera con espadas de madera. Algunos llegaron a contar más de setecientas victorias convenientemente ensalzadas.

Dion Casio cuenta una anécdota bastante verosímil, toda vez que él mismo estaba presente. En cierta ocasión, Cómodo, en una de sus cacerías en el anfiteatro, exhibió ante los senadores que asistían al espectáculo —uno de ellos el propio historiador y político— una cabeza de avestruz recién cortada con gesto desafiante, sin pronunciar palabra, si bien lanzando una sonrisa a los senadores. El propio Dion Casio, que lo interpretó como una amenaza, confiesa que tuvo que masticar hojas de laurel de su guirnalda para aguantarse la risa y no despertar la ira del emperador. Pasó más hojas de laurel a sus compañeros senadores para que hicieran lo mismo y se salvasen de una condena segura. En este pasaje, como en tantos otros de Dion Casio, hay mucho de crítica al recuerdo de Cómodo, por descontado: piénsese que Dion escribe cuando Cómodo ya está muerto y no tiene reparo alguno en machacar su figura. Pero el contenido de la historia que narra sobre el episodio del avestruz en el que él mismo estaba presente probablemente sí aconteció.

Cómodo tuvo la idea para un cambio de nombre para Roma, que debía pasar a llamarse *Commodiana*. Y pongo su versión abreviada, puesto que el nombre completo llevaría casi una línea completa de imprenta en este párrafo. En esa tendencia filohelénica y oriental hay que inscribir su asociación personal con Hércules. Se hizo representar como tal dios en numerosas ocasiones, algunas de cuyas esculturas han llegado hasta nuestros días. Desde el punto de vista ideológico, eran una aberración para la tradición senatorial; pero, desde la perspectiva artística, son consideradas, creo que con razón, uno de los puntos cimeros de la estatuaria romana de todos los tiempos.

El último día del año 192, fue asesinado en el contexto de una conjura palaciega, en la que estaba implicada su amante Marcia y varios grupos de senadores y mandos militares. Lo intentaron primero con veneno. Pero, como el emperador logró superar el trance, fue liquidado mientras tomaba unos baños. Así que, a diferencia de lo que suele creerse merced al cine, no, Cómodo no murió en la arena del Anfiteatro Flavio.

* * *

A la muerte de Cómodo, el nuevo emperador fue Pértinax, pero duró muy pocos meses, porque fue asesinado. Gracias a pagos muy generosos a los pretorianos, le sucedió Didio Juliano. Aquellos acontecimientos fueron seguidos con atención por los principales gobernadores y generales repartidos por el Imperio.

Uno de ellos era Septimio Severo, que se encontraba en *Carnuntum* —entre las actuales Viena y Bratislava, en la transición entre Austria, Eslovaquia y Hungría—, uno de los enclaves principales de la provincia de Panonia Superior. Y decidió dar el paso. Muy avanzada la primavera de 193, ya tenía el apoyo no solo de las legiones del Danubio, sino también de las del Rin. Marchó militarmente hacia Roma, de tal modo que Didio Juliano fue asesinado y Septimio Severo se convirtió en emperador. Era originario del norte de África, de la actual Libia, y estaba casado con Julia Domna, de origen sirio e hija del sacerdote de El-Gabal, importante divinidad del Oriente Próximo.

Con Septimio Severo comienza la última dinastía altoimperial, la de los Severos, que estará en el poder hasta 235. No obstante, no tuvo ni mucho menos fácil su consolidación en el poder. De hecho, hubo dos principales levantamientos que proclamaron a emperadores alternativos. Uno, en Oriente. Pescenio Níger, desde Siria, que obtuvo además el respaldo de las tropas de Egipto. Pero Severo venció a los ejércitos de Níger en 194. Otro, en el extremo contrario del mundo romano: Britania. Clodio Albino se proclamó emperador, pero hubo una tregua con Severo en 194. Después, Albino pasó a la Galia y el conflicto se decidió en una de las batallas más duras de la historia de guerras civiles del mundo romano, que tuvo lugar en *Lugdunum*, Lyon, en 195. La victoria de Septimio Severo propició su consolidación definitiva en el poder imperial.

Desde 208-209, emprendió campañas militares en el norte de Britania para enfrentarse a los caledonios. Allí enfermó fatalmente, muriendo en *Eboracum*, la actual York, en 211. No iba a ser la primera vez que un emperador romano fallecía en aquella localidad, como se va a ver dentro de pocas páginas. Dion Casio recogió una frase que ponía en labios del moribundo emperador, destinada a sus dos hijos y sucesores. Venía a decir algo así como que la clave del éxito, y lo que les recomendaba, era que enriquecieran al ejército (él, de hecho, había subido considerablemente las pagas a los soldados) y mantuvieran la paz y que, hecho eso, podían partirse de risa con todo lo demás.

Sea como fuere, fue incinerado y desde Britania las cenizas fueron llevadas a Roma. Disponemos del relato de Herodiano, que escribía poco después, sobre su funeral. Se suele pensar que se trata de una descripción válida como plantilla de un *funus* imperial y merece la pena que nos detengamos en los detalles. Aunque cuenta con la particularidad, claro, de que en este caso el cuerpo auténtico del emperador ya había sido incinerado a miles de millas de allí, en la isla de Britania. De hecho, otro autor que, como Herodiano, escribía en griego y del que ya hemos hablado, Dion Casio, anota ese detalle. Contaba este que, una vez muerto el emperador en Britania, su cuerpo fue incinerado, siendo la pira encendida por sus hijos Caracalla y Geta. Los restos fueron introducidos en una urna de pórfido (piedra habitual para los emperadores) y llevada a Roma. Al parecer, el propio emperador la había pedido en su momento, pronunciando una frase sobre el hecho de que la urna habría de albergar a quien el mundo no había sido capaz de contener. Pero volvamos a su funeral posterior y postizo en Roma.

Se modeló para la ocasión una figura de cera que reproducía el cuerpo enfermo de Septimio Severo, toda vez que ya solo quedaban las cenizas que habían llegado desde Britania. El «enfermo» de cera fue depositado sobre una estructura colocada en el atrio del palacio imperial y cubierta con telas doradas. Herodiano anota el detalle de que los artesanos fueron capaces de otorgar a la figura la palidez y el aspecto de un auténtico moribundo. Los senadores, ataviados con vestimentas en negro, permanecían a un lado del lecho fúnebre. Al otro, las damas, sin ningún tipo de adorno ni joya y vestidas de blanco.

La ceremonia se repitió durante siete días y se trataba de simular que el emperador estaba en la agonía. De hecho, cada jornada de esas siete los médicos acudían a examinar al «enfermo» y dictaminaban que se encontraba cada vez peor y más próximo a la muerte. Una vez que los médicos afirmaron que el emperador había fallecido, se trasladó el «cadáver» del atrio del palacio hacia el Foro. Allí se construyeron graderíos y coros de niños y mujeres de la aristocracia entonaban cantos fúnebres. Finalmente, el «cadáver» fue llevado hacia el Campo de Marte.

Allí había sido dispuesta la gran pira funeraria. Una estructura de tablones albergaba la leña, estando el conjunto revestido de tejidos áureos y figuritas de marfil, entre otros adornos. Por encima de esa estructura se levantaban otras tres más: cada escalón superior era más pequeño que el inferior. Herodiano comparaba la torre a las de los faros. El «cadáver» (recordemos que, en este caso de Septimio Severo, era de cera, puesto que ya había sido incinerado en la actual York) fue depositado en el segundo de los cuerpos. Ese espacio se colmató con hierbas aromáticas, incienso y perfumes varios. A continuación, los miembros del orden ecuestre cabalgaban en torno a la torre, mientras que aurigas con vestimentas bordadas en púrpura (el color imperial por definición) conducían sus carros en vueltas similares. En éstos había imágenes con máscaras de generales y emperadores romanos. El sucesor era quien encendía la pira, mientras que un águila era soltada desde el último cuerpo, el superior y más pequeño. Este ritual significaba que el alma del emperador ascendía a los cielos en su plena *apotheosis*, apoteosis: literalmente, implica la idea de alejarse, se sobreentiende de este mundo, y su llegada hacia donde están los dioses.

Septimio Severo fue sucedido por sus hijos, que conocemos por sus nombres cortos, Caracalla y Geta. En el primer caso, se trata más bien de un mote, que hacía referencia a un tipo concreto de manto o túnica habitual entre los bárbaros. Sabemos que la relación entre los dos hermanos no era precisamente un ejemplo de fraternidad. Se contaba que, en el palacio imperial del Palatino, se habían cerrado algunas estancias y se había reajustado la distribución para que ambos no tuvieran que verse las caras. Un poco como algunas escenas dentro de la Casa Blanca en la convivencia casi imposible entre los personajes de Robin Wright y Kevin Spacey en el tramo final de *House of Cards*. Al final, Caracalla hizo asesinar a Geta que, al parecer, murió en los brazos de la madre de ambos. Mientras, el fratricida salía por palacio y fuera de él gritando a los vientos que había sido objeto de un complot. Pagó los estipendios oportunos a las tropas y llevó a cabo una depuración sangrienta de los partidarios de su hermano.

Para el gran público, Caracalla suena por las Termas de Caracalla en Roma, no excesivamente conocidas por la mayoría del turismo antes de que allí se celebrase el famoso primer concierto de los «Tres Tenores» (Domingo, Pavarotti y Carreras) como clausura del Mundial de Fútbol de 1990. Pero si por algo debe ser anotado Caracalla en la historia de Roma es por su edicto, la conocida como *Constitutio Antoniniana*, de 212.

Con esta medida, de aplicación en todo el Imperio, los habitantes libres del mundo romano que no fueran ciudadanos romanos pasaban a serlo automáticamente. El alcance de esta decisión es enorme. Primero, porque fiscalmente extendía el cuerpo de contribuyentes ciudadanos. Segundo, y probablemente aún más relevante para el futuro del Imperio, porque se perdía el gran atractivo que había supuesto la ciudadanía como privilegio y no como derecho.

Digo atractivo porque, hasta entonces, las oligarquías locales del mundo romano se habían implicado en el funcionamiento de los *municipia*, las comunidades con derechos, porque aspiraban a la ciudadanía para ellos y para sus hijos, y de ese modo medrar social y políticamente. Se reproducían así las formas de vida romanas, la religión, el sistema político y, muy importante, la responsabilidad fiscal, en las células locales.

A partir de ahora, esa motivación comenzaba a desaparecer. No son pocos los autores académicos que piensan, que pensamos, que se abrió aquí una vía de agua para el desenganche de las oligarquías locales con respecto al funcionamiento del Imperio. De hecho, sabemos que una de las características de la fase final de Roma como sistema-mundo fue, precisamente, la extensión masiva de dicho desenganche.

En 216, había emprendido una campaña contra los partos en la frontera oriental del Imperio. En una de las fases intermedias, en 217, se encontraba en la zona entre Siria y el sur de Asia Menor. Hizo detener al séquito en pleno viaje, porque sentía la necesidad de orinar: mientras lo hacía, fue asesinado. El crimen se atribuyó a un soldado a quien, según esa misma versión, el prefecto del pretorio, Macrino, había prometido que ocuparía su puesto si él ascendía a emperador. Esto último sí se produjo, pero el magnicida fue eliminado. De todos modos, Macrino solamente pudo estar en torno a un año en el poder, puesto que fue derrotado por las tropas que apoyaban a Heliogábalo, que le sucedió en 218.

El muchacho era un adolescente. Su nombre, claro, era mucho más largo, pero es conocido por este nombre corto que hace alusión a su devoción por el dios del enclave de Emesa, actual Homs, en Siria. La clave de esta línea dinástica estaba en las damas imperiales. Como se recordará, Julia Domna, hija del sacerdote de dicha divinidad siria Elagabal o El Gabal, había sido la esposa de Septimio Severo. Tuvo, además, una enorme influencia en la administración imperial en los días de gobierno de su hijo Caracalla: se contaba que metía literalmente mano en los asuntos cotidianos de la burocracia imperial, controlando por ejemplo las cartas del emperador.

Hermana de Julia Domna era Julia Mesa, e hijas de esta última fueron Julia Mamea y Julia Soemias. A su vez, hijo de esta era el muchacho que conocemos como emperador Heliogábalo. Este, desde su infancia, había estado en el ambiente sacerdotal de El-Gabal en Siria, culto controlado por su familia. En la movilización de tropas en su apoyo fue esencial la estrategia dirigida por su abuela, Julia Mesa.

Si por algo se caracterizó el gobierno de Heliogábalo pue por la apuesta religiosa hacia su dios sirio, que quedó asimilado a Helios o Sol, en las vertientes helénica y latina respectivamente, en detrimento de los dioses tradicionales de Roma. Las fuentes se recrean en lo que dichos autores senatoriales consideraban comportamientos del muchacho. Uno de ellos había sido el intento de sustituir nada menos que a Júpiter por el dios sirio que le da su mote, dios helenizado como Helios y latinizado como Sol. Las fuentes se recrean en detalles sobre los banquetes repletos de extravagancias culinarias, o su costumbre de prostituirse. Dion Casio anotará en un tono negativo el deseo del joven de ser operado para cambiar su sexo, aclarando que lo achacaba a su afeminación, aparte de que se hubiera circuncidado por hacerse sacerdote del culto a la divinidad siria que pretendía anteponer a Júpiter.

No pudo gobernar nada más que cuatro años, porque fue asesinado en 222, en una conjura en la que probablemente estaba implicada su propia abuela. El destinatario del poder imperial no era otro que Alejandro Severo, también nieto de Julia Mesa, puesto que era hijo de Julia Mamea. Por lo tanto, Alejandro Severo era primo de Heliogábalo. En todas estas conexiones se aprecia bien hasta qué punto la rama femenina fue el hilo conductor de la dinastía.

Al igual que su primo, Alejandro Severo, o Severo Alejandro, que de las dos formas suele ser conocido, también era un adolescente cuando fue proclamado emperador. Las entretelas del poder estaban en manos de su madre y, sobre todo, de su abuela. La implicación de esta en la liquidación de Heliogábalo pudo deberse al temor por quedar ella y sus seguidores apartados políticamente, o eliminados físicamente, si estallaba una conjura potente contra Heliogábalo, dada la deriva extravagante de su gobierno.

La etapa de Alejandro Severo estuvo caracterizada por los enfrentamientos en la frontera oriental contra el imperio de los sasánidas, que se iba imponiendo sobre el anterior formato de los partos, y en el norte, contra pueblos germánicos. De hecho, en este último frente fue asesinado y su puesto lo ocupó Maximino el Tracio.

Con el asesinato de Alejandro Severo en 235 concluían las dinastías altoimperiales. A partir de entonces, se fueron sucediendo numerosos emperadores, en su gran mayoría de origen militar, dando paso a lo que académicamente solemos considerar otra época diferente en la historia de Roma.

ASC

Escultura en mármol (215-217 d. C.) que representa el busto del emperador Marco Aurelio Antonino Augusto, conocido comúnmente como Caracalla. Museos Capitolinos, Roma.

ASC

Estatua en bronce del emperador Marco Aurelio. Museos Capitolinos, Roma.

XIV
«EL MUNDO TITUBEA Y SE TAMBALEA»

A mediados del siglo III, Cipriano, obispo de Cartago, una de las máximas referencias de la Cristiandad del momento, afirmaba en su *De mortalitate* que «el mundo titubea y se tambalea». En varios de sus escritos dejaba entrever que estaba convencido del final del mundo, que él interpretaba sobre la base del final del Imperio. Este capítulo se centra en unas décadas, las contemporáneas a ese mundo tambaleante al que se refería Cipriano, que en la historiografía han sido tradicionalmente interpretadas como «la crisis del siglo III».

A partir de 235 quedó extinguido el sistema de las dinastías que habían gobernado el Imperio romano desde la muerte de Augusto. Al menos, por el momento. Lo que siguió a la extinción de la dinastía de los Severos fue una sucesión, a veces vertiginosa, otras no tanto, de emperadores con origen militar y, en muchos casos, procedentes del Ilírico. Era esta la región que ocupan hoy países como Serbia, Montenegro, Croacia, Albania, Macedonia... Acaso el emperador procedente de aquellas tierras que más pueda sonar para el público en general sea Constantino. Pero eso ocurrió ya a comienzos del siglo IV. Y hemos dejado nuestra explicación en el asesinato de Alejandro Severo en 235. Este capítulo se dedica a lo que resta del siglo III hasta una fecha precisa, noviembre de 284, por razones que ya veremos en las últimas líneas de este capítulo y, sobre todo, en las primeras páginas del siguiente. De manera que, en esencia, me ocupo ahora del período entre 235 y 284.

* * *

Esa acumulación de emperadores en medio siglo suma en torno a tres decenas entre la extinción de la dinastía severa en 235 y la llegada al poder de Diocleciano a finales de 284. No voy a citar emperador a emperador, como sí he hecho en las páginas dedicadas a las dinastías altoimperiales, sino que propongo seguidamente una valoración de conjunto. Aunque en algunos ejemplos concretos, como Valeriano, Claudio II Gótico o Aureliano, entre otros casos, sí me detengo en más detalles. Esto tiene su peligro, puesto que la historiografía ha visto durante mucho tiempo este período como un momento de crisis profunda e irreversible. Por eso, es frecuente que no pocos manuales universitarios titulasen este apartado como «la crisis del siglo III», interpretando una fase poco menos que terminal, visión no muy lejana a la que tenía el propio Cipriano de Cartago y que he resumido con una de sus muchas frases al respecto.

En verdad, semejante listado de emperadores efímeros, la gran mayoría de los cuales murió en circunstancias violentas, así como la acumulación de problemas tales como la inflación galopante, epidemias durísimas, o las constantes incursiones bárbaras en las fronteras, todo eso, da una imagen que nos seduce para caer en el tópico de una crisis irreversible.

Y, sin embargo, el Imperio iba a perdurar dos siglos más.

En las últimas décadas, tanto análisis regionales como generales han desmentido semejante idea. No tanto la de crisis, que sí da la sensación de haber existido, sino la de la irreversibilidad de dicha crisis.

Efectivamente, hay síntomas de crisis como la propia inestabilidad en el poder imperial o el creciente problema en las fronteras del Rin y del Danubio frente a pueblos bárbaros, que a partir de ahora aparecerán con frecuencia en este libro. O en el sistema de la *religio* tradicional, que hacía aguas y que encontrará en creencias llegadas del Mediterráneo oriental una serie de rivales en auge. O la inflación galopante, por la devaluación del valor intrínseco de la moneda y el alza de los precios. Ha de pensarse que, en el mundo grecorromano en general y en el Imperio en particular, la moneda de plata, por ejemplo, tenía el valor de su metal. No es como nuestros euros de hoy o, antes como nuestras pesetas, francos, o liras. Nuestras monedas tienen escasísimo valor en sí mismas y lo mismo sucede con los billetes. Su valor es fiduciario, de *fides*, en latín precisamente, aquí en el sentido de confianza. Una palabra que también viene de *fides*, por cierto. Su valor depende de la confianza que tenemos en el Banco Central Europeo, que responde y avala esa referencia, constatada en España por el Banco de España. En el Imperio romano, una moneda de plata era eso, una moneda de plata. Si perdía cantidad de metal precioso, perdía valor. Esto estaba conectado con el alza de precios. Y durante el siglo III tanto la devaluación del valor monetario como la subida de los precios fueron factores de crisis. Como lo fue el inicio de la erosión de las clases medias, que continuaría más adelante.

Estos síntomas, y otros, nos permiten hablar de crisis en el siglo III. Pero no de crisis agónica o terminal, no el fin de Roma, puesto que el Imperio resistió. En cualquier caso, hay que valorar este punto de inflexión puesto que la historia restante del mundo romano iba a ser sustancialmente diferente de la que hemos visto hasta ahora. Sobre todo, si la comparamos con los últimos tiempos de la República o los primeros dos siglos del Imperio.

* * *

Aunque tendremos que insistir más en los problemas fronterizos en el norte, hay que mencionar que el gran enemigo del Imperio por el lado oriental era otro Imperio, en este caso el de los persas. Allí tuvo poco menos que comprar una paz el emperador Filipo el Árabe en los años cuarenta de este siglo III. Años después, en 260, el emperador Valeriano caería prisionero en el imperio persa.

Puede llamar la atención el sobrenombre «el Árabe». Sabemos que procedía de Siria; una zona que, como hemos visto, había deparado una base de poder a través de las damas imperiales en la dinastía severa. Se contaba que las ramas familiares de Filipo derivaban del mundo árabe de la Siria interior romana y del norte de la península arábiga. Había ascendido en el ejército y además alcanzó nada menos que la prefectura del pretorio. Algunas tradiciones cristianas indicaban que este emperador pudo ser cristiano. Esto está lejos de ser algo seguro. Lo más probable es que su tolerancia hacia el cristianismo, en contraste con lo que hizo el emperador Decio después de él, fomentase esos rumores.

De todos modos, enseguida tendré que tratar la cuestión cristiana. Decio se había levantado con el apoyo de las legiones del Danubio en 249, logrando ser emperador durante un par de años. Murió guerreando contra los godos en el entorno de la actual Bulgaria. Se contaba que, antes que él, murió uno de sus hijos y que el emperador, para animar a las tropas, exclamó que la pérdida de un soldado no era una debacle.

A partir de ahí hubo varios pronunciamientos, algún emperador incluso más efímero que el propio Decio, hasta que Valeriano se hizo con el poder en 253. En este caso, el nuevo emperador contaba con pedigrí aristocrático y senatorial.

En el territorio de lo que hoy es Irán se conserva un relieve tallado en la roca natural. En la representación, los emperadores romanos que acabo de mencionar, Filipo y Valeriano, aparecen en gesto de humillación ante el rey persa Sapor. Sabemos por las fuentes romanas que el peor parado fue Valeriano. Porque Filipo había comprado la paz y se había largado rápidamente hacia los frentes occidentales para hacer frente a las incursiones germánicas. En cambio, Valeriano fue hecho prisionero y sufrió cautiverio en la corte de Sapor. Las versiones varían, pero una de ellas se ceba en la humillación, e indica que el mismísimo emperador romano servía de escabel al rey persa cada vez que este decidía subir a su caballo. Al parecer, y una vez ejecutado, los persas armaron con sus despojos una suerte de trofeo a modo de exhibición.

Valeriano, como otros emperadores de este siglo III antes que él, y otros después, tuvo que hacer frente a incursiones bárbaras tanto en el Danubio como en el Rin. En el primer caso, la principal amenaza era la de los godos. De hecho, llegaron a atacar incluso Asia Menor, la actual Turquía. Y, en el frente occidental, los problemas para Roma venían de la mano de varios pueblos, pero entre ellos empezaban a destacar con claridad francos y alamanes. No «alemanes», aunque esta palabra deriva de ahí, sino «alamanes». De hecho, la raigambre germánica del nombre latinizado nos conduce al alemán *alle Männer,* o al inglés *all men*, que implica la acumulación humana: sencillamente, significa algo así como «mucha gente».

* * *

Tanto Decio como Valeriano llevaron a cabo las dos primeras persecuciones contra los cristianos. El cristianismo no vino en un platillo volante, ni surgió en la China de los Han o en la América de la Antigüedad. Nada de eso. Surgió y cuajó en el mundo romano. Como dijo nada menos que el emperador Juliano, que no era cristiano, a mediados del siglo IV, Jesucristo había vivido en un mundo que estaba bajo la autoridad de los Césares, de los emperadores romanos. Y, en eso, tenía toda la razón.

Es decir, Jesús de Nazaret, el personaje histórico que fue ejecutado en época de Tiberio (14-37), vivió en la zona de Judea, que pertenecía al Imperio romano. Predicó oralmente en arameo, pero no escribió absolutamente nada. O, al menos, no se indica ninguna referencia al respecto y, por supuesto, nada ha llegado hasta nosotros.

La filología ha reconstruido lo que se denomina *Fuente Q*. Desgraciadamente, no tiene nada que ver con la división Q de tecnología de los servicios secretos británicos en las novelas de Ian Fleming, convertido en las películas en un personaje muy presente en la acción y que ayuda con sus inventos a 007.

La letra Q nos interesa ahora por otro motivo menos divertido. Procede del alemán «Quelle», que significa «fuente», pero aquí en el sentido de fuente histórica o documental, que ha sido interpretada en ocasiones como una tradición oral o parcialmente escrita sobre dichos de Jesús. Este tipo de tradiciones habría estado —aunque muy sectorialmente— en la base de las puestas por escrito que conocemos como Evangelios, que son en cualquier caso, varias décadas posteriores a la muerte de Jesús. También posteriores a la ejecución de Jesús y anteriores a los Evangelios, las cartas de Pablo suponen una difusión por escrito y en griego a comunidades externas a Judea en el contexto del Mediterráneo.

Hubo por lo tanto una transformación desde un mensaje para judíos, con base en la tradición de las Sagradas Escrituras judías, y en lengua oral aramea, que es lo que predicó Jesús, hacia otro mensaje comprensible por la gran mayoría de la población. En el Mediterráneo oriental, la gente que vivía en las grandes ciudades utilizaba el griego como lengua franca desde hacía dos o tres siglos, durante el período helenístico. De manera que la mutación hacia un sistema religioso con léxico helénico, que fuera comprensible por esas poblaciones, varió el mensaje inicial.

Es cierto que algunas fuentes no cristianas, y especialmente la tradición cristiana, se ceban en las ejecuciones de cristianos llevadas a cabo por Nerón y por Domiciano ya en el siglo I. También sabemos que se estaba ejecutando cristianos en la época de Trajano gracias a las cartas que este emperador se intercambió con Plinio el Joven, su gobernador en Bitinia, al norte de la actual Turquía.

Sin embargo, ni Nerón, ni Domiciano ni Trajano emitieron *edicta*, plural de *edictum*, de persecución directa contra los cristianos y de obligado cumplimiento en el conjunto del Imperio. De hecho, Trajano contestaba a las preguntas de su gobernador. Plinio le venía a decir que estaba condenando a cristianos, pero que tenía dudas sobre el procedimiento a seguir. El emperador le respondía que, si eran culpables de delitos manifiestos, debían ser ejecutados, pero que no hiciera caso a delaciones anónimas y que, en términos muy generales, fuera prudente al respecto.

Todo eso cambió a mediados del siglo III. Para entonces, el cristianismo ya tenía numerosas sedes de organización repartidas por todo el Imperio. A cada comunidad organizada la llamaban *ekklesía*, en griego, *ecclesia*, en latín. De ahí a nuestra lengua actual, «iglesia». Se trataba de un término tomado del léxico político griego. Era la asamblea de los *politai*, los miembros de derecho de la *polis*, esto es, los ciudadanos. Esta última palabra nuestra viene de la versión latina, que es *ciues*, como ya hemos visto cuando explicaba el origen de la *ciuitas*.

Para mediados del siglo III, las comunidades cristianas estaban muy organizadas en esas iglesias. Las más grandes y nutridas estaban en las provincias orientales, de tradición helenófona, que se expresaban y discutían en griego. En Occidente, latinizado, salvo las grandes ciudades como Roma o Cartago, las iglesias eran mucho más pequeñas.

Lo que nos interesa ahora es anotar que esas dos persecuciones, las de Decio y Valeriano a mediados del siglo III, se desataron sobre la base jurídica que proporcionaban edictos imperiales. Había intervenciones judiciales con interrogatorios. De hecho, entre otros formatos, destacaba el de las *quaestiones*. Es inherente al concepto, por supuesto, de «cuestión», y hace alusión a que se trataba de juicios sobre la base de testigos, acusados, tribunales, que dialogaban entre preguntas y respuestas. No es que fuera un diálogo con una taza de infusión de hierbas y unas pastas, por descontado. De hecho, las torturas estaban incluidas, aunque no siempre eran necesarias.

Entre los cristianos, y ante la situación crítica que para ellos representaron estas persecuciones, había dos posibilidades: la *contumacia*, esto es, mantenerse en su fe, o la apostasía, que significaba renunciar a ella. La primera opción podía conllevar la pena de muerte. Los cristianos ejecutados serán vistos por sus comunidades como «mártires». La palabra, en griego, tenía el sentido de testigo y de dar testimonio. En este caso serán venerados como testigos de su fe y comenzará el culto a los mártires, de enorme recorrido en la historia posterior. Los mausoleos y las tumbas que albergaban sus restos se irán convirtiendo en puntos de atracción para fieles, que acuden para orar y hacer sus peticiones a quienes se convertirán en *patroni caelestes*, patronos celestiales. Como los *patroni* romanos de siempre, a los que sus *clientes* (como así se llamaban) pedían favores, los patronos celestiales emergerán como los puntos de esperanza para las multitudes.

Daba comienzo un proceso histórico que, en pocas décadas, iba a ir asumiendo un extenso recorrido, que se terminará multiplicando en los siglos siguientes. Con la apuesta por el cristianismo de Constantino y sus hijos, así como la dinastía Valentiniana y la Teodosiana, comenzarán a surgir por doquier iglesias martiriales sobre núcleos funerarios que supuestamente contaban con restos de mártires. Empezará así no solamente el movimiento de personas, sino también de donaciones, patrimonios, riquezas, que esos centros martiriales irán absorbiendo en las siguientes décadas y siglos.

Los cristianos ejecutados lo fueron de múltiples formas, pero destacaron la muerte por espada, o la condena *ad bestias*, es decir, expuestos ante animales salvajes y hambrientos. No siempre que los cristianos eran considerados culpables se les castigaba a la muerte, pero fue algo frecuente sobre todo si el caso concreto caía dentro de los delitos de *maiestas* y de *maleficium*.

El primero tenía más que ver con la acusación política de estar contra el emperador. Aunque, como algunos cristianos trataron de explicar, su religión no estaba en principio en contra de la autoridad imperial. Quizás en los textos en los que mejor se puede estudiar su posición sea en los de Tertuliano. Se trata de uno de los apologetas, es decir, en este contexto, uno de los cristianos que se defendían de las acusaciones. Acaso su obra más conocida sea su *Apologeticum*, escrito hacia 197, una de sus obras de defensa del cristianismo frente a los ataques de las autoridades y de los partidarios más vehementes de los cultos tradicionales de Roma. En ella, se lamentaba de que no fueran considerados romanos, *nec Romani habemur*, por no rendir culto a los dioses tradicionales de Roma. Y argumentaba que sí eran buenos romanos, que pagaban sus impuestos, que reconocían la autoridad del emperador y que no iban contra él.

Reclamaba, por ponerlo en términos actuales, algo así como la libertad religiosa: que se pudiera creer en el dios de los cristianos o en Júpiter.

El propio Tertuliano se quejaba, no sin ironía, de que ante cualquier adversidad que acechara a Roma, la respuesta imperial era *Christianos, ad leonem!*, «¡Cristianos, al león!».

El segundo, el *maleficium*, remontaba su existencia hasta los propios orígenes de Roma. Englobaba varias casuísticas, pero, por resumir, venía a equivaler a algo parecido a la magia negra. Se trataba de creencias, rituales, que eran considerados perniciosos y peligrosos para la *religio*, el sistema de cultos tradicionales de Roma. Muchos de los cristianos que fueron ejecutados murieron precisamente por ese delito.

Vamos ahora con el otro lado de la moneda. Cuántas veces hemos pensado que nos piden certificados para todo y hemos tenido que acumularlos para poder mostrar tal o cual mérito o actividad. En el mundo romano ya existían. Tanto es así que, en lo que ahora nos ocupa, iban a ser determinantes... porque permitían salvar la vida.

Porque las autoridades expedían esos documentos a quienes probasen que reconocían a los dioses de Roma. Había varios caminos para alcanzar el visto bueno a salir ileso de los procesos judiciales. Los cristianos que durante el juicio sacrificaban (unas aves, un cerdo, un chivo, algo de incienso, lo que demandase la autoridad que los juzgaba) a los dioses tradicionales de Roma, recibían precisamente eso, un certificado. Se les entregaba un texto, un *libellus*, un certificado en el que constaba que fulanito de tal o menganita de cual habían sacrificado y reconocían a los dioses de Roma y, por lo tanto, abjuraban del cristianismo. Por recibir esos *libelli*, se les conocía como *libellatici*, «los que tienen el certificado». Aunque este último término se usó con profusión y cierta sorna para quienes —siguiendo otro camino, claro— lo habían comprado directamente, mediante sobornos a las autoridades y burócratas que se encargaban de la gestión judicial y administrativa de los edictos. Se han conservado varios de esos documentos en las arenas del desierto egipcio. Son sorprendentes por los detalles que anotan, por ser documentos originales y, en fin, por trasladarnos a aquel momento en el que el Imperio decretó oficialmente las persecuciones contra los cristianos. Por descontado, no pocos de ellos decidieron sobrevivir.

Porque, después de todo, los colaboracionistas querían salvar su pellejo. Toda vez que entregaban (verbo *tradere*, «llevar», «traer», «entregar») los libros, archivos y demás documentación de su organización eclesiástica, fueron conocidos como *traditores*, «los que llevan, los que traen». De ahí deriva nuestra palabra «traidor». Este tipo de juicios, como los demás, generaban unas actas. Se trataba de documentos oficiales, escritos en un lenguaje judicial y burocrático.

Dado que el cristianismo se terminó extendiendo aún más y, finalmente, imponiendo, alteró muchas de esas actas, cuando no las inventó directamente. Eso generó una masa de documentación, que conocemos como «actas martiriales», que tratan sobre martirios desde Hispania hasta Siria, desde el norte de África hasta la Galia. Muchos de esos textos contienen elaboraciones posteriores a las persecuciones, detalles literarios, artificios retóricos, invenciones a veces, pero en algunas ocasiones albergan datos auténticos sobre el juicio y la ejecución del cristiano en cuestión.

* * *

Galieno, hijo de Valeriano, puso fin a las persecuciones. Las preocupaciones esenciales del Imperio seguían siendo las fronteras, especialmente el Rin, el Danubio, y el frente oriental con los persas. Toda vez que Valeriano cayó prisionero de los persas hacia 260, su hijo Galieno, que ya había gobernado con él durante un tiempo, tuvo que enfrentarse a los alamanes, además de sofocar usurpaciones, es decir, proclamaciones de emperadores, en distintas partes del Imperio. Sin embargo, no pudo contener a un general, Póstumo, que proclamó el *imperium Galliarum*, el imperio de las Galias. Era algo extraño, una especie de segregación territorial a gran escala.

En las expediciones de Galieno contra los godos destacaron algunos de los principales jefes militares del emperador, como Claudio y Aureliano. Los dos iban a ser emperadores. Claudio sucedió a Galieno cuando este fue asesinado en 268 en mitad de una campaña contra uno de los usurpadores en Milán.

Aquello fue un complot muy mal documentado en nuestras fuentes.

Lo cierto es que Galieno fue sucedido por uno de sus principales comandantes, Claudio, que fue el segundo emperador romano con ese nombre. Aunque había otros focos de guerra contra bárbaros en el Rin, la atención preferente seguía centrada en los godos y sus aliados en el Danubio y las provincias romanas inmediatamente al sur de ese *limes*, de esa frontera. Claudio II logró una importante victoria sobre ellos, de modo que se arrogó el nombre honorífico de *Gothicus*, Gótico, emulando la tradición romana al respecto, que se remontaba a la época de la República y que otros emperadores habían también utilizado.

No obstante, Claudio II murió en 270 y, pese a una sucesión brevísima en su hermano, quien se hizo con el poder en ese mismo año fue Aureliano, otro de los jefes militares que habían destacado bajo Galieno.

Mientras sucedían estas cosas, el *Imperium Galliarum* que se había formado hacia 260 y encabezado por Póstumo, se había consolidado durante una década de existencia. Suponía una segregación territorial, fiscal, política, con respecto a la autoridad imperial romana. Tenía su propia moneda, instituciones políticas, ejército… La magnitud del imperio galo se comprende mejor si valoramos que no solamente integraba la mayor parte de la Galia, sino regiones amplias de Britania y de Hispania. En otras palabras, buena parte de Europa Occidental había decidido apartarse de Roma.

Póstumo había comenzado su proclamación apoyándose en las poderosas legiones del *limes* del Rin. Y, poco a poco, había logrado ampliar y consolidar su autoridad imperial: emitiendo moneda, por ejemplo. Pese a que su poder duró varios años, terminó siendo asesinado, y sus sucesores fueron perdiendo territorios a marchas forzadas para cuando Aureliano se hizo con el poder en 270, si bien faltaba aún el golpe de gracia.

* * *

En el inicio de su mandato, Aureliano se centró en sofocar las amenazas en Occidente, como la de los alamanes en el norte de Italia. Después, logró vencer al Imperio de Palmira (llamado así por esta ciudad de Siria), que había logrado cercenar la autoridad romana en una buena parte de las provincias orientales, desde Egipto hasta una sección de Asia Menor, pasando por el corredor sirio-palestino. La reina Zenobia, que había dirigido el imperio de Palmira, terminó siendo derrotada por las tropas de Aureliano y llevada como prisionera a Roma, donde terminó muriendo.

La derrota de Zenobia aconteció hacia 272 y, en torno a dos años después, Aurelio también se apoderó de lo poco que quedaba del otro «Imperio» segregado, el Gálico. Celebró un triunfo espectacular por las calles de Roma, en el que desfilaron Zenobia y Tétrico, los dos derrotados de los dos grandes territorios hasta entonces segregados.

Por un lado, Aureliano había recuperado extensísimas regiones que el Imperio romano había dejado de administrar en los últimos años. Por otro, decidió abandonar la Dacia, que había sido conquistada por Trajano algo más de siglo y medio antes, aunque dio ese nombre a un territorio al sur del Danubio. Pero la región que el Imperio había considerado como suya más allá del gran río había dejado, para siempre, de ser romana. En las siguientes décadas, y especialmente muy avanzado el siglo IV, iba a ser escenario del expansionismo de los godos.

Aureliano emprendió reformas de calado, en las que no podemos profundizar ahora. Cabe anotar que, para frenar la inflación, impulsó monedas en las que amplió la cantidad de metal precioso, que hasta entonces había caído alarmantemente. En cualquier caso, visto con perspectiva, la presencia de plata en las aleaciones aún estaba lejos de los denarios de otros tiempos de la historia de Roma.

La inauguración de un templo a *Sol Invictus*, el Sol que no ha sido vencido, en el entorno del solsticio de invierno, apuntaba cuánto terreno había ganado el culto solar en Roma. El culto a Helios, versión helénica, o Sol, en su variante latinizada, venía de tiempos remotos de la historia romana. Pero en los últimos tiempos había multiplicado su presencia en el Imperio. La idea de una divinidad suprema, solar, encajaba con tendencias filosóficas de corte neoplatónico, que anotaban la superioridad de un Bien supremo.

No pocos especialistas han visto aquí vasos comunicantes con el cristianismo y el avance que había experimentado incluso a pesar de las persecuciones de Decio y Valeriano, solo unos años antes. En cualquier caso, el sistema filosófico solar, que había ganado mucho terreno en el circuito del pensamiento, no tenía necesariamente una plasmación religiosa. Digamos que avanzaron las dos dimensiones, tanto el culto a Sol Invicto como el monoteísmo solar de corte filosófico.

Se ha propuesto que hay cierta relación entre esa festividad del Sol en el solsticio de invierno y el hecho según el cual los cristianos, tiempo después, se decantaran por el entorno de ese mismo momento para el natalicio de su fundador. De hecho, el *dies natalis Solis Invicti* acontecía en esos momentos del año. Los cristianos terminaron fijando el nacimiento (*dies natalis*, de ahí se generará *natiuitas*, Navidad) de su fundador, Jesús de Nazaret, en ese punto del entorno del solsticio de invierno. Se ha querido ver en una representación de Helios en un mosaico de Roma datado en esta época, aproximadamente, una simbiosis entre Jesús y Helios o Sol. En cualquier caso, ha de quedar claro que se trata de cultos, rituales y religiones diferentes.

Aureliano fue asesinado en 275 mientras se disponía a avanzar hacia el frente oriental para una campaña contra los persas.

A partir de entonces, y durante casi una década, hubo varios emperadores efímeros en el poder.

Pero las cosas iban a cambiar, y de qué manera, cuando uno de ellos, que aparentemente no era sino un militar del Ilírico más, como tantos otros, parecía destinado a ocupar el poder a lo sumo unos meses.

XV
DE LAS PERSECUCIONES «GORE» AL APOYO AL CRISTIANISMO

Para finales de 284, un tipo llamado Diocles, de orígenes oscuros, pero que había ascendido en el escalafón militar, logró auparse al poder imperial. En una colina de Nicomedia, la capital de la provincia romana de Bitinia, al norte de Asia Menor, actual Turquía, asesinó a Aper, prefecto del pretorio. Lo acusó de haber matado al emperador Numeriano y lo liquidó de un espadazo allí mismo, delante de los soldados. Aunque tuvo el apoyo de las tropas en las provincias orientales del Imperio, tuvo que ir quitándose de encima a sus rivales más inmediatos. Hasta entonces, nada nuevo. Porque la historia de las últimas décadas estaba repleta de ejemplos similares.

¿Qué había sucedido para que Diocles se proclamase emperador? Hay que retrotraerse solamente un poco en el tiempo. El emperador Caro, otro de los emperadores efímeros de esa época, había emprendido una campaña contra los persas. Tampoco es nuevo. Ni era la primera, como hemos visto, ni iba a ser la última. Los dos grandes Imperios eran vecinos y se encontraban constantemente en fricción en la zona del interior de Siria y de la Alta Mesopotamia, entre otros territorios. Caro estuvo acompañado en la campaña persa por uno de sus hijos, Numeriano. Al otro, Carino, lo había enviado a las provincias occidentales, en las que, como casi siempre, el principal problema era la frontera de la Galia.

La campaña de Caro, en 283, fue un éxito, logrando incluso tomar la capital persa, Ctesifonte. Pero el emperador falleció. Se contaba que había sido fulminado por un rayo, aunque también se decía que había muerto por enfermedad o, incluso, que había sido asesinado. Para entonces, el prefecto del pretorio, Aper, se había movido con habilidad y había logrado que su hija se casase con Numeriano. De ese modo, cuando este fue proclamado, Aper era el suegro del nuevo emperador. Pero sus planes iban mucho más allá, y «prescindió» de Numeriano.

Las fuentes son a veces contradictorias, pero da la impresión de que los altos mandos del ejército se pusieron de acuerdo para apoyar otra alternativa: la de uno de ellos. Así que Diocles, a su vez, liquidó a Aper y se hizo con el poder.

No iba a ser un emperador efímero más.

Efectivamente, en el estado actual de los conocimientos, es algo plenamente asumido en la comunidad científica que el gobierno de Diocles, entre finales de 284 y el mayo de 305, marca un punto de inflexión en la historia de Roma. Diocleciano, como terminó siendo conocido, es el gozne entre el tiempo anterior y lo que habitualmente se conoce como Bajo Imperio o, mejor, Imperio tardorromano.

Una vez proclamado emperador en aquella colina de Nicomedia, Diocles, o ya Diocleciano, logró eliminar a Carino que, recuérdese, retenía el poder en las provincias occidentales. No están nada, pero nada claras las circunstancias. Porque, según algunas fuentes, parece haber mediado una victoria de Diocleciano, pero otras no confirman esa noticia. En cualquier caso, parece ser que intrigas internas, con la colaboración de miembros de la corte de Carino, se llevaron a este por delante.

A partir de ese momento, Diocleciano emprendió su mandato imperial con las manos libres. Aunque las últimas décadas estaban repletas de ejemplos similares, con una duración que iba desde unas semanas hasta unos pocos años, todo iba a ser muy diferente. Diocleciano fue tomando una serie de medidas sorprendentes, que fueron reformando el Imperio desde el punto de vista de su formato más visible, pero también de sus estructuras.

* * *

Para empezar, quizás ya en 285, decidió asociar al poder a un compañero de armas, Maximiano. Le confió las provincias occidentales, con problemas fronterizos en el Rin, en el norte de Britania y en África. Diocleciano, por su parte, se mantenía en las orientales. Para el año siguiente, decidió promocionar a su compañero desde césar hasta el rango de augusto, de manera que se trataba de una «diarquía», el poder de dos.

En Occidente, no se trataba solo de contener a los bárbaros, sino también de frenar las usurpaciones internas. Ya hemos visto que esto había estado a la orden del día durante casi todo el siglo. En el noroeste del Imperio, había estallado una muy grave. Carausio, que tenía el mando para enfrentarse a la piratería sajona y franca entre la Galia y Britania, en la zona de lo que nosotros llamamos Canal de la Mancha, se terminó rebelando y proclamando emperador. Años después, sería asesinado y relevado en la cabeza de la usurpación por su colaborador Alecto.

La Diarquía pasó a convertirse en una Tetrarquía, esto es, el poder de cuatro. La reforma que Diocleciano había emprendido para el poder imperial profundizó aún más en el reparto. Ha de quedar claro que esto no supuso una división del Imperio. La partición del Imperio, *partitio imperii*, no iba a llegar hasta un siglo después, con la muerte de Teodosio. La

Tetrarquía consistió en que el mundo romano estaba gobernado por cuatro emperadores: dos augustos, Diocleciano (que se reservó un papel *senior* y preeminente) y Maximiano, respectivamente, en zonas orientales y occidentales; y dos césares, Galerio y Constancio, también en esas coordenadas. Cada augusto y cada césar se repartía sus esferas de influencia. El sistema se inauguró oficial y simultáneamente, en *Sirmium* (en la actual Serbia) y *Mediolanum*, Milán, en marzo de 293. Los dos nuevos emperadores, con el rango de césares, Galerio y Constancio, eran también militares y del Ilírico.

Se había formado el *collegium* tetrárquico, con un augusto y un césar en las provincias orientales, y lo mismo en las occidentales. Constancio dejó a su pareja Helena, de quien ya tenía un hijo, Constantino. Formaba parte del acuerdo su casamiento con Teodora, hija o hijastra de Maximiano. Galerio hizo lo mismo y se casó con Valeria, hija de Diocleciano.

En aquellos años, se pronunciaron discursos, se emitió moneda, esculturas, cualquier imagen que pudiera proyectar la idea de armonía en el colegio imperial. Aún puede verse alguna de esas imágenes en las que los cuatro emperadores se abrazan. Por ejemplo, en Venecia, junto a una de las salidas del Museo Ducal. Ahí se encuentra el grupo de cuatro emperadores, abrazados, transmitiendo esa imagen propagandística de entendimiento. Imagen que en no pocas ocasiones pasa hoy desapercibida, puesto que los visitantes salen comentando las maravillas del Museo Ducal, mientras que las parejas se besan en el banco pétreo junto a la escultura y, en ese caso con razón, no fijan su atención en los Tetrarcas.

* * *

Pero las reformas de Diocleciano fueron más allá que la del poder imperial, que no era precisamente poco. En la administración, dividió las provincias. Hasta el momento, y aunque el número varió algo en distintas fases del Principado, habían estado en torno al medio centenar. Diocleciano las duplicó. Naturalmente, el Imperio era el mismo que inmediatamente antes de su acceso al poder. Lo que ocurrió es que aplicó el principio de «divide y vencerás» no solo al poder imperial, sino también a los propios territorios. Al multiplicar el número de provincias, las hacía más pequeñas bajo la idea de hacerlas más controlables.

Y, por encima de las provincias, creó las diócesis; unas doce. Cada diócesis aglutinaba a varias provincias. Por ejemplo, Hispania, que durante todo el Principado (salvo algún ensayo efímero de alguna provincia nueva) tenía tres provincias, Citerior o Tarraconense, Bética y Lusitania, pasó a tener algunas más. Además de las mencionadas, se segregaron otras dos nuevas: Gallaecia y Cartaginense. Y, a la diócesis de las Hispanias, se añadió la Mauritania Tingitana, en el actual Marruecos. Con el tiempo, aparecería otra provincia en las Baleares. Este esquema se repitió en todo el Imperio: más provincias, y englobadas en enormes diócesis. Más aún: en la cúspide, se ideó que la prefectura del pretorio tuviese una dimensión bestial desde el punto de vista territorial. Aunque es muy probable que esta reforma fuera culminada más bien ya en los días de Constantino. De ese modo, unas pocas prefecturas se repartían todas las diócesis. En el caso del ejemplo de Hispania que estoy poniendo, la diócesis de las Hispanias, con todas sus provincias, quedaría englobada (ya digo que seguramente esto cristalizó después) en la prefectura de las Galias, junto a diócesis galas y también a la de Britania. Todo esto, visto en conjunto, y con el ejemplo a modo de muestra de Hispania, da idea de que Diocleciano le dio la vuelta a la administración romana como si fuera un calcetín.

Todo esto, por descontado, suponía una ampliación de asesores, hoy se diría su *staff*, y amplió los elencos de algo similar a lo que nosotros llamaríamos «funcionarios». Se ha calculado, de media, en torno a algo más de un centenar por cada gobernador de provincia y hacia el triple en el de las diócesis. Si se multiplica por la expansión del número de provincias en torno a un centenar, es evidente que la administración romana «engordó». Y eso solamente en las cúspides de los gobiernos provinciales y de las diócesis. Este aumento del gasto fue de la mano de otro aún mayor. Porque con la Tetrarquía el ejército romano fomentó los cuerpos de *limitanei*, es decir, tropas fijas en el *limes*, las fronteras, y las de *comitatenses*, de intervención rápida en el interior. Aunque esto último parece también haber culminado ya en los días de Constantino. Se ha calculado que pudo doblar el número de efectivos, que ahora rondarían el medio millón, aunque la horquilla de las aproximaciones numéricas varía mucho.

* * *

Una de las preocupaciones era la usurpación de Carausio en Britania. Toda vez que Constancio ya formaba parte del colegio imperial desde 293, emprendió campañas para estrangular las bases que la usurpación tenía en el norte de la Galia. Conseguido esto, el movimiento quedó muy erosionado. Carausio fue asesinado por su colaborador Alecto, que prosiguió la revuelta hasta que fue derrotado absolutamente en 296.

En el otro extremo del mundo romano, el gran enemigo seguía siendo el imperio de los persas. Mientras las tropas enviadas por Constancio lograban anular el problema de Britania, el césar Galerio se internó hacia Mesopotamia, pero fue derrotado por los ejércitos de Narsés, el rey de los persas, en el entorno del Éufrates. Sin embargo, en la campaña del año siguiente obtuvo victorias sobre las tropas persas, que alcanzaron la capital Ctesifonte. Además, Galerio obtuvo territorios en el Alto Tigris. La propaganda de la Tetrarquía se encargó de difundir por doquier aquella victoria de Galerio. Entre otros ejemplos, aún puede verse hoy el Arco de Tesalónica.

Ya se ha anotado que uno de los problemas del Imperio en el siglo III era el de la inflación. Para intentar contenerla, los emperadores emitieron un *Edictum de pretiis*, un Edicto sobre los precios, en el que fijaban máximos para precios de en torno a millar de productos, muchos de ellos de la vida absolutamente cotidiana. Pero el edicto resultó un fracaso, puesto que los precios se movieron en la economía fluctuante y no en la decisión de los emperadores. En este terreno económico, la Tetrarquía supuso un aumento de la presión fiscal. Se combinaron las exacciones tributarias sobre la base de las personas (*capitatio*, de *caput*, «cabeza») y de las propiedades (*iugatio*, para medir los terrenos). El aumento de la fiscalidad va a ser una característica habitual en esta fase tardorromana.

Sin embargo, el proceso histórico más conocido de la época de Diocleciano y la Tetrarquía es la llamada Gran Persecución. A ello contribuyó la historiografía cristiana, ya con Eusebio de Cesarea, en griego, y con Lactancio, en latín, que inauguraron una nueva historia cristiana en la primera mitad del siglo IV. Esta se va a caracterizar por el providencialismo, esto es, por considerar que la Historia viene determinada por la providencia divina. De ese modo, el racionalismo, que había sido esencial en la propia creación de la disciplina, con Heródoto y Tucídides en el siglo V a. C., y que, con variaciones, había ido entrando en el mundo romano a partir del siglo III y especialmente el II a. C., resultaba aparcado en favor de una visión lineal, teleológica, es decir, en la idea de entender una historia lineal, que tiende hacia un determinado fin, que no es otro que el Juicio Final.

Ha de tenerse en cuenta que fue un cambio muy relevante no solo en la historiografía romana, sino también porque supuso la base de un pensamiento que iba a caracterizar a la Europa medieval durante siglos. Por descontado que estos autores, Eusebio y Lactancio, colocan en las persecuciones, y muy especialmente en la Gran Persecución, una suerte de punto de celsitud de la hostilidad imperial hacia los cristianos, inmediatamente anterior al triunfo que supuso el apoyo de Constantino.

Se trata de otra persecución contra los cristianos, similar a las del siglo III, pero de más enjundia y duración. Comenzó en el mes de febrero del año 303. El día 23 (sí, otro 23-F) se ordenó la destrucción de la iglesia de Nicomedia hasta los cimientos, una ciudad que ya ha aparecido varias veces en este libro, en el norte de Asia Menor.

Al día siguiente, 24, salió publicado el primer edicto de persecución, que fue copiado por doquier. Se ordenaba la destrucción de los libros y de las iglesias cristianas. Galerio, el césar de Diocleciano, se encontraba aquellos días en Nicomedia y pronto emprendió también la persecución en los territorios que administraba. Lactancio, profesor de retórica, que más tarde escribiría un texto que hoy llamaríamos *gore* sobre las muertes de los perseguidores, *De mortibus persecutorum*, y que también se encontraba en la corte de Diocleciano, anotaría cómo numerosos prisioneros fueron torturados y acabaron lanzados al fuego de las piras o directamente al mar.

La obra de Lactancio es *gore* porque se recrea en detalles escabrosos, morbosos, tétricos, en torno a la putrefacción de los cuerpos de los emperadores que habían perseguido a los cristianos, los gusanos que devoraban sus entrañas repletas de tumores y demás escenas que harían las delicias de una peli *gore* de serie Z. Por descontado, la obra, escrita quizás ya hacia 315, era un alegato ideológico a mayor gloria de Constantino y del final definitivo de las persecuciones y el apoyo al cristianismo por el poder imperial. Para buscar ese contraste y favorecer a Constantino, se trataba de demonizar a los emperadores que habían perseguido a los cristianos, centrándose en esos detalles *gore* de sus muertes.

Las órdenes también llegaron a Occidente, de manera que fueron cursadas y ejecutadas por el augusto Maximiano y su césar Constancio. Tiempo después, la propaganda cristiana, favorable a Constantino, haría constar que Constancio (a la sazón, su padre) frenó pronto la aplicación de los edictos de persecución.

Porque, de hecho, fueron varios en los siguientes meses que siguieron a aquel primer edicto de febrero. Los demás edictos fueron complicando aún más la situación para los cristianos, hasta que, finalmente, se ordenó que todo el mundo tenía que sacrificar a los dioses tradicionales so pena de prisión, trabajos forzados o la ejecución. Eusebio, obispo de Cesarea y contemporáneo a los hechos, anota que las cárceles estaban repletas de jerarcas de las comunidades cristianas: obispos, presbíteros y diáconos.

La duración de la Gran Persecución no fue la misma en todo el Imperio, y los últimos focos parecen haber sido ya en los territorios que controlaba Maximino Daya hacia 311-312, incluso quizás algunos meses de 313. Hay que tener en cuenta que, el 1 de mayo de 305, Diocleciano abdicaba y obligaba a su colega Maximiano a hacer lo mismo en las provincias occidentales.

Corría el turno tetrárquico, de modo que los antiguos césares, Galerio en las orientales y Constancio en las occidentales, pasaban a ser augustos. Los dos nuevos césares, respectivamente, eran Maximino Daya y Severo. Galerio, ya en el lecho de muerte años después, en 311, emitió un Edicto de Tolerancia hacia los cristianos en su capital de Tesalónica (Salónica, al nordeste de Grecia). En cualquier caso, Maximino Daya siguió aplicando la persecución a los cristianos durante unos meses más, aunque ya entrado el año 313 fue derrotado por Licinio.

* * *

Como ya he anotado, Diocleciano abdicó el 1 de mayo de 305, y obligó a su colega Maximiano a hacer lo mismo, Aunque, visto lo que ocurrió después, este no estaba muy por la labor.

Las ceremonias respectivas tuvieron lugar en Nicomedia y en Milán. Diocleciano se retiró a su tierra natal, Dalmacia. Eligió su palacio en Spalato, en el entorno de la actual Split (Croacia), que puede ser visitado parcialmente. Los restos actuales dan idea de la magnitud de aquel lugar de retiro y de los recursos que había movilizado la Tetrarquía. Se cuenta que allí cultivaba verduras. De ser así, entre col y col pudo tener noticias sobre qué diferentes terminaron siendo las cosas a como las había diseñado.

Porque, cierto es, el turno sucesorio corrió. La idea era que la sucesión no fuera, como en el Principado, por línea sanguínea o dinástica, sino sobre la base de la designación. El propio Diocleciano había colocado, ciertamente, a su colega, y había promovido el «dedazo» a los dos césares. Al retirarse los dos augustos, él y Maximiano, los dos césares, Galerio y Constancio, pasaban a ser augustos. Y designaban a los dos nuevos césares, Maximino Daya y Severo.

Sin embargo, todo se torció.

Cuando Constancio murió en *Eboracum*, actual York, en el mes de julio de 306, un año y pocos meses después de su elevación a augusto, las cosas tomaron un cariz muy diferente.

Constantino, hijo del augusto fallecido, se proclamó emperador ilegalmente y con el apoyo de las tropas de Britania. Esto dejaba en agua de borrajas el turno sucesorio previsto.

Por si fuera poco, meses después, en otoño de 306, Majencio, otro hijo de antiguo tetrarca, en este caso de Maximiano, hacía lo mismo en Roma. Además, este decidió volver a la arena política, apoyando a su hijo, pero con su propia agenda personal.

Lo que ocurrió después fue que el teórico augusto, Severo, fue derrotado, y la situación en Occidente quedó en manos de Constantino y de Majencio, dos usurpadores, además del padre de este, Maximiano, pese a que debía estar en su casa según lo acordado en la abdicación conjunta con Diocleciano.

En estas circunstancias, una conferencia en *Carnuntum*, no lejos de la actual Viena, en 308, supuso el encuentro de todos los actores en cuestión. Además, se unió el mismísimo Diocleciano. Galerio apoyó a otro colega suyo, Licinio, como sucesor del augusto Severo, frenando así las ansias que por ese puesto tenían Majencio y Constantino, aunque este logró, al menos, su entrada en el colegio tetrárquico como césar de Licinio.

Majencio y Maximiano quedaban apartados. Este se proclamó emperador, movilizó a parte del ejército de las Galias, pero fue finalmente sometido y obligado a suicidarse en 310 por la superioridad militar de su yerno. De hecho, Constantino había reclutado no solo a las tropas de Britania, sino a otra parte de las de las Galias y a no pocos efectivos bárbaros como auxiliares. Sus ejércitos eran los más poderosos de Occidente.

Así se comprobó dos años después, en octubre de 312. Entonces, sus tropas vencieron a las de Majencio en las afueras de Roma. Se trata de la batalla de Puente Milvio. La propaganda constantiniana diría, algún tiempo después, que la victoria se había debido a Jesucristo. Se contó que Constantino tuvo un sueño en el que el mismísimo Jesús de Nazaret se le había aparecido para indicarle que escribiera las dos primeras letras de su nombre en griego como Cristo en los escudos de sus soldados. Se trata de la X y la ρ, entrelazadas, que serían la base del símbolo que Constantino usaría en años sucesivos, y el origen, el embrión, del posterior crismón paleocristiano y altomedieval. También se relataba cómo se había visto en el cielo una imagen de la cruz y la leyenda «Con este signo vencerás». Estas ideas sobre las visiones fueron transmitidas por su propaganda tanto en griego como en latín.

La supuesta experiencia sobrenatural de un gerifalte con la divinidad no suponía nada nuevo. Las visiones en el mundo romano asociadas a un personaje importante venían de lejos. Se achacaban a generales y políticos importantes de la República, y también a los emperadores, empezando por el mismísimo

Augusto. De hecho, el propio Constantino había mencionado antes, hacia 310, en la época en la que consolidaba su poderío en Britania y en las Galias, una visión de las divinidades Apolo y Victoria en un santuario galo.

Lo que sí era más novedoso es que dicha visión se asociara a Jesucristo. Suponía un acercamiento al cristianismo, que hasta hacía poco había estado perseguido y considerado una religión ilícita y una *superstitio* abominable en la terminología tradicional romana.

Ciertamente, Galerio había emitido ya un importantísimo Edicto de Tolerancia en 311, pero había sucedido en sus últimos momentos. El edicto de Galerio permitía a los cristianos volver a profesar su fe y tener sus lugares de culto, aunque debían esmerarse en no alterar el orden público. Ha quedado oscurecido porque se puso por encima la tolerancia acordada en el mal llamado «Edicto de Milán» que enseguida explicaré. Pero el Edicto de Tolerancia de Galerio fue la base jurídica para los acuerdos posteriores al respecto.

Ahora, Constantino ensayaba algo nuevo en la forja de su poderío militar y político. Desde que su propaganda comenzase a circular esas referencias, la batalla de Puente Milvio se convirtió en una suerte de emblema del vínculo entre cristianismo y poder político. No fue ninguna casualidad ni azar que se tratase de una de las principales escenas elegidas por los Papas del Renacimiento para que Rafael y su taller de discípulos y colaboradores decorasen las Estancias Vaticanas. En este caso concreto, más de un milenio después de la batalla, fue Giulio Romano quien completó la obra sobre la base de proyectos del maestro.

Hay que apresurarse a aclarar que, a pesar de todos los pasos de acercamiento al cristianismo que Constantino dio y que iba a dar el resto de su vida, algunos de los cuales van a ser mencionados aquí, jamás declaró el cristianismo religión oficial del Imperio ni nada por el estilo. De hecho, emitió monedas, por ejemplo, con la imagen de Sol Invicto o nada menos que con la de Marte, una de las divinidades más antiguas de la religión romana tradicional. Debo afirmar esto tajantemente, sobre la base de la evidencia científica, a pesar de lemas e ideas al respecto que pululan en el ambiente actual.

Lo cierto es que para finales de 312 la situación se estaba simplificando. Diocleciano, Maximiano y Galerio ya estaban muertos. Majencio había sido liquidado. Constantino era el amo político de Occidente. En las provincias orientales, Licinio y Maximino Daya eran lo que quedaba de la Tetrarquía.

El acercamiento de Constantino al cristianismo se intensificó. Sabemos que envió dinero, concedió inmunidades fiscales y dio apoyo logístico a iglesias del norte de África, que eran numerosas y con una potente organización, aunque estaban enfrentadas entre sí, especialmente por cuestiones disciplinares. Constantino intervino en el asunto y convocó algunos concilios al respecto. Esta idea de que el emperador —que, no lo olvidemos, seguía siendo *pontifex maximus*— convocase reuniones de los jerarcas eclesiásticos, los obispos, era una novedad y tendría un larguísimo y profundo alcance.

A comienzos de 313, Constantino y Licinio mantuvieron una entrevista en Milán y acordaron una política religiosa común. La base de la misma era, en cierto modo, el edicto de tolerancia de Galerio emitido dos años antes, pero corregido y aumentado. Es decir, la tolerancia y la restitución de bienes y honores a los cristianos quedaba amplificada.

Suele hablarse de «Edicto de Milán», pero es una incorrección histórica. No hubo ningún edicto emitido en Milán al respecto. Lo que sucedió fue un acuerdo político, que más tarde, estando cada emperador en sus sedes occidentales y orientales, respectivamente, se plasmó en instrucciones jurídicas, en parte llegadas hasta nosotros por las fuentes de la época. En aquel mismo año, otro emperador en las provincias orientales,

Maximino Daya, que había continuado la persecución contra los cristianos, fue derrotado por Licinio.

De ese modo, ya bastante entrado el año 313, solo quedaban dos hombres fuertes en el Imperio romano, Constantino y Licinio.

* * *

En 315, el Senado de Roma erigió un Arco en honor a Constantino y a su victoria sobre Majencio tres años antes. En la decoración se aprovechaban materiales reutilizados de otros edificios (*spolia*, de ahí nuestro concepto «expolio»). Se trataba de relieves de emperadores como Trajano, Adriano y Marco Aurelio, aunque se les cambió el rostro por el del propio Constantino.

Se trataba, por descontado, de un mensaje político y propagandístico: Constantino quedaba asociado a emperadores que habían sido considerados «buenos» en la tradición historiográfica precisamente senatorial. Lo que más nos interesa ahora del Arco es la inscripción que lo presidía. O lo *preside*, puesto que, si usted visita el Arco, aún puede leerla; y lo mismo si la busca en este mismo instante —mientras lee este libro— en Internet. Si se fija, puede leer las letras, pero lo que ve es más bien el hueco dejado por las letras originales, muy probablemente en bronce. Están, como corresponde a una inscripción de este tipo, en capitales, en mayúsculas. El Senado señalaba que Constantino había vencido al TYRANNO (de *tyrannus)*, en alusión a Majencio, y que lo había hecho INSTINCTV DIVINITATIS, es decir, con el estímulo (espíritu, ánimo…) de la divinidad. Nótese que *no se dice qué divinidad.*

Para 315, cuando se dedicó el Arco y la inscripción, la propaganda de Constantino estaba comenzando a hacer correr la idea del supuesto apoyo de Jesucristo a su victoria total en Occidente en 312, y el propio emperador estaba ya financiando a iglesias norteafricanas y convocando los primeros concilios para resolver problemas eclesiásticos en Occidente como, por ejemplo, el de Arlés en 314.

Quiere eso decir que todo el mundo relevante, y por supuesto el Senado, sabía que Constantino quería apoyarse de algún modo, aunque no en exclusiva, en el dios de los cristianos. Y, sin embargo, el Senado no hizo constar en modo alguno dicha especificación. Optó por la ambigüedad, seguramente con la aquiescencia —o, acaso, con la orden— del propio emperador. Por otro lado, sí aclaraba la condena política a Majencio, entendido como un *tyrannus*, cuya memoria fue proscrita.

Tras algunas treguas, pactos familiares y una guerra, poco después, todo se terminó decidiendo bastante más tarde, en 324. Una guerra en este caso ya definitiva finalizó con la victoria de Constantino, en la que tuvo un papel clave su primogénito Crispo, fruto de su relación con Minervina, anterior a su matrimonio con Fausta, hija de Maximiano, y madre de la mayor parte de sus hijos.

Cuando Constantino, muy a finales de 324, se vio como dueño también de las provincias orientales, se dio de bruces con un muro. Había apostado por el cristianismo, sin renunciar oficialmente a otras religiones, porque le otorgaba dos cosas que necesitaba. Una, un dios único como mensaje principal, que encajaba muy bien con la idea de un emperador único, resultado de la destrucción de la Tetrarquía a la que se había aplicado desde su proclamación ilegal en Britania en 306. Dos, la organización de las *ecclesiae*, las comunidades cristianas, de estructura jerárquica, que, estando de su lado, le otorgaban una dosis extra de ideología y capilaridad por el Imperio.

Sin embargo, las cosas no estaban tan claras. Ya en los años de su consolidación en las provincias occidentales había sido consciente de las divisiones en las iglesias, especialmente en el norte de África. Pero era un juego de niños comparado a lo que se encontró en las orientales. Las ciudades eran mucho más grandes que en Occidente: algunas de ellas eran verdaderas megalópolis, tales como Alejandría en Egipto o Antioquía en Siria. A esas alturas, los obispos de las grandes urbes eran verdaderos líderes de masas, y sus presbíteros y diáconos encabezaban estructuras jerárquicas muy relevantes.

En semejantes magmas de poder, la discusión más llamativa era la de la naturaleza de Cristo. Muchas sedes y sus jerarcas se decantaban por la humanidad y divinidad de Jesús. Pero otras cuestionaban esa idea. Aplicando razonamientos de la filosofía de tradición helenística tan presente en el Mediterráneo oriental, había una propuesta que había ganado terreno. Entre otros, la defendía Arrio de Alejandría: de ahí la etiqueta de «arrianismo».

Voy a intentar explicar el argumento teológico arriano de la manera más directa y concisa posible. Si el Hijo (Jesús) había sido creado por el Padre, tuvo que tener un inicio, y había tenido que haber un momento en el que no existía, puesto que, si no, no hubiera hecho falta crearlo. Y, si hubo siquiera un instante en el que no existió, no puede ser divino, puesto que la divinidad es atemporal. En un resumen apretado a modo de silogismo rápido; pero, más o menos, este era el razonamiento de Arrio.

Las disputas se habían enquistado. Constantino intentó que la cosa se solucionase por vía de urgencia, escribiendo cartas a los implicados para que aparcasen esas discusiones y se centrasen en la unidad. No funcionó. Al final, el emperador, como había operado en las querellas eclesiásticas occidentales, decidió convocar un concilio. La gran diferencia estribó en que, en este caso, era ecuménico, para todo el mundo romano. Se trata del concilio de Nicea, que se reunió en 325 en esa ciudad de Bitinia, al norte de Asia Menor, congregando entre doscientos y algo más de trescientos obispos. Las cifras oscilan según las fuentes.

Hubo una aplastante mayoría de prelados de las provincias orientales, con poquísimos occidentales. Entre estos estaba Osio, obispo de *Corduba*, Córdoba, en Hispania, que hacía algunos años que era un importante consejero de Constantino. Parece ser que fue el muñidor de los acuerdos o, mejor dicho, de las imposiciones. Porque lo que el emperador necesitaba era un mensaje de unidad. Y se logró a través de un credo redactado en griego, la lengua franca en las grandes ciudades de las provincias orientales del Imperio.

Lo que más nos interesa ahora del mismo era que la relación del Padre y del Hijo quedaba definida con un término nuevo, *homoousios*, «de la misma sustancia, de la misma naturaleza». No es que el concepto fuera desconocido, puesto que había sido utilizado en algunos debates en los últimos tiempos. Pero sí era una innovación porque no se trataba de un término de las Sagradas Escrituras cristianas. Osio logró imponerlo con la autoridad del emperador. Muchos obispos suscribieron el credo a la fuerza, aunque unos pocos se negaron a ello. Se trataba del que sería conocido como credo niceno, que, más tarde, sería la base del credo católico, del catolicismo impuesto por Teodosio.

Para celebrar su triunfo en el asunto, Constantino acudió a Jerusalén acompañado de los obispos: se trataba de consagrar la iglesia del Santo Sepulcro que había ordenado construir sobre el lugar en el que algunas tradiciones ubicaban el sepulcro de Jesús de Nazaret.

Podemos seguir los detalles de la iniciativa imperial en los textos de Eusebio de Cesarea, contemporáneo a los hechos y muy bien informado de los pasos que daba Constantino en lo que era, además, su zona de influencia eclesiástica. Constantino se ocupó de que las autoridades políticas y administrativas en la zona canalizasen los recursos suficientes para las obras. Aunque Eusebio sí menciona el interés de la madre del emperador en Tierra Santa, el papel de Helena en el hallazgo de la supuesta Cruz es mencionado tiempo después por autores posteriores.

El emperador había emprendido también obras en Roma, con algunas de las primeras basílicas propiamente cristianas, como es el caso de San Pedro en el Vaticano, entre otras. Y tampoco la del Santo Sepulcro fue la única que comenzó a construir en esos y en sucesivos años en Tierra Santa: hubo otros edificios tales como la iglesia de la Natividad en Belén, entre otros.

Poco después se supo que había muerto Fausta, esposa de Constantino, y también el primogénito de este, Crispo, fruto de una relación anterior. Crispo le había servido eficazmente como general y como césar asociado al poder, pero algunos rumores —recogidos por ejemplo más tarde por Zósimo en griego— aludían a un posible romance entre Fausta y Crispo. Enterado del lío, Constantino habría asesinado a los dos. Claro que había otras versiones. Por ejemplo, se contaba que Fausta había logrado que se eliminase a Crispo porque eso dejaba expedito el camino a que los hijos que ella había tenido con Constantino fueran asociados al poder y le sucedieran, como así fue.

* * *

Constantino supone uno de los principales puntos de inflexión en la historia de Roma. Hay algunos de ellos muy evidentes, que supusieron cambios en las estructuras políticas, sociales, ideológicas. La apuesta de Constantino por el cristianismo fue uno de ellos. No solamente para el mundo romano, sino, en conjunto, para la civilización occidental posterior hasta nuestros días.

Nunca sabremos si dicha apuesta fue producto de una sincera convicción personal o mero cálculo político. He estudiado con detalle a este emperador: le dediqué un ensayo científico, una monografía académica, hace años, y ni yo mismo tengo clara una respuesta tajante a esa disyuntiva.

Lo que sí podemos medir, desde la perspectiva de historia de Roma en clave de divulgación que tiene este libro, es que pronunció discursos, sobre todo al final de su mandato, en los que abrazaba claramente el cristianismo, por más que no se bautizase hasta poco antes de morir. Son discursos en los que intenta mimetizar su propio papel como emperador como una suerte de reflejo terrenal del dios cristiano. Es cierto que amonedó con imágenes de otros dioses hasta tiempos avanzados de su gobierno. O que no renunció jamás al trascendental puesto de *pontifex maximus*. Eso entre otros detalles que le ligaban aún a la *religio* tradicional de Roma. Pero, incluso así, su apuesta por el cristianismo fue uno de los cambios más relevantes de la historia romana y de Occidente en general.

Finalmente, se debe anotar la fundación de Constantinopólis, Constantinopla, sobre la antigua ciudad helénica de Bizancio: es la actual Estambul. Constantino la comenzó a construir nada más vencer a Licinio, a finales de 324, y la inauguración oficial tuvo lugar en 330. Aunque muchas de las obras serían culminadas por su hijo Constancio II y por emperadores posteriores.

Allí quiso ser sepultado.

Encargó la construcción de un monumental mausoleo, que recordaba las grandes obras funerarias de Augusto o de Adriano en Roma. Sin embargo, Constantino eligió que fuera en *su* Roma. Falleció en 337, siendo bautizado en el lecho de muerte por el otro obispo Eusebio de enorme influencia, y de tendencia filoarriana, Eusebio de Nicomedia. El mausoleo estaba preparado para doce sepulturas, que se esperaba albergasen, con el tiempo, una vez halladas todas, las reliquias de los Doce Apóstoles.

Eso sí, con la tumba de Constantino en el centro.

A modo de… decimotercer apóstol de Jesucristo.

ASC

Diocleciano, emperador entre 284 y 305, llevó a cabo un profundo programa de reformas del Imperio, que aumentó la burocracia y la administración, incluyendo la Tetrarquía, o gobierno de cuatro emperadores. Museo Arqueológico de Estambul.

XVI
«UNA CAÍDA SIN RUIDO». EL FINAL DEL IMPERIO

Fue el gran historiador piamontés Arnaldo Momigliano, exiliado de la Italia de Mussolini, y profesor en el *University College* de Londres, quien acuñó esa expresión: «una caída sin ruido». Se refería al final del Imperio romano en Occidente y al sorprendente hecho de que no dejase apenas ningún eco en las fuentes del momento en el que ocurrió, a finales del siglo V.

El Imperio romano que nos ha ocupado durante este libro dejó de existir en Occidente a finales del siglo V. En este capítulo afrontaremos las últimas décadas, las que transcurrieron desde la división oficial del Imperio hasta que este apenas era ya perceptible en ningún rincón de Occidente.

A la muerte de Teodosio en 395, el Imperio quedó dividido en dos partes. En este caso, el término es exacto. Porque se produjo la llamada *partitio imperii*, la partición del Imperio, que quedó dividido para siempre en una *Pars Orientis*, «Parte de Oriente», y en una *Pars Occidentis*, «Parte de Occidente». Arcadio y Honorio, ambos hijos de Teodosio, fueron los emperadores, respectivamente, de ambas. La Occidental perduraría solamente unas décadas, hasta muy entrado el siglo V. La Oriental se mantuvo nada menos que un milenio, hasta la toma de Constantinopla por los turcos otomanos de Mehmed II en 1453.

Los bárbaros hacía tiempo que interactuaban a todos los niveles con los romanos. Sabemos que ya en las etapas finales de la República y sobre todo desde comienzos del Principado el comercio era intenso. Se han encontrado, por ejemplo, bienes suntuarios y de prestigio romanos en latitudes muy septentrionales de Europa. Caudillos, reyes, jefes bárbaros, se interesaban por utilizar dichos bienes en el lenguaje simbólico de la ostentación de sus jefaturas. En cualquier caso, los siglos de guerras en las fronteras, especialmente desde la época de Marco Aurelio en adelante, habían hecho que las distintas agrupaciones bárbaras más allá del *limes*, de la frontera, hubiesen pasado a ser agentes geopolíticos relevantes en la historia romana. De hecho, la historia de los siglos III y IV ya no se entendía sin la cuestión candente de los bárbaros.

Lo que sabemos de ellos está mediatizado por el espejo que suponen las fuentes romanas, escritas en latín y en griego. Ese espejo había asumido la mayoría de los clichés y tópicos de la visión helénica del bárbaro. De hecho, la propia invención griega de esa palabra se basaba en una etimología de desprecio, por el sonido «bar-, bar-, bar-» de lenguas que les resultaban ajenas a la civilización. Los autores romanos aplicaron esos tópicos sobre los bárbaros, con los detalles que fueron conociendo merced a los siglos de dominio sobre distintos pueblos. Una de las mayores revoluciones científicas en los últimos decenios ha consistido, precisamente, en el conocimiento de los bárbaros en su propia evolución histórica, en un diálogo fructífero entre los nuevos datos arqueológicos y las fuentes escritas que, insisto, responden a la óptica romana y a su manera de ver el mundo. Con todo, este asunto desborda los objetivos de este libro.

En Occidente, a comienzos del siglo V, los asuntos imperiales estaban en las manos de Estilicón, que en sí mismo era una suerte de símbolo del cambio de los tiempos. Era hijo de una romana y de un vándalo, uno de los pueblos que más quebraderos de cabeza planteaba al Imperio, aunque en ocasiones, como solía suceder, estaba en pactos con Roma. Había dejado de ser extraño que bárbaros medrasen en las tropas romanas e, incluso, que llegasen a altos cargos de los ejércitos regulares del Imperio.

Estilicón había sido un hombre de la máxima confianza de Teodosio, y fue el general en jefe (*magister militum*) de las tropas imperiales de Honorio, además de un tutor del muchacho, aún un niño cuando accedió al poder en 395. Estaba casado con Serena, sobrina de Teodosio y prima del niño emperador. Estilicón había participado en la trascendental batalla del río Frígido en 394 a favor de Teodosio y en contra del usurpador Eugenio. Allí también había acudido Alarico al frente de amplios contingentes godos. Sabemos que éstos sufrieron pérdidas muy cuantiosas.

Poco después, Alarico había atacado intereses romanos en Tracia y en Grecia, y las tropas de Estilicón hicieron frente a la ofensiva. La corte de Constantinopla tuvo que pactar con Alarico y concederle un generalato para el Ilírico, de modo que los godos permanecieron en esos momentos, los últimos años del siglo IV, en la zona de los Balcanes.

No debe sorprender esto. Como he anotado, hacía tiempo que los bárbaros podían alcanzar altas cotas de mando en el ejército imperial. De hecho, a la luz de las evidencias disponibles, lo más probable es que Alarico en modo alguno pretendiese liquidar el Imperio en ninguna de las dos partes, sino más bien un reconocimiento oficial a su poder y tierras para las multitudes que lo seguían.

Sin embargo, desde 401, con el liderazgo consolidado de Alarico, comenzaron una ofensiva sobre el norte de Italia. Las batallas (402 y 403), no obstante, se saldaron del lado romano gracias a la estrategia militar de Estilicón. Otros grupos diferentes de godos, bajo el caudillaje de Radagaiso, atacaron Italia algo más tarde (405-406), siendo igualmente vencidos por las tropas imperiales comandadas por Estilicón, que tuvo que recurrir a reclutamientos extraordinarios, que incluían esclavos.

El último día de 406 no fue precisamente una «Nochevieja» tranquila en la frontera del Rin. Grupos de suevos, vándalos, alanos, entre otros pueblos bárbaros, cruzaron el río helado y penetraron en las Galias. Esto supuso una quiebra en la estrategia geopolítica de Estilicón. Debido a intrigas palaciegas, así como a la ofensiva diplomática, no exenta de movimientos militares, que había llevado a cabo en el Ilírico para estrangular territorios a la corte oriental, su base de poder se fue erosionando. Hasta que, finalmente, Honorio decidió prescindir de él y fue ejecutado.

Por otro lado, los ejércitos godos de Alarico entraron en Italia y fueron en aumento gracias a las incorporaciones de tropas anteriores de Radagaiso, así como de esclavos y de pequeños propietarios itálicos que habían decidido unirse a sus intereses. Los cálculos modernos han insistido en que en esos años se produjo una escalada en el número de godos. Todo esto nos alerta de que, efectivamente, cuando las fuentes romanas hablan de *Gothi*, de godos, se trata en realidad de amalgamas poblacionales, de grupos de aluvión, formados sobre la base de migraciones muy complejas. Ya había sido así también antes del paso del Danubio en 376. Nos equivocaríamos si viéramos en los godos, como en los suevos, los francos, los vándalos, o la gran mayoría de grupos bárbaros relevantes, un pueblo unívoco con una historia lineal.

Alarico sitió Roma desde 408 en varias ocasiones. Sus demandas consistían básicamente en entregas de bienes muebles, como metales preciosos, pieles, pero también tierras para sus multitudes y un generalato para él. Honorio, que hacía tiempo que se había retirado a Rávena, mucho más fácil de defender que Roma, apenas se inmutó. Alarico proclamó incluso un emperador alternativo, pero nada de esto funcionó.

Así que, en el verano de 410, se decidió a hacer algo que nadie había hecho desde la República más antigua. Recuérdese que hacia 390 a. C., esto es, unos ochocientos años antes, los galos habían invadido Roma. Eso fue lo que hizo Alarico. Saqueó la ciudad durante varios días. Sabemos que el saqueo de Roma de aquel verano de 410 no tuvo efectos devastadores en la ciudad desde el punto de vista de su estructura urbana. Sí hubo, desde luego, violencia, saqueos y violaciones. Las fuentes dan a entender que los godos respetaron las principales basílicas cristianas de la ciudad, como San Pedro en el Vaticano. No debe olvidarse que, en su mayor parte, eran cristianos desde la época del pacto con Valente que les había llevado a cruzar el Danubio más de treinta años antes. Algunos textos, incluso, dejan entrever que pudo existir un pacto al respecto con el obispo de Roma, Inocencio, como muñidor.

* * *

Lo cierto es que el saqueo de Roma supuso un *shock* psicológico en la intelectualidad romana. No tanto en el propio emperador. Porque si hemos de creer a algunas fuentes, se contaba que cuando informaron a Honorio en Rávena de que Roma había caído, se horrorizó. El susto se le pasó cuando supo que no se trataba de una oca o un ganso al que él tenía sumo aprecio y que se llamaba así, «Roma», sino de la mismísima capital de su Imperio.

Los ambientes romanos que sí se sintieron más amenazados fueron los senatoriales. Dentro de estos, hubo una reacción singular por parte de los círculos que aún mantenían el paganismo. Acusaron a los obispos cristianos de su influencia y de ser responsables de haber influido en que los emperadores abandonaran la religión tradicional. El descuido de la *Pax Deorum*, la Paz de los Dioses, que era algo básico en la *religio* romana, era la principal acusación.

Frente a esto, Agustín, que era obispo en el norte de África, comenzó a escribir *De ciuitate Dei*, «La Ciudad de Dios», como una suerte de contraataque a la ofensiva pagana. En cierto modo, su obra iba a ser una poderosa base ideológica del cristianismo posterior. No se entiende, de hecho, la Edad Media en Occidente sin la influencia agustiniana y, en particular, su propuesta de que la historia de la humanidad puede sufrir los desastres que tengan que acontecer porque, por encima, siempre estará la Ciudad de Dios. Se trata de una intervención teológica en el discurrir historiográfico. Los planteamientos racionalistas de Tácito o de Amiano Marcelino, por citar solamente dos casos señeros de la historiografía romana, empezaban a quedar bastante aparcados.

Alarico se llevó de Roma, además de numerosos tesoros, nada menos que a Gala Placidia, hija del anterior emperador, Teodosio, y hermana de Honorio (de distinta madre). El jefe godo murió poco después, siendo sustituido por su cuñado Ataúlfo, que conduciría a los godos hacia el norte, pasando a las Galias.

* * *

Habíamos dejado a suevos, vándalos y alanos cruzando el Rin helado la última noche de 406. Durante más de dos años, pulularon por las Galias, atacando algunas de las ciudades más relevantes. Todos estos hechos corrieron en forma de noticias de boca en boca, de barco en barco, y llegaron al otro extremo del Mediterráneo. Allí, en la Palestina romana, Jerónimo recibía cartas de sus corresponsales. Tenía un potente elenco de amigos en Roma y en otros enclaves de Occidente. Y en algunas cartas de contestación o en otro tipo de textos, dejaba muestras de su horror ante los desmanes de suevos, vándalos y alanos en la Galia, o al saqueo de Roma. «La luz más brillante del mundo se ha apagado», escribió, en alusión a ese último evento.

En cuanto a los bárbaros que estaban en la Galia, hubo movimientos que los condujeron a Hispania. Todo esto hay que verlo a la luz de la geopolítica a escala imperial. Porque hacia el año 407, aún en vida de Estilicón, había estallado una usurpación en Britania. Un alto mando se hizo llamar Constantino III, reivindicando ser epígono de la dinastía constantiniana. Su usurpación tuvo cierto éxito, puesto que fue reconocido por las tropas de Britania y por buena parte de las de la Galia. De hecho, envió a su hijo, llamado Constante (como uno de los hijos de Constantino) a Hispania, y también encontró apoyos. El caso de Hispania es muy ilustrativo de lo que ocurría en otras partes de Occidente. Algunas, como Britania, terminarían siendo evacuadas por el Imperio muy poco después. Otras, como el norte de la Galia, comenzaban definitivamente a escapar a los controles romanos.

En Hispania, a pesar de la llegada de tropas del usurpador, no hubo apenas respuesta oficial de los ejércitos imperiales. De hecho, aunque sabemos que había guarniciones estables en varios enclaves, incluyendo la legión en lo que hoy es León, o bien ya no existían o bien eran ya totalmente inoperantes. Solamente unos parientes de Honorio, pertenecientes a la casa teodosiana, lograron movilizar tropas privadas. Pero poco más.

Puede deducirse de algunas fuentes que el general que comandaba las tropas del usurpador en Hispania, Geroncio, pactó con esos pueblos bárbaros que pululaban en la Galia. De modo que, entrado el año 409, suevos, vándalos y alanos cruzaron los Pirineos y entraron en Hispania. De ser así, de haber mediado un pacto, no se trató de una invasión. Pero no podemos ser categóricos al respecto. Es posible que la entrada de suevos, vándalos y alanos en 409 obedeciera a la necesidad de encontrar tierras que no lograban consolidar en las Galias.

Mediara o no un entendimiento con Geroncio, las fuentes dejan bastante claro que este tenía su propia agenda política al margen de la de su jefe, Constantino III. De hecho, llegó a proponer a un emperador, un tal Máximo.

Sea como fuere, la usurpación de Constantino III fue derrotada en la Galia por las tropas leales a Honorio. Para entonces, el hombre fuerte del emperador era Constancio, que fue su general en jefe. Constante había sido liquidado por el propio Geroncio y este, a su vez, terminó con recursos militares muy menguados que le llevaron al suicidio. Para entonces, los bárbaros ya se habían repartido en distintas regiones de Hispania: solamente la Tarraconense, en el nordeste, parecía quedar aún ligada a la autoridad imperial.

* * *

Constancio estaba muy interesado en recuperar a Gala Placidia. Pero esta se casó con Ataúlfo hacia 414 en el sur de la Galia. Constancio lanzó una ofensiva de bloqueos portuarios a los godos, de manera que éstos tuvieron que desplazarse al sur. En el año 415, estuvieron en *Barcinona*, actual Barcelona. Fue una estancia trágica en lo político y efímera en lo temporal. Esto último, porque duró solamente unos meses. Lo primero, porque el niño que esperaban el rey godo y la dama imperial, que se iba a llamar Teodosio, falleció al poco de nacer.

Además, Ataúlfo fue asesinado por una conjura que puso en el poder a Sigerico, que también fue liquidado a la semana siguiente. Se rompía así cualquier posibilidad de entroncamiento del linaje godo con el de la casa de Teodosio. No por casualidad, el bebé portaba el nombre de su abuelo materno.

Orosio, contemporáneo a los hechos y una de nuestras fuentes esenciales para esos momentos, cuenta una anécdota interesante a este respecto. Había conocido a un tipo que aseguraba haber escuchado a Ataúlfo, con otras palabras, pero más o menos, lo siguiente: que sí, que en principio se había planteado tener una hegemonía en el mundo romano, pero que, consciente de que eso no era posible, se decantaba por tener un papel relevante en el sistema.

El siguiente rey godo tras el muy efímero Sigerico fue Wallia. Pactó con Constancio atacar a los otros pueblos bárbaros asentados en Hispania. Las campañas godas tuvieron lugar entre 416 y 417, y fueron un éxito relativo. Aunque vencieron a algunos grupos, otros lograron consolidarse. Los suevos, en el noroeste, se mantendrían nada menos que hasta 585, cuando el rey visigodo Leovigildo anexionó el reino suevo al *regnum Gothorum* de Toledo. Los vándalos, por su parte, lograron mantenerse en el sur de Hispania, pasando a África en 429. Allí cimentaron un reino que duraría hasta el siglo VI, sucumbiendo a las campañas de las tropas de los generales de Justiniano, emperador del Imperio romano de Oriente.

El reino de los vándalos en las ricas provincias romanas del norte de África fue una de las causas del colapso comercial y tributario del Imperio romano occidental. Sus barcos cortocircuitaron las principales rutas marítimas que abastecían a Roma de cereal y de impuestos. La historia de lo que quedaba de Imperio romano occidental, en ese siglo V, está repleta de intentos diplomáticos y militares para frenar ese colapso. Incluso hubo alguna expedición naval importante que terminó en rotundo fracaso.

En cuanto a los godos, en el contexto de su pacto con el Imperio, vieron reconocida su condición de reino, que fue asentado en el sur de las Galias, con capital en *Tolosa*, actual Toulouse. Merced a los acuerdos con Roma, eran *foederati*, esto es, tenían *foedera*, «tratados», con el Imperio. De dicho concepto romano viene la expresión «federados» y «federación», por ejemplo.

En ese contexto, intervinieron en numerosas campañas militares al servicio de los intereses romanos, entre otros lugares, en Hispania. Esto fue así en la época de Honorio y también en la de su sobrino Valentiniano III (emperador entre 425 y 455), hijo de Gala Placidia y de Constancio quien, al final, había logrado casarse con la dama imperial e, incluso, ser reconocido como emperador él mismo. Aunque los éxitos de Constancio le duraron poco porque murió muy pronto.

Una de las campañas más llamativas tuvo lugar en 451. Los hunos de Atila, que eran una amalgama multiétnica, aunque su base original procedía de las estepas asiáticas, habían dirigido una ofensiva contra el Imperio occidental. Aecio, el general en jefe romano del emperador Valentiniano III, urdió una coalición. Sobre la base de las tropas romanas, varios pueblos bárbaros entraron en la misma. Entre ellos, los más poderosos eran los godos asentados en el sur de Galia. Su rey, Teodorico I, murió en la batalla decisiva de los Campos Cataláunicos, en el centro de las Galias. Pero el resultado global fue muy favorable para los romanos y una derrota para Atila. En la mentalidad popular, suele ser frecuente que se piense que Atila o destruyó el Imperio romano o estuvo muy a punto de hacerlo. Esto dista bastante de la realidad. La amenaza que supuso al imperio oriental fue pronto neutralizada, a precio de oro, eso sí. Y la que constituyó para la occidental fue enterrada en aquel campo de batalla de las Galias. Aunque se dirigió brevemente hacia Italia, dejó de ser una amenaza y terminaría muriendo en una noche de bodas que, visto lo visto, no le sentó precisamente bien.

A partir del reinado de Teodorico II, a mediados de aquel siglo V, las intervenciones godas en Hispania, aunque teóricamente estaban bajo el paraguas de Roma, tuvieron iniciativas peculiares. Así, por ejemplo, la campaña de 456 supuso una misión de ataque a los suevos en virtud de los pactos con Roma. En otros términos: los godos eran brazo armado de un Imperio que apenas tenía recursos militares propios, a pesar de que durante los años anteriores hubiera enviado algunas expediciones a Hispania o a la Galia.

Efectivamente, el poderoso ejército godo de Teodorico II, con su rey a la cabeza, vino desde el sur de la Galia hasta el noroeste hispano y venció a los suevos cerca de la actual Astorga, en la batalla del río Órbigo, ya en otoño de 456. Hidacio, un obispo de la Gallaecia, en el noroeste, que había pasado buena parte de su vida negociando, pero también pugnando contra los suevos —y que se había llegado a entrevistar nada menos que con el mismísimo Aecio— dejó anotada en su crónica su impresión al respecto: los suevos habían sido aniquilados y su reino destruido. Sin embargo, él mismo tuvo tiempo de recoger en su crónica, que concluyó hacia 469, que los suevos siguieron funcionando. Y no pudo ver ya, por descontado, que lo harían durante algo más de un siglo. Campañas como aquella de los godos mostraban que el acuerdo con el Imperio podía funcionar, sobre todo si al frente había un emperador colocado por ellos, como era el aristócrata galorromano Avito.

* * *

Esto hace necesario mirar de nuevo a la dinámica general del Imperio. Valentiniano III había sido asesinado en 455, un año después de que liquidase a Aecio, el hombre que le había sacado las castañas del fuego, siendo la castaña más caliente, sin duda, la ofensiva de Atila. Con su muerte concluía la descendencia directa de Teodosio en el Imperio de Occidente.

A partir de ahí, hubo una serie de emperadores relativamente efímeros: no voy a dar cuenta de todos ellos, pero valgan algunas anotaciones. El siguiente, Petronio Máximo, duró solamente unos meses en 455, y fue poco menos que linchado por la multitud en los disturbios que precedieron al saqueo de los vándalos en Roma en aquella primavera. Avito, procedente de la aristocracia de la Galia, fue apoyado por los godos, pero tampoco estuvo mucho tiempo el poder. Mayoriano fue un emperador eficaz, que logró éxitos militares conteniendo a los bárbaros en Galia e Hispania, aunque fracasó en su intento de vencer a los vándalos del norte de África. Intento aún mayor a este respecto llevó a cabo Antemio, un emperador que procedía de Constantinopla. Logró una enorme inversión en una flota con la que poder vencer definitivamente a los vándalos en 468, pero también fracasó en el intento.

* * *

Volviendo al caso de los godos, habían actuado al servicio de Roma en su campaña contra los suevos en el noroeste de Hispania. Pero también debe ser anotado que parecen haber actuado por su cuenta cuando, nada más concluir aquella campaña, pasaron el invierno de 456 a 457 en *Augusta Emerita* (Mérida), que había sido la ciudad administrativamente más importante de la Hispania tardorromana. Y también cuando atacaron enclaves en su regreso. O que, ya en el reinado de su hermano Eurico (466-484), tuviesen algunas guarniciones estables, como en la misma Mérida, o que, ya hacia 472, conquistasen buena parte de la Tarraconense, la última provincia que controlaba Roma.

Desde entonces, el Imperio apenas era percibido en ningún lugar de Hispania… y en muy pocos, poquísimos, del resto de Occidente. Hispania estaba en manos de los *domini*, los grandes propietarios de la tierra, con amplias redes de esclavos, mano de obra libre, pero dependiente, y milicias armadas. Además, los suevos seguían instalados en el noroeste, a pesar de la derrota ante los godos. Y estos tenían algunas plazas como Mérida y varios enclaves de la Tarraconense.

La situación de Hispania era muy similar a otras grandes partes de Occidente. Y eso por no hablar de Britania, que hacía décadas que había sido abandonada a su suerte, que no era otra que la de las incursiones de anglos y sajones desde el continente. En las Galias, los godos tenían consolidado su reino en el sur, al tiempo que los burgundios controlaban el importante corredor del Ródano en torno a *Lugdunum*, Lyon.

Más al norte, los *Franci*, los francos, eran una acumulación de pueblos que, pronto, encontraron el liderazgo principal de Childerico, que sería aún más poderoso bajo su hijo Clodoveo. Con el tiempo, iban a ser la fuerza hegemónica en las Galias. De hecho, en los textos ya posteriores, en plena época merovingia, desde el siglo VI, será cada vez más frecuente que se mencione a las antiguas Galias como *Francia*, es decir, «la tierra de los *Franci*».

Los siguientes emperadores a partir de Antemio y de su desastre ante los vándalos fueron efímeros. Al final, un muchacho, de nombre Rómulo, conocido como Rómulo Augústulo, fue colocado por su padre Orestes cuando depuso al emperador Julio Nepote. Por más que este reclamase hasta unos pocos años después que seguía siendo emperador, se suele anotar que la deposición de Rómulo Augústulo por Odoacro en 476 marca el final del Imperio romano. Debo aclarar que Odoacro no era ningún invasor: era bárbaro, desde luego, pero estaba al frente de tropas federadas del Imperio en Italia, compuestas, entre otros, por grupos hérulos y esciros. Era, por lo tanto, y como había sido costumbre desde hacía bastantes décadas, un general al servicio de los intereses imperiales.

Cuando depuso al muchacho, ya muy entrado el año 476, lo envió al sur de Italia, a Campania, en una especie de retiro dorado, a una estupenda mansión y con una pensión de miles de monedas de oro. Odoacro avisó de lo sucedido al emperador romano de Oriente, Zenón. Para entonces, a Constantinopla había llegado también una delegación de senadores romanos, ansiosos de que Zenón interviniera.

No lo hizo.

Aceptó las insignias imperiales que Odoacro le había enviado y lo reconoció como rey bárbaro. No envió una expedición armada para echarlo y colocar a otro emperador, más allá de su apoyo nominal a Julio Nepote, quien, desde Dalmacia, seguía reclamando ser el emperador legítimo hasta su asesinato en 480.

En la práctica, lo cierto es que el Imperio romano había terminado en Occidente. Al fin y al cabo, en numerosas regiones, como hemos visto, había dejado de existir hacía ya bastantes décadas. Solamente algunas islas, Italia y pequeñas bolsas de territorio en el sur de las Galias habían mantenido cierta presencia administrativa o militar romana casi hasta el último momento.

Las fuentes de la época, y algunas de ellas son muy densas, como el epistolario de Sidonio Apolinar, no anotan ni una sola vez que la deposición de Rómulo Augústulo significase el final del Imperio. Y eso que Sidonio estaba muy bien informado. Era yerno de Avito, que había sido emperador. Pertenecía a la aristocracia romana de las Galias y tenía conexiones en numerosos lugares con gente importante y, también, bien informada. Sus cartas, algunas de ellas absolutamente contemporáneas a estos hechos, jamás indican nada sobre la deposición de Rómulo como hito que marcase el final del Imperio.

Ni las cartas de Sidonio ni ningún otro texto. Hay que esperar al siglo VI y a la corte de Justiniano, emperador en Constantinopla. Algún cronista suyo, como el llamado *comes* Marcelino, sí anotó que, al ser depuesto Rómulo Augústulo, el imperio occidental había dejado de existir.

Claro que hay que explicar que la corte de Justiniano comenzaba a tener mucho interés en propagar semejante idea a los vientos, puesto que el emperador oriental deseaba conquistar todo lo que pudiera de lo que había pertenecido a los emperadores occidentales.

Y no se puede recuperar algo que nunca se ha perdido.

Así que la idea de pérdida interesaba mucho en Constantinopla. Porque permitía justificar y legitimar las guerras que se estaban llevando a cabo y que se iban a librar en años sucesivos en Italia, en las islas del Mediterráneo, en el norte de África e, incluso, aunque muy parcialmente, en las costas de Hispania. El propio emperador, en una de sus leyes, quiso dejar claro que él se proponía recuperar lo que otros, es decir, los emperadores de Occidente, y cito textualmente, «perdieron por su negligencia».

ASC

Parte de un mosaico que representa al emperador del Imperio romano de Oriente, Justiniano I el Grande. Se encuentra en la iglesia de San Vital, en Rávena (Italia).

ASC

Denario de la época del emperador Adriano en el que se puede leer «Roma Aeterna».

AGRADECIMIENTOS

Quiero agradecer a Marta Ariño y a Manuel Pimentel, editores de Pinolia, así como a todo su equipo, la confianza que han depositado en mí y en este proyecto para acercar la historia de Roma al gran público. Muchísimas gracias. Nos vemos en mis redes sociales:

@biclarense

Este libro se terminó de imprimir en el mes de agosto de 2024
en Industria Gráfica Anzos, S. L. U. (Madrid).